VdN

Maxim Gorki

Ein Mensch wird geboren

Frauenerzählungen

Verlag der Nation
Berlin

Aus dem Russischen von Irene Müller, Katharina Gilde,
Georg Schwarz, Erwin Tittelbach, Felix Loesch,
Bodo von Loßberg, Alexander Stein und Erich Boehme
Ausgewählt von Gabriele Gebauer
Mit einem Nachwort von Christa Ebert

ISBN 3-373-00032-7

Einst im Herbst

Einmal im Herbst begab es sich, daß ich mich in einer sehr unangenehmen und unbequemen Lage befand: In einer Stadt angekommen, in der ich keinen einzigen Bekannten besaß, sah ich mich ohne einen Groschen in der Tasche und ohne Wohnung.

Nachdem ich in den ersten Tagen von meiner Kleidung alles verkauft hatte, was zu entbehren möglich war, ging ich aus der Stadt zur «Münde», wo sich Dampferanlegestellen befanden und zur Zeit der Schiffahrt ein reges Arbeitsleben herrschte. Jetzt aber war es dort öde und still, denn es war in den letzten Tagen des Oktober.

Ich latschte über den nassen Sand und betrachtete ihn eingehend in dem Wunsche, irgend etwas Eßbares zu entdecken, strolchte einsam zwischen den verödeten Gebäuden und Verkaufsständen umher und dachte daran, wie gut es wäre, satt zu sein . . .

Bei der gegenwärtigen Höhe der Kultur kann man den Hunger der Seele leichter befriedigen als den Hunger des Leibes. Man durchwandert die Straßen und ist von Gebäuden umgeben, deren Äußeres nicht übel ist und die – was man wohl behaupten darf – innen gut ausgestattet sind; das kann erfreuliche Gedanken über Architektur, Hygiene und viele andre kluge und hohe Dinge erwecken; bequem und warm gekleidete Leute begegnen uns – sie sind höflich und gehen uns stets aus dem Wege, da sie zartfühlend das traurige Faktum unserer Existenz zu übersehen wünschen. Bei Gott, die Seele des Hungernden wird stets besser und gesunder gespeist als die des Satten – das ist eine Tatsache, aus der sich ein sehr scharfsinniger Schluß zum Besten der Satten ziehen läßt!

... Der Abend brach herein, es regnete, und von Norden blies ein heftiger Wind. Er pfiff durch die leeren Verkaufsstände und Kramläden, schlug an die mit Brettern vernagelten Fenster der Gasthäuser, und die Wellen des Flusses schäumten von seinen Stößen, brachen sich laut am Ufersand, ihre weißen Kämme hoch aufwerfend, und zogen eine nach der andern in die trübe Ferne, mit Ungestüm einander überspringend ... Es war, als fühle der Fluß die Nähe des Winters und wollte irgendwohin fliehen aus Furcht vor den Eisfesseln, die der Nordwind ihm schon in dieser Nacht anlegen konnte. Der Himmel war schwer und düster, unaufhörlich sprühte kaum sichtbarer Regen, und zwei abgebrochene verkrüppelte Weiden und ein umgeworfenes Boot daneben verstärkten noch die traurige Elegie in der Natur um mich.

Das umgestürzte Boot mit dem zerbrochenen Boden und die von dem kalten Wind geplünderten Bäume waren kümmerlich und alt ... alles ringsum zerstört, tot und unfruchtbar, und der Himmel vergoß unstillbare Tränen. Öde und düster war es – als stürbe alles, und bald würde nur ich allein noch leben, und auch mich erwartete der kalte Tod.

Und ich war damals siebzehn Jahre alt – ein schönes Alter!

Ich ging und ging über den kalten, nassen Sand, und die Zähne schlugen Triller zu Ehren des Hungers und der Kälte, aber plötzlich, als ich auf der vergeblichen Suche nach Eßbarem hinter einen Verkaufsstand trat, sah ich eine Gestalt in Frauenkleidung dahinter hocken; das nasse Zeug klebte an den gebeugten Schultern. Ich blieb neben ihr stehen und sah zu, was sie machte. Es zeigte sich, daß sie unter einem der Verkaufsstände mit den Händen eine Grube im Sande wühlte.

«Wozu tust du das?» fragte ich, mich neben sie hinhockend.

Sie schrie leise auf und sprang schnell auf. Nun, da sie stand und mich mit weitgeöffneten, angstvollen grauen Augen anschaute, sah ich, daß sie ein Mädchen in meinem Alter war, mit sehr lieblichem Gesichtchen, das leider durch drei große blaue Flecke verunziert war. Es wurde dadurch entstellt, obwohl die Flecke mit bemerkenswerter Gleichmäßigkeit verteilt waren – je einer von gleicher Größe unter den Augen und ein etwas größerer auf der Stirn, mitten über dem Nasenrücken. An dieser Symmetrie war das Werk eines Künstlers zu erkennen, der große Übung haben mußte, Gesichter zu entstellen.

Das Mädchen sah mich an, und allmählich erlosch die Angst in ihren Augen ... Sie schüttelte den Sand von den Händen, zog das Kattuntuch auf dem Kopf zurecht, krümmte sich zusammen und sagte: «Du möchtest wohl auch essen? ... Nun, dann grabe ... mir sind die Hände müde.» Sie winkte mit dem Kopf nach dem Verkaufsstand. «Da ist wahrscheinlich Brot ... Hier wird noch gehandelt ...»

Ich fing an zu graben. Und nachdem sie mir ein Weilchen zugesehen hatte, setzte sie sich neben mich und half mir.

Wir arbeiteten schweigend. Ich vermag jetzt nicht zu sagen, ob ich in jenem Augenblick an den Strafkodex, an die Moral, an das Eigentum und die übrigen Dinge dachte, an die man nach der Meinung erfahrener Leute in allen Lebenslagen denken soll. Da ich der Wahrheit möglichst nahe bleiben will, muß ich gestehen – ich glaube, ich war so in das Werk der Unterminierung des Kastens vertieft, daß ich alles andere völlig vergessen hatte außer dem einen: was sich in diesem Kasten finden mochte ...

Es wurde Abend. Dumpfe, feuchtkalte Finsternis verdichtete sich immer mehr um uns. Es war, als rauschten die Wellen stärker als vorhin, und der Regen trommelte immer lauter und rascher auf die Bretter der Bude. In der Ferne rasselte schon die Klapper des Nachtwächters ...

«Hat er einen Boden oder nicht?» fragte meine Gehilfin leise. Ich verstand nicht, wovon sie sprach, und schwieg.

«Ich sage ... hat der Kasten einen Boden? Wenn ja, dann quälen wir uns umsonst. Wir machen ein Loch darunter – und dann sind vielleicht noch dicke Bretter da ... Wie soll man die rausreißen? Wir wollen lieber das Schloß aufbrechen; es taugt nicht viel ...»

Frauenköpfe werden selten von guten Gedanken heimgesucht; aber es kommt vor, wie man sieht ... Ich habe immer gute Ideen zu schätzen gewußt und mich immer bemüht, sie nach Möglichkeit auszunutzen.

Als ich das Schloß gefunden hatte, zog ich daran und riß es samt dem Haken heraus. Meine Mittäterin beugte sich sogleich nieder und schlüpfte wie eine Schlange in die viereckige Öffnung. Von da ertönte ihr beifälliger Ruf: «Prachtkerl!»

Ein kleines Lob aus Frauenmund ist mir lieber als ein ganzer Dithyrambus von einem Mann, und sei er so beredt wie alle alten Rhetoren zusammengenommen. Doch damals war ich nicht so liebenswürdig gestimmt wie jetzt, und ich fragte, ohne das Kompliment des Mädchens zu beachten, kurz und ängstlich: «Ist etwas da?»

Sie zählte mir eintönig ihre Entdeckungen auf.

«Ein Korb mit Flaschen ... Leere Säcke ... Ein Schirm ... Ein Blecheimer.»

Alles das war nicht eßbar. Ich fühlte, daß meine Hoffnungen erloschen ... Aber plötzlich rief sie lebhaft: «Aha! Da ist es ...»

«Was?»

«Brot ... ein Laib ... Nur naß ... Nimm!»

Das Brot rollte zu meinen Füßen und sie hinterher, meine unerschrockene Mittäterin. Ich hatte schon ein Stückchen abgebrochen und in den Mund gesteckt und kaute ...

«Nun los, gib mir auch ... Aber von hier müssen wir verschwinden. Wohin sollen wir?» Sie sah sich in der Dunkelheit forschend nach allen Richtungen um ... Es war dunkel, naß, geräuschvoll ...

«Sieh, da ist ein umgestürztes Boot ... wollen wir dorthin?»

«Komm!» Und wir gingen, brachen im Gehen von unserer Beute ab und stopften es in den Mund. Der Regen war stärker geworden, der Fluß toste, aus der Ferne tönte ein gedehntes spöttisches Pfeifen, als ob irgendein Großer, der niemand fürchtete, alle irdischen Einrichtungen auspfeifen wollte, auch diesen häßlichen Herbstabend und uns, seine beiden Helden ... Von diesem Pfeifen tat das Herz weh; nichtsdestoweniger aß ich gierig, und das Mädchen an meiner Linken stand mir nicht nach.

«Wie heißt du?» fragte ich sie, um etwas zu sagen.

«Natascha!» antwortete sie kurz, laut schmatzend.

Ich sah sie an – das Herz zog sich mir schmerzlich zusammen, ich blickte in die Finsternis vor mir – und mir schien, als lächle mir die ironische Fratze meines Schicksals rätselhaft und kalt zu ...

Rastlos pochte der Regen auf das Holz des Bootes, und sein weiches Rauschen brachte auf traurige Gedanken, der Wind kam durch den durchlöcherten Boden und pfiff durch eine Spalte, wo ein Spänchen ruhelos und kläglich knisterte. Die Wellen des Flusses rauschten ans Ufer, und es klang so eintönig und hoffnungslos, als erzählten sie von etwas unerträglich Schwerem und Trübseligem, dessen sie bis zum Abscheu überdrüssig waren – etwas, von dem sie reden mußten, obwohl sie ihm entrinnen möchten. Das Rauschen des Regens mischte sich in ihr Geplätscher, und über dem umgestürzten Boot tönte ein endloser schwerer Seufzer der beleidigten Erde, die der immer wiederkehrenden Ablösung des lichten, warmen Sommers durch den kalten, nebligen, nassen Herbst müde war. Und der Wind sauste über das öde Ufer und den schäumenden Fluß, sauste und sang seine traurigen Lieder ...

Das Obdach unter dem Boot entbehrte jeden Komforts: es war eng und feucht darin, durch den durchlöcherten Boden stäubten feine kalte Regentropfen ... wehte der Wind herein ... Wir saßen schweigend und zitterten vor Kälte. Ich erinnere mich, daß ich schläfrig war. Natascha, zu einem Häufchen zusammengekauert, lehnte sich mit dem Rücken an die Bootswand. Mit den Armen die Knie umfassend und das Kinn daraufgestützt, blickte sie starr auf den Fluß, die Augen weit geöffnet – in ihrem weißen Gesicht erschienen sie sehr groß mit den blauen Flecken darunter. Sie regte sich nicht, und ich fühlte, daß diese Regungslosigkeit und das Schweigen allmählich Furcht vor meiner Nachbarin in mir erzeugten ... Ich wollte mit ihr reden, aber ich wußte nicht, womit ich anfangen sollte.

Sie fing selbst an zu sprechen.

«Solch ein verfluchtes Leben!» stieß sie vernehmlich, jedes Wort einzeln, mit tiefer Überzeugung im Ton hervor.

Aber das war keine Klage. In diesen Worten lag zuviel Gleichgültigkeit. Ein Mensch hatte einfach nachgedacht, wie er es verstand, und war zu dem bewußten Schluß gekommen, den er laut aussprach und auf den ich nichts erwidern konnte, ohne mir selbst zu widersprechen. Deshalb schwieg ich. Und sie saß weiter so regungslos, als bemerke sie mich nicht.

«Man möchte krepieren . . .», fing Natascha wieder an, aber diesmal leise und gedankenvoll. Und wieder klang kein Ton der Klage aus ihren Worten. Sichtlich hatte ein Mensch, der über das Leben nachgedacht, sich selbst betrachtet und war ruhig zu der Überzeugung gekommen, daß er, um sich vor dem Hohn des Lebens zu bewahren, zu nichts anderem imstande war, als zu «krepieren».

Solche Klarheit des Denkens war mir unerträglich, und ich fühlte, wenn ich noch länger schwieg, würde ich sicher anfangen zu weinen . . . Und dessen schämte ich mich vor einer Frau, um so mehr, als sie auch nicht weinte. Ich entschloß mich, mit ihr zu reden.

«Wer hat dich so geschlagen?» fragte ich, da mir nichts Klügeres einfiel.

«Na, eben immer Paschka . . .», antwortete sie gelassen und laut.

«Und wer ist das?»

«Mein Liebhaber . . . Ein Bäcker . . .»

«Schlägt er dich oft?»

«Wenn er sich betrinkt, schlägt er mich halt . . .»

Und an mich heranrückend, begann sie mir plötzlich von sich und Paschka und ihren Beziehungen zu erzählen. Sie war eine «von den Mädchen, welche . . .» und er ein Bäcker mit rotem Schnurrbart, der sehr gut Harmonika spielte. Er war zu ihr in das «Haus» gekommen und hatte ihr sehr gefallen, weil er ein lustiger Mensch war und sich sauber kleidete. Seine Jacke kostete fünfzehn Rubel, und er trug Stulpenstiefel . . . Aus diesen Gründen verliebte sie sich in ihn, und er wurde ihr «Beschützer». Seit er ihr «Beschützer» war, nahm er ihr das Geld ab, das ihr andere Gäste für Näschereien gegeben hatten, betrank sich dafür und schlug sie. Und das wäre noch nichts –

aber er fing an, vor ihren Augen sich mit anderen Mädchen «einzulassen» ...

«Soll mich das nicht kränken? Ich bin nicht schlechter als andre ... Das heißt, er macht sich über mich lustig, der Niederträchtige. Vorgestern bat ich die Wirtin um Erlaubnis, auszugehen; und als ich zu ihm kam, saß die betrunkene Dunjka bei ihm. Und er war auch betrunken. Ich sage zu ihm: ‹Du niederträchtiger Kerl! Du Spitzbube!› Da hat er mich zuschanden geschlagen, mit den Füßen getreten, an den Haaren gerissen ... auf jede Weise ... Und das wäre noch nichts – aber er hat mir alles zerrissen ... was soll ich jetzt machen? Wie zeige ich mich vor der Wirtin? Alles hat er zerrissen, das Kleid, die Jacke – sie war noch ganz neu ... und das Tuch hat er mir vom Kopfe gerissen ... Mein Gott! Was soll ich jetzt anfangen?» weinte sie plötzlich mit bekümmerter, brechender Stimme auf.

Und immer stärker und kälter heulte der Wind ... und meine Zähne fingen wieder einen Tanz an. Sie zog sich auch ganz zusammen vor Kälte, nachdem sie so dicht an mich herangerückt war, daß ich schon ihre glänzenden Augen durch die Finsternis sah ...

«Was seid ihr alle für Schurken, ihr Männer! Ich möchte euch alle zertreten, verstümmeln. Wenn einer verreckte ... ins Gesicht würde ich ihm speien und ihn nicht bedauern! Niederträchtige Fratzen! ... Bettelt und bettelt und wedelt mit dem Schwanz wie gemeine Hunde, und ergibt sich euch eine Närrin, gleich ist's geschehen! Gleich stürzt ihr euch auf sie ... Räudige Hunde ...»

Sie schimpfte sehr mannigfaltig, aber es war keine Kraft darin: ich hörte weder Zorn noch Haß gegen die «räudigen Hunde» heraus. Überhaupt war ihr Ton ruhig und entsprach nicht den Worten, und die Stimme war traurig arm an Variationsmöglichkeiten.

Aber alles dies wirkte stärker auf mich als die gewandtesten und überzeugendsten pessimistischen Schriften und Reden, deren ich früher und später nicht wenige gehört und die ich heute noch höre und lese. Und das darum, sehen Sie, weil die Agonie eines Sterbenden immer weit natürlicher und gewaltiger ist als die genauesten und kunstvollsten Beschreibungen des Todes.

Mir war übel zumute – wahrscheinlich mehr von der Kälte als von den Reden meiner Quartiernachbarin. Ich fing leise an zu stöhnen und knirschte mit den Zähnen.

Und fast in demselben Moment fühlte ich zwei kleine kalte Hände – eine berührte meinen Hals, die andere legte sich auf mein Gesicht, und gleichzeitig erklang leise, beunruhigt und zärtlich die Frage: «Was ist dir?»

Ich hätte fast glauben mögen, daß das ein anderer als Natascha gefragt habe, die eben erklärt hatte, daß alle Männer Schurken seien, und ihnen allen Verderben wünschte. Aber sie redete bereits erregt und schnell: «Was ist dir, wie? Ist dir kalt? Friert dich? Ach, was bist du mir für einer! Sitzt und schweigt ... wie eine Eule! Du hättest mir doch längst sagen sollen, daß dich friert ... Nun ... leg dich lang, streck dich aus ... ich lege mich auch ... so! Jetzt fasse mich um ... fester ... Nun, jetzt wird dir warm werden ... Und dann legen wir uns mit dem Rücken aneinander ... Irgendwie bringen wir die Nacht hin ... Was ist denn mit dir, hast du getrunken? Bist du von deiner Stelle fortgejagt worden? ... Das schadet ja nichts!»

Sie tröstete mich ... Sie ermutigte mich ...

Möge ich dreifach verflucht sein! Wieviel Ironie lag für mich in diesem Faktum! Bedenken Sie! War ich doch in jener Zeit ernstlich um das Schicksal der Menschheit besorgt, träumte von der Reorganisation der sozialen Ordnung, von politischen Umwälzungen, las verschiedene teuflisch kluge Bücher, deren Gedankentiefe sicherlich selbst ihren Autoren unerreichbar blieb – ich war auf jede Weise bemüht, eine «große tätige Kraft» aus mir zu machen. Und mich erwärmte mit seinem Leibe ein käufliches Weib, ein unglückliches, zerschlagenes, verjagtes Geschöpf, das keinen Platz im Leben hatte und keinen Wert und dem zu helfen mir nicht eher eingefallen war, als bis es selbst mir half; und wäre es mir auch eingefallen, so hätte ich schwerlich verstanden, ihm wirklich zu helfen.

Ich hätte glauben mögen, daß alles dies im Traum mit mir geschah, in einem absurden, einem schweren Traum ...

Aber ach! Das war mir verwehrt zu denken, denn kalte Regentropfen fielen auf mich nieder, die Brust der Frau schmiegte sich fest an die meine, ins Gesicht wehte mir ihr warmer Atem, wenn auch mit einem leichten Branntweinaroma – aber doch so belebend ... Der Wind heulte und stöhnte, der Regen schlug auf das Boot, die Wellen rauschten, und wir beide, eng aneinandergeschmiegt, zitterten doch vor Kälte. Alles das war vollkommene Wirklichkeit, und ich bin überzeugt, niemand hat je solchen schweren und schlimmen Traum gehabt wie diese Wirklichkeit.

Aber Natascha sprach immerfort, sprach so zärtlich und teilnehmend, wie nur Frauen sprechen können. Unter dem Einfluß ihrer naiven, freundlichen Rede fing in meinem Inneren leise ein gewisses Flämmchen zu glimmen an, und davon schmolz etwas in meinem Herzen.

Da rannen mir die Tränen in Strömen aus den Augen und wuschen mir Zorn, Schmerz, Torheit und Schmutz vom Herzen ab, die sich bis zu dieser Nacht angesammelt hatten. Natascha aber redete mir zu: «Nun, laß doch, mein Lieber, weine nicht! Laß doch! Gott wird geben, daß es dir wieder besser geht – du bekommst wieder eine Stelle ... und sonst alles ...»

Und sie küßte mich immerfort ... viel, endlos, heiß ...

Das waren die ersten Frauenküsse, die mir das Leben schenkte, und es waren die schönsten Küsse, denn alle folgenden kamen mir teuer zu stehen und gaben mir fast nichts.

«Nun, weine doch nicht mehr, du wunderlicher Mensch! Ich versorge dich morgen, wenn du nicht weißt, wo du hinsollst ...», hörte ich ihr leises nachdrückliches Flüstern wie im Traum ...

Bis zum Morgengrauen lagen wir so in gegenseitiger Umarmung ...

Als es tagte, kletterten wir unter dem Boot hervor und gingen in die Stadt ... Dann verabschiedeten wir uns freundschaftlich und sind uns nie mehr begegnet, obwohl ich ein halbes Jahr in allen Spelunken nach dieser lieben Natascha suchte, mit der ich die beschriebene Nacht einst im Herbst verbrachte ...

Ist sie schon tot – wie gut für sie! –, möge sie in Frieden ruhen! Und lebt sie – Friede ihrer Seele! Und möge in ihrer Seele nie das Bewußtsein ihres Falles erwachen ... denn das wäre überflüssiges und fruchtloses Leiden.

1894

Einige verdorbene Minuten

I

In zartem Frühlingstraum ruhte der Garten, und auf allem – auf dem Laub der Bäume, auf den Blumenbeeten wie auf den Gartenwegen – lagen Schattenmuster und die zart hingehauchten Strahlen des Mondes. Die frische Frühlingsluft war mit dem würzigen Duft des Flieders, der Reseden und des jungen Laubes erfüllt.

Das schattenumhüllte Laub schien samtig weich, hie und da glänzten auf seinem dunklen Grund die mondbeschienenen Blätter der Silberpappel, und in dem lauschigen Dickicht stand verborgen eine kleine Laube aus Birkenstämmen, deren Rinde wie weißer Atlas durch die dunklen Blätter schimmerte.

Es war still, als ob alles und alle auf etwas warteten, was abwendbar und nicht unangenehm ist, und die Fülle der Stille tat dem Herzen irgendwie weh.

Der Himmel sah mit fahlem Licht durch die Bäume, und der Schein des Mondes verschönte die Sterne, die neben ihm sonst immer so blaß und bescheiden zu sein schienen.

«Was soll nun aus uns werden?» rief im Pavillon angstvoll eine klangvolle Frauenstimme.

Nach diesen Worten wurde der weiche Ton eines Kusses hörbar, und sofort sprach die Frau ängstlich und nervös weiter.

«Nein, laß das ... Lassen Sie mich! Das ist ... niedrig! Ich habe Ihnen gesagt: es tötet mich! Solange ich Sie nur geliebt habe, fühlte ich mich nicht so sehr im Unrecht vor meinem Mann ... Jetzt aber bin ich Ihre Geliebte! Gott ist mein Zeuge – ich hatte Angst davor! Es schmerzt mich ... Ich schäme mich so sehr, und mir ist so schwer, so schwer zumute ... oh!»

Sie fing an zu weinen. Die kurzen Schluchzlaute vermochten kaum die Ruhe zu stören, sie versanken in ihr.

Ein leichter warmer Windstoß ließ den ganzen Garten leise erbeben, seltsam wogten die Schatten, als ob sie irgendwohin fliegen wollten, würziger wurde der Duft der vom Winde bewegten Blumen.

Der laute Bariton eines Mannes erklang im Pavillon.

«Nina, wenn du mich liebst, hör auf! Es ist mir ... peinlich, dich in diesem Zustand zu sehen ... laß es endlich gut sein, Nina!»

«Es ist Ihnen peinlich?! So? Sie kommen schon mit Forderungen ... Um meiner Liebe willen ...», seufzte die Frau tränenüberströmt.

«Ich bitte dich, Nina! Und ich werde so lange bitten, bis du aufhörst zu weinen. Nun ...» Wieder erklang der Laut eines Kusses.

«Unterlassen Sie das! Sonst gehe ich weg!» rief die Frau erregt.

«Wohin? Mach keinen Unsinn, Kleines. Wozu dies alles? Wer braucht ein Drama mitten in so einem wundervollen Idyll? Ich nicht, glaube mir ... Du hoffentlich auch nicht. Warum weinst du eigentlich? Warum?»

«Ah, das können Sie nicht begreifen?! Nein?» sagte die Frau aufgebracht. «Glaubst du, daß es einer verheirateten Frau so leichtfällt, die Geliebte eines anderen zu werden? Glaubst du, daß ich imstande bin, meinem Mann offen in die Augen zu sehen? Und die Kinder? Meine lieben Kleinen! Ihre Mutter ist ... besudelt ... oh ... oh!»

«Oh! Oh!» hallte das Echo irgendwo weit in dem dunklen Garten.

«Nina, wir wollen ernsthaft miteinander sprechen! Sei doch gescheit ... Was du jetzt machst, ist gegen jeglichen gesunden Menschenverstand. Und deine Tränen sind nur die Folge der überstandenen Erregung ... Nur das! Glaube mir und versuche nicht, sie anders zu deuten. Du wirst mir nicht weismachen können, daß sie durch Gewissensqualen hervorgerufen sind oder vielleicht durch Schuldbewußtsein ... oder Angst vor der Vergeltung ... Dies alles kann und darf hier auf keinen Fall eine Rolle spielen.»

Er hatte angefangen weich und beruhigend zu sprechen, zum Schluß seiner Tirade aber ging er über in den resoluten und gewichtigen, ja sogar etwas trockenen und spöttischen Ton eines Menschen, der sich bewußt ist, die Situation zu beherrschen.

«Was ist Ihnen? Sie glauben mir nicht? Schon jetzt glauben Sie mir nicht mehr? Schon jetzt ist Ihnen mein Schmerz unverständlich und fremd? Schnell ist das gekommen! Oh! Und Sie waren es doch, der soviel geredet hat von der Notwendigkeit, in dem geliebten Menschen nach Rätseln und Geheimnissen zu forschen ... von der Möglichkeit, zu zweit zu enträtseln, was für den einzelnen unlösbar ist? Mir scheint, ich bin bereits bestraft! Mein Gott!»

«Nina, Nina! Schämst du dich nicht?! Vorwürfe, schon jetzt?! Habe ich denn etwas gesagt, was mit dem früheren nicht übereinstimmt?»

«Was denn sonst?» fragte die Frau verletzend sachlich. «Wie stellst du dir die Zukunft vor?»

«Siehst du, das ist es ja! Damit solltest du anfangen ... Was ich dir sage? Ich sage nur, daß deine Tränen durch die Erregung dieser Nacht und nicht durch die Qualen des Gewissens hervorgerufen sind. Ich sage, daß du dich in keine phantastischen Ängste hineinreden sollst, in kein Bewußtsein einer nicht vorhandenen Schuld und folglich unmöglichen Vergeltung. Es ist ja alles so einfach. Versuch dir das klarzumachen: du liebst deinen Gatten nicht, willst aber lieben und geliebt werden. Du hast mir dein Herz geschenkt. Wäre nicht ich es gewesen, wäre es ein anderer. Ist es nicht so?»

«Nein», erwiderte die Frau fest.

Er lachte.

«Doch! Glaube mir, doch! Die Liebe ist etwas ebenso Schicksalhaftes wie der Tod. Du kannst ihr nicht entfliehen. Liebe ist – ein Verlangen zu leben. Wer kann behaupten, imstande und gewillt zu sein, dieses Gefühl zu bekämpfen? Niemand. Kein Mensch kann heutzutage in derart ernsthaften Dingen derartigen Unsinn behaupten. Ihre Bedeutung ist fest umrissen. Nein, Nina, nicht unterdrücken soll man seine Wünsche, sondern sie hegen und pflegen – so selten sind sie heutzutage geworden. Du wolltest lieben. Jetzt liebst du. Ist es nicht so?» Seine Stimme sank zum Flüstern, zum weichen, einschmeichelnden, aber zugleich triumphierenden Flüstern. Die Frau schwieg lange, bis sie sich nach einem leisen Seufzer zu einer Antwort entschloß.

«Ja, so ist es.»

Gleich nach ihren Worten hörte man in der Stille viele Küsse. Ungestüm flammten sie auf und klangen leise und seltsam, wie platzende Seifenblasen.

Der Garten stand schweigend und unbeweglich, aber jedes Blatt und jeder Grashalm strotzte von verborgener Energie. Alles ringsum wuchs und gedieh, von dem warmen Schleier der Schatten umhüllt.

Das lautlose Schöpfertum der Natur kennt keinen Augenblick Ruhe, und niemand kann sagen, wo die Grenze seiner ewig schaffenden geheimnisvollen Kräfte liegt ...

II

«Wie soll ich aber dies alles meinem Mann sagen?» flüsterte leise die Frau.

«Glaubst du es nicht vor ihm verbergen zu können?» fragte besorgt der Mann.

«Verbergen? Hör mal zu ... Wie soll ich das verbergen? Ich bin doch schon ...»

Und wieder brach sie den Satz kummervoll ab.

Es vergingen mehrere Augenblicke des Schweigens, ehe er ihr mit seiner festen, überzeugenden Stimme Antwort gab.

«Dann wollen wir uns überlegen, wie sich diese Situation entwickeln kann. Zuallererst müssen wir bedenken, in welcher Lage wir uns befinden. Ich bin bei euch gut eingeführt, Fjodor ist mein alter Freund, er glaubt an meine Anständigkeit und hegt nicht den geringsten Verdacht. Es geht in unserem Kreise warmherzig und ungezwungen zu.»

«Und du glaubst ...?» flüsterte die Frau verängstigt.

«Warte mal! Wir wollen uns vorstellen, was geschieht, wenn du ihm dies alles erzählst. Es ist ein Schlag für ihn. Ob ein verdienter oder ein unverdienter – auf alle Fälle ein Schlag. Man muß einen Menschen aber schonen ... Dann verläßt du ihn und ziehst zu mir, nicht wahr? Na, siehst du! Was folgt daraus? Du wirst dich nach den Kindern sehnen, und er wird sie behalten. Was würde ihm auch bleiben, wenn er sie nicht behielte ... Du wirst dich nach ihnen sehnen, und ich werde deinen Schmerz mitempfinden ... In derartigen Situationen sind die Kinder immer die Leidtragenden ... Das dürfen wir nicht zulassen.»

«Hör doch auf! Was sagst du da? Das ist doch schändlich. Abscheulich! Eine Niedertracht ist es, ein gemeiner Betrug ... Und du ...», flüsterte die Frau flehentlich.

«Ach, so lauten deine Theorien? Meine Liebe! Das Leben hat sie längst überholt ... Man muß danach trachten, das Gesamtergebnis des Leides so niedrig wie möglich zu halten, und nicht mit Edelmut kommen, den, wie ich sehe, außer dir selbst niemand braucht. Er kostet viel und ... besteht die Probe vor dem Leben nicht. Wäre Edelmut stark und wäre er notwendig – glaube mir, er hätte längst gesiegt. Das ist aber nicht der Fall. Man muß vom Leben zu nehmen wissen, was es uns bietet. Du weißt doch – es erweist uns nur selten die Ehre, etwas Angenehmes und Schmackhaftes zu bieten. Um selbst leben zu können, muß man ständig die Rechte eines andern schmälern. Wir haben es nicht so eingerichtet, und anscheinend sind wir auch nicht imstande, diese Ordnung durch eine bessere zu ersetzen ... hätten wir es vermocht – hätten wir es getan ...»

«Wie zynisch du bist ... Das habe ich nicht gewußt.»

«Ja? Hältst du es für Zynismus? Ich halte es für gesunden Menschenverstand, der im Leben berechtigt ist.»

Sie verstummten beide.

Wieder erhob sich ein Windstoß, und der Garten seufzte tief unter seiner Berührung. Und als die Blätter der Silberpappel erbebten, schienen sie ein Schwarm weißer Schmetterlinge zu sein, die sich anschickten, aufzufliegen.

«Übrigens steht es dir natürlich frei, dich anders zu entscheiden. Ja ... Aber denke an mich – in welchem Licht stünde ich dann vor Fjodor! Denke daran ...»

Sie schwieg und dachte anscheinend darüber nach.

«Mir bliebe dann nichts anderes übrig, als ... diese Stadt zu verlassen ... Bereits morgen!»

«Du willst wegfahren? Mo-orgen schon? Und ich?»

«Was bleibt mir übrig? Ich kann nicht meine Beziehungen zu einem alten Freund verderben, und ich will mich nicht in irgendwelche dramatische Kollisionen verwickeln. Ich habe sie bereits zur Genüge ausgekostet ... Wozu dies Leben, das ohnehin schon unheimlich kompliziert ist, künstlich noch mehr komplizieren.»

Da lachte die Frau im Pavillon, und ihr bitteres und schneidendes Lachen ließ die traurige Stille des Gartens nervös zusammenzucken. Und die Blätter auf den Bäumen erbebten von diesem Lachen, vielleicht aber auch von dem Wind, der einer warmen und leichten Woge gleich über den Garten flutete.

«Was ist das für ein Unglück – zu lieben!» sagte die Frau immer noch lachend und verstummte. Langsam verging der Augenblick des Schweigens.

«Nun?» fragte die Frau zögernd.

«Das heißt?» fragte fest ihr Gesprächspartner.

«Wie stellst du dir das alles vor?» Ein ironisches Lächeln klang aus ihrer Stimme.

Er begann ihr seine Bedingungen zu diktieren in einem Ton, der keinen Widerstand duldete, im Ton des Siegers.

«Unsere Beziehungen bleiben dieselben, das ist alles. Ich besuche euch weiter, und Fjodor weiß von alledem nichts. Ja ... Mit der Zeit ... natürlich ... mit der Zeit wird er es merken ... Und dann ... Der Schock wird durch die Allmählichkeit der Erkenntnis geschwächt ... Die Langsamkeit, weißt du ... Es wird ihm leichter fallen, sich mit der Tatsache abzufinden, wenn diese Tatsache ihm nicht wie ein Stein an den Kopf geworfen wird ...»

Das Schweigen, das nach seinen Worten eintrat, dauerte qualvoll lange.

Es schien, als zerrissen die Bäume den Schleier der Schatten, die sie umhüllten, wüchsen und würden grüner und frischer. Es schien so, weil das Mondlicht bereits verblaßt war und die würzige Frische des Frühlingsmorgens sich in der Luft bemerkbar machte. Immer stärker wurde der Duft der Blumen, in unsichtbaren Tropfen fiel der Morgentau und beträufelte mit silbrigem Staub das samtige Grün des Gartens.

«Nun ... ich habe dich jetzt erkannt ... glaube ich. Also ... er wird uns vertrauen, und wir werden die heimliche Liebe genießen ... gut! Es ist wohl sehr romantisch, aber das habe ich nicht erwartet, daß ich deinetwegen so weit kommen würde ...», sprach die Frau ironisch.

Er schwieg.

«Zurück ... jetzt? Das hat wohl keinen Zweck mehr», fügte sie nachdenklich hinzu. «Nein ... ich glaube nicht ... Ich könnte es wohl auch nicht mehr ... Ich liebe dich auch jetzt, wo du plötzlich zu einem Ungeheuer geworden bist – ich liebe dich mehr als gestern, als ich dich noch achtete ... Aber wie gemein seid doch ihr Männer! Und geschickt ... Entschuldige mich bitte! Ich gebe dir sowieso nach. Weißt du ... es ist alles so verworren, daß es schwer ist, zu begreifen, was gut und was schlecht ist ... Wo hast du denn solche ... Theorien aufgelesen? Übrigens, jetzt ... ist es so leicht geworden.»

Er schwieg.

«Bist du mir böse? ... Laß gut sein! Es ist alles ... schon vorbei! Ach, wie lächerlich! Denke nur, ich habe an die Möglichkeit einer vollkommen reinen und anständigen Liebe geglaubt! Aber anscheinend ist das zuviel verlangt. Und trotz allem ... man muß lieben. Das Leben ohne Liebe ... ist schwer und langweilig! Nun ... küsse mich noch einmal ... mein Philosoph ... ich habe mich bereits gerächt ... Eine klägliche Rache ... nicht wahr?»

«Siehst du, Dummchen!» sagte er gönnerhaft und gemessen. «Wozu hast du es nur nötig gehabt, dir und mir einige angenehme Augenblicke zu verderben? Um mir noch reiner ... anständiger und reiner zu erscheinen? War nicht der Mühe wert!»

Und wieder erklangen Küsse ... viele Küsse ...

III

Eine halbe Stunde später kam aus dem Pavillon ein Herr im hellen Anzug, hochgewachsen, kräftig von Gestalt mit großem blondem Schnurrbart auf dem blassen kühlen Gesicht ...

Ehe er im dunkelgrünen Dickicht des Gebüsches verschwand, ließ er seinen Kopf auf die Brust sinken und pfiff dabei unzufrieden irgend etwas durch die Zähne ...

Dann tauchte aus den Flieder- und Jasminbüschen, die den Pavillon umgaben, eine Frau im langen weißen Kleid auf und trat auf den Gartenweg heraus.

Sie ging entgegengesetzt der Richtung, in welcher ihr Gesprächspartner entschwunden war, und sie ging langsam und zögernd wie ein Mensch, der entweder sehr müde ist oder tief in Nachdenken versunken. Der Tau, der von den im Vorübergehen gestreiften Zweigen herabfiel, benetzte ihr dichtes schwarzes Haar und ihre Schultern, von denen ein Spitzenschal geglitten war und hinter ihr auf der Erde nachschleppte.

Die Schatten, die auf allem ringsum lagen, schienen noch dunkler zu werden, schienen in ihre Seele zu dringen und sie in einen traurig süßen Schlummer einzulullen.

Es wurde hell, auf die Wipfel der Bäume fiel der rosige Schein der ersten Sonnenstrahlen, und die Tauperlen funkelten wie Edelsteine. Die Schatten, die feinen und durchsichtigen Schatten der Frühlingsnacht, zerschmolzen sacht auf der Erde und den Bäumen des Gartens.

Die Frau im weißen Kleid entschwand leise in dem dichten Laub, der Garten aber, erfrischt von der Feuchtigkeit der Nacht und dem Morgentau, erwartete unbeweglich die Wiedergeburt des Tages.

1895

Die Frau mit den blauen Augen

I

Der Stellvertretende Revieraufseher, Sossim Kirillowitsch Podschiblo, ein massiger und griesgrämiger Kleinrusse, saß in seiner Amtsstube, zwirbelte seinen Schnurrbart und blickte mit weitaufgerissenen Augen durch das offene Fenster ärgerlich auf den Hof des Polizeireviers hinaus. In der Stube war es dämmerig, schwül und still, nur das Pendel der großen Wanduhr zählte schnarrend mit eintönigem Ticken die Minuten. Draußen aber war es so verlockend hell ... Drei Birken inmitten des Hofes warfen dichte Schatten, und auf einem Haufen Heu, das für die Pferde der Feuerwehr gebracht worden war, lag der vor kurzem vom Dienst abgelöste Unteroffizier Kucharin bequem ausgestreckt und schlief. Sossim Kirillowitsch blickte hin und ärgerte sich. Der Untergebene schlief, während er, sein unglücklicher Vorgesetzter, in diesem Loch hocken und die feuchten Ausdünstungen der Mauern einatmen mußte. Er stellte sich vor, mit welchem Behagen er sich selbst zum Ausruhen im Schatten auf dem duftenden Heu ausstrecken würde, wenn die Zeit und seine dienstliche Stellung ihm das erlaubten. Dabei reckte er sich, gähnte und geriet noch mehr in Grimm. Er empfand ein unüberwindliches Verlangen, Kucharin zu wecken.

«He, du! ... He, du Rindvieh! Kucharin!» schrie er mit laut schallender Stimme.

Die Tür wurde geöffnet, und jemand betrat das Amtszimmer. Podschiblo sah zum Fenster hinaus und drehte sich gar nicht um. Es interessierte ihn nicht im geringsten, wer da eingetreten war und jetzt hinter ihm an der Tür stand und durch sein Gewicht die Dielenbretter zum Knarren brachte. Der angeschriene Kucharin rührte sich nicht. Die Hände unter den

Kopf gelegt und den Bart emporgereckt, schlief er weiter, und Sossim Kirillowitsch glaubte das behagliche Schnarchen seines Untergebenen, dies spöttische, wohlige Schnarchen förmlich zu hören, und es steigerte noch sein eigenes Verlangen nach Erholung und seinen Grimm über die Unmöglichkeit, diesem Verlangen nachzugeben. Podschiblo hatte Lust, hinauszugehen und seinem Untergebenen einen kräftigen Fußtritt in den vorgestreckten Bauch zu versetzen und danach ihn am Bart zu packen und aus dem Schatten in die pralle Sonne zu schleifen.

«He, du ... Schlafmütze da! Hörst du nicht?»

«Euer Wohlgeboren – ich habe jetzt Wache», sagte eine verführerisch süße Stimme hinter ihm.

Podschiblo drehte sich um und maß mit bösem Blick die Wache, die ihn mit weitaufgerissenen Augen stumpfsinnig ansah und jedes Befehls gewärtig sofort loszustürzen bereit war.

«Hab ich dich gerufen?»

«Zu Befehl, nein!»

«Hab ich dich was gefragt?» fuhr Podschiblo mit erhobener Stimme fort und drehte sich auf seinem Stuhle um.

«Zu Befehl, nein!»

«So scher dich zum Teufel, bevor ich dir was an den Kopf schmeiße!» Und schon begann seine Linke mit krampfhaften Bewegungen auf dem Tisch zu suchen, während die Rechte die Stuhllehne umklammerte; aber die Wache schlüpfte durch die Tür und verschwand. Dem Stellvertretenden Revieraufseher kam dieses Verschwinden nicht genügend ehrerbietig vor, und außerdem verlangte es ihn nach einer Entladung seines Grimms gegen die schwüle Hitze, den Dienst, gegen den schlafenden Kucharin, gegen die bevorstehenden Scherereien mit der Messe und noch viele andere unangenehme und schwierige Dinge, die ihm wer weiß warum gerade heute wider Willen einfielen.

«He! Komm noch mal her ...», rief er zur Tür hinaus.

Der Wachhabende trat ein und nahm mit erschrockenem und erwartungsvollem Gesicht an der Tür Haltung an.

«Sch-schnauze!» wandte sich Podschiblo finster an ihn, «geh

auf den Hof, wecke Kucharin und sag ihm, daß der Esel nicht mitten auf dem Hof pennen darf. Ein Unfug ... Nu ... Geh ...!»

«Zu Befehl! Eine Dame wünscht Sie zu sprechen ...»

«Was?!»

«Eine Dame ...»

«Wie?»

«Groß ...»

«Schafskopf! Was wünscht sie?»

«Sie zu sprechen ...»

«Geh, frag sie!»

«Ich hab schon gefragt ... Sie sagt mir nichts ... ‹Ich muß Seine Wohlgeboren selbst ...›, sagt sie.»

«Der Teufel soll sie ...! Ruf sie herein! Ist sie jung?»

«Jawohl ...»

«Also ruf sie! ... Kehrt!» befahl Podschiblo nun schon weniger barsch, setzte sich zurecht und begann mit den Papieren zu rascheln, wobei er seinem mürrischen Gesicht eine strenge Vorgesetztenmiene gab.

Hinter ihm raschelte ein Kleid.

«Was wünschen Sie?» fragte Podschiblo halb umgewandt und maß die Besucherin mit kritischem Blick. Diese verneigte sich schweigend und bewegte sich gemessen auf den Tisch zu. Dabei hielt sie den Kopf leicht geneigt und betrachtete den Polizeibeamten mit ernsten blauen Augen. Ihre Kleidung war einfach und ärmlich; sie trug nach Art der Kleinbürgerinnen ein Kopftuch und ein graues, stark abgetragenes Umschlagetuch, dessen Zipfel sie zwischen den gebräunten schlanken Fingern ihrer hübschen kleinen Hände knüllte. Hochgewachsen und füllig, mit starkem Busen, machte sie mit der gerunzelten hohen Stirn anders als Frauen sonst einen ernsthaften, strengen Eindruck. Ihrem Äußeren nach konnte man ihr etwa siebenundzwanzig Jahre geben. Sie bewegte sich so langsam, so nachdenklich, als überlegte sie, ob sie nicht lieber umkehren sollte.

‹Sieh mal an, was das für'n ... Grenadier ist›, ging es Podschiblo gleich nach seiner Frage durch den Kopf. ‹Die führt doch was im Schilde ...›

«Ich wollte mich bei Ihnen erkundigen ...», begann sie mit tiefer Altstimme und hielt unentschlossen inne, die blauen Augen auf das bärtige Gesicht des Polizeibeamten gerichtet.

«Setzen Sie sich, bitte ... wonach wollten Sie sich erkundigen?» fragte Podschiblo in amtlichem Ton und setzte im stillen seine Betrachtung fort: ‹So ein strammes Frauenzimmer! Ha!›

«Wegen der Büchlein ...», ergänzte die Frau.

«Wegen der Mietbücher?»

«Nein, nicht wegen der ...»

«Wegen welcher denn?»

«Wegen der, die ... mit denen ... Frauen auf die Straße gehen ...», sagte sie verlegen und errötete plötzlich.

«Das heißt, wie meinen Sie das ... Was für Frauen?» fragte Sossim Kirillowitsch mit emporgezogenen Brauen und lächelte belustigt.

«Frauen ... die auf die Straße gehen, in der Nacht ...»

«Hm, hm, Prostituierte?» schmunzelte Sossim Kirillowitsch behaglich.

«Ja! Die!» Und tief aufatmend lächelte die Dame ebenfalls, als sei ihr bei diesem Wort leichter geworden.

«Aha! Nun und? Tja! Also was ...?» begann Sossim Kirillowitsch zu fragen in dem Gefühl, daß etwas sehr Interessantes und Pikantes bevorstehe.

«Ja, also wegen dieses Büchleins bin ich gekommen», sagte die Frau und ließ sich tief aufatmend auf den Stuhl nieder. Dabei schüttelte sie so seltsam den Kopf, als hätte sie einen Schlag bekommen.

«Also ... Sie wollen solch ein Haus eröffnen? Dann ...»

«Nein, für mich selbst ...» Sie senkte tief ihren Kopf.

«Ach so ... Und wo haben Sie Ihr altes Büchlein ...?» fragte Sossim Kirillowitsch und rückte seinen Stuhl näher an die Besucherin heran. Mit einem Blick auf die Tür streckte er den Arm aus, um ihn ihr um die Taille zu legen.

«Was für eins? Ich habe noch keins gehabt ...» Sie warf ihm einen schnellen Blick zu, machte aber nicht die kleinste Bewegung, um sich seiner Hand zu entziehen ...

«Sie haben also das Gewerbe im geheimen betrieben? Nicht

registriert? Geht auch! Und jetzt wollen Sie eingetragen werden? Das ist gut ... ist ungefährlicher», ermutigte Sossim Kirillowitsch sie und wurde selbst in seinem Versuch kühner.

«Aber ich will ja erst ...», stieß die Dame hervor und senkte verlegen den Blick ...

«Das heißt, was erst? Ich verstehe nicht.» Podschiblo zuckte die Achseln ...

«Ich will ja erst ... zum erstenmal. Für die Messezeit bin ich hergekommen», erklärte die Dame mit leiser Stimme, ohne den Blick zu erheben.

«Ach, so ist das!» Sossim Kirillowitsch zog seine Hand von ihrer Taille zurück, rückte seinen Stuhl ab und lehnte sich einigermaßen verlegen zurück.

Einen Augenblick schwiegen beide.

«So ist das ... Ja ... Sie wollen ... wie denn? Es ist doch nicht gut. Es ist schwer ... Das heißt, natürlich ... Aber immerhin ... sonderbar! Offen gestanden, ich verstehe nicht ... wie Sie sich dazu entschließen können. Falls es wirklich wahr ist ...»

Als erfahrener Polizeibeamter sah er, daß sie tatsächlich die Wahrheit gesagt hatte: sie war zu unberührt und ordentlich für Frauen eines gewissen Gewerbes. Sie hatte keinen der charakteristischen Züge, welche die Käuflichkeit dem Gesicht und den Gebärden einer Frau selbst nach geringer Praxis aufprägt.

«Bei Gott, es ist wahr!» Sie neigte sich plötzlich vertrauensvoll zu ihm. «Solch eine schmutzige Sache fang ich an, und da werde ich noch lügen? Wozu denn? Ich muß einfach ein Gewerbe haben. Sehen Sie, ich bin Witwe. Mein Mann war Lotse, er ist im April beim Eisgang ertrunken. Ich hab zwei Kinder, einen Jungen von neun Jahren und ein Mädchen von sieben. Erspartes haben wir nicht. Angehörige auch nicht. Ich bin als Waise aufgenommen worden. Und seine, des Verstorbenen, Eltern wohnen weit. Und sie wollen auch nichts von mir wissen ... Sie sind doch wohlhabend und ich wie eine Bettlerin vor ihnen. Ich kann also nirgends hin. Ich müßte arbeiten, gewiß. Aber ich brauche viel Geld, so viel kann ich nicht verdienen. Mein Sohn ist doch auf dem Gymnasium. Man müßte sich drum bemühen, daß er eine Freistelle bekommt, aber wie soll ich einfache Frau das anstellen! Und dabei ist der Junge solch ein aufgewecktes Kerlchen! Es ist doch schade, ihn von der Schule zu nehmen ... Und dann die Tochter ... etwas muß sie doch auch bekommen. Und Arbeit ... ehrliche Arbeit ... findet man denn die so oft? Und wieviel kann man damit schon verdienen? Und welche Arbeit sollte ich wohl ...? Wenn ich zum Beispiel als Köchin ... nun ja, fünf Rubel im Monat ... Aber das langt doch nicht! Das langt doch noch längst nicht! Mit dieser Sache dagegen – wenn einer Glück hat –, da kann man sich doch mit einem Schlage für das ganze Jahr versorgen. Auf der vorigen Messe hat eine Frau von uns über vierhundert eingenommen! Jetzt hat sie mit ihrem Gelde einen Waldhüter geheiratet und ist ihre eigene Herrin. Sie lebt ... Eine Schande ...? Natürlich ist es anstößig ... Nur, bedenken Sie auch ... Das ist Schicksal. Immer ist alles Schicksal. Ist mir diese Sache eingefallen, dann muß ich das – es ist für mich ein Fingerzeig vom Schicksal ... Glückt es, dann ist es gut. Glückt es nicht, und habe ich nur Plage und Schande davon ... dann ist das eben mein Los. Ja ...»

Podschiblo hörte ihr zu und verstand alles bis ins kleinste, denn ihr Mienenspiel unterstrich ihre Worte. Anfangs hatte ihr Gesicht einen erschrockenen Ausdruck, nachher wurde er schlicht, hart und entschlossen.

Sossim Kirillowitsch wurde übel und beklommen.

‹Gerät solch einer Hexe ein Narr in die Finger ... die zieht ihm ja das Fell über die Ohren und nimmt das Fleisch bis auf die Knochen noch dazu›, so formulierte er sein Angstgefühl, und als sie zu Ende geredet hatte, sagte er trocken:

«Ich kann da nichts tun; wenden Sie sich an den Polizeimeister. Das ist Sache des Polizeimeisters und der ärztlichen Aufsicht. Ich habe damit nichts zu tun ...»

Er hatte nur den Wunsch, daß sie sich möglichst schnell entfernte. Sie erhob sich auch sogleich, verneigte sich und ging langsam zur Tür. Sossim Kirillowitsch, der die Lippen fest aufeinandergepreßt und die Augen zusammengekniffen hatte, sah ihr nach und hätte ihr am liebsten in den Rücken gespien ...

An der Tür wandte sie sich noch einmal um: «Also zum Polizeimeister muß ich, sagten Sie?» Ihre blauen Augen blickten fest und entschlossen, und auf ihrer Stirn stand eine strenge, tiefe Falte.

«Ja, ja!» antwortete Podschiblo hastig.

«Guten Tag! Ich danke auch!» Damit ging sie.

Sossim Kirillowitsch stützte die Ellbogen auf den Tisch. Wohl zehn Minuten saß er so da und pfiff etwas vor sich hin.

«Solch ein Vieh, was?» sagte er laut, ohne den Kopf zu heben. «Und Kinder! Was denn für Kinder? Ha! Solch eine Schlange!»

Und wieder schwieg er lange ...

«Aber schließlich ... wenn das alles wahr ist ... Das Leben nimmt den Menschen in den Schraubstock ... Tja ... das Leben ist hart.»

Und nach einer kleinen Pause faßte er seine ganze Gedankenarbeit zusammen, indem er tief Luft holte, entschlossen ausspie und energisch ausrief:

«Es ist doch eine Schweinerei!»

«Was befehlen Sie?» meldete sich die Wache an der Tür.

«Was?»

«Was befehlen Euer Wohlgeboren?»

«R-raus!»

«Zu Befehl!»

«Esel!» murmelte Podschiblo und warf einen Blick durchs Fenster.

Kucharin schlief immer noch auf dem Heu ... Die Wache hatte offenbar vergessen, ihn zu wecken ...

Aber Sossim Kirillowitsch hatte seinen Ärger vergessen, und der Anblick des bequem ausgestreckten Soldaten empörte ihn nicht im geringsten. Er empfand eine unerklärliche Angst. Vor ihm standen die ruhigen, blauen Augen der Frau und sahen ihm entschlossen ins Gesicht. Dieser beharrliche Blick lag ihm wie eine Last auf der Brust und machte ihn verlegen ...

Er sah auf die Uhr, schob sein Koppel zurecht und verließ die Amtsstube. Dabei murmelte er dumpf:

«Warte, wir treffen uns noch ... Ganz sicher.»

II

Und wirklich, sie trafen sich.

Als Podschiblo eines Abends im Dienst vor dem Rathaus stand, bemerkte er sie in fünf Schritt Entfernung. Sie bewegte sich in ihrer langsamen, gemessenen Art auf die Anlagen zu und blickte mit ihren blauen Augen beharrlich geradeaus; in ihrer hohen schlanken Gestalt, in den Bewegungen von Brust und Hüften, in dem ernsten, ergebenen Blick war etwas Unnahbares; die äußerst demütige, schicksalsergebene Falte auf der Stirn, die noch tiefer eingegraben war als bei der ersten Begegnung, verdarb ihr großes, volles russisches Gesicht, weil sie ihm einen scharfen Zug gab.

Sossim Kirillowitsch zwirbelte seinen Schnurrbart und beschloß, einem frivolen Gedanken Raum gebend, der im Augenblick in seinem Kopf auftauchte, die Frau nicht aus den Augen zu lassen.

‹Ach, du Krokodil! Warte nur!› schickte er ihr in Gedanken einen vielversprechenden Ausruf hinterher.

Und nach kaum fünf Minuten saß er schon neben ihr auf einer der Bänke in den Anlagen.

«Sie erkennen mich wohl nicht mehr?» fragte er lächelnd.

Sie sah zu ihm auf und maß ihn ruhig mit ihren Blicken.

«Doch, ich erinnere mich. Guten Tag», sagte sie leise mit unterdrückter Stimme, reichte ihm aber nicht die Hand.

«Nun, wie steht's? Haben Sie sich ein Büchlein verschafft?»

«Hier!» Und sie begann immer mit demselben ergebenen Gesichtsausdruck in ihrer Kleidertasche zu suchen.

Das machte den Polizeioffizier etwas verlegen.

«Nicht doch, ich brauch es nicht, suchen Sie nicht, ich glaub es Ihnen. Ich hab auch gar nicht das Recht . . . das heißt . . . Sagen Sie lieber, was haben Sie für Erfolge?» fragte er und dachte gleich danach: ‹Das hab ich gerade nötig zu wissen! Und wozu die Ziererei? Nun, steure los auf dein Ziel, Sossim!›

Obgleich er sich mit diesem Gedanken Mut zusprach, konnte er sich doch nicht entschließen, direkt aufs Ziel loszugehen. Sie hatte in ihrem Wesen etwas, das einem nicht gestattete, ihr sofort in einer gewissen Beziehung nahezutreten.

«Meine Erfolge? Es geht, Gott sei ...» Sie sprach den Satz nicht zu Ende und errötete tief.

«Das ist ja schön. Ich gratuliere ... Es fällt Ihnen wohl schwer, weil Sie es nicht gewohnt sind?»

Sie beugte sich plötzlich mit dem ganzen Körper zu ihm vor, ihr Gesicht wurde bleich und verzerrte sich, ihr Mund rundete sich, als wollte sie schreien – und ebenso plötzlich lehnte sie sich wieder zurück und nahm die vorige Haltung ein ...

«Es geht ... Ich werde mich dran gewöhnen», sagte sie ruhig und deutlich, zog ihr Taschentuch und schneuzte sich geräuschvoll.

Sossim Kirillowitsch fühlte sich beklommen von ihrer Nähe, ihrer Bewegung und ihren ruhigen, unbeweglichen blauen Augen.

Er ärgerte sich über sich selbst, stand auf und reichte ihr schweigend und böse die Hand.

«Leben Sie wohl!» sagte sie freundlich.

Er nickte ihr zu und entfernte sich schnell, wobei er sich selbst erbost einen dummen Bengel schalt.

«Wart, Mütterchen! Das tränk ich dir noch ein. Du sollst mich noch kennenlernen. Du wirst noch aufhören, die zimperliche Mimose vor mir zu spielen», drohte er, wer weiß, weshalb. Und dabei fühlte er, daß sie ihm gegenüber durchaus keine Schuld trug.

Aber gerade das ärgerte ihn ...

III

Etwa anderthalb Wochen später ging Sossim Kirillowitsch aus der Karawanserei kommend in Richtung des Sibirsker Hafens, als er durch Weibergekreisch, Schimpfreden und anderen Radau aufgehalten wurde, der aus einem Schenkenfenster auf die Straße drang.

«Hilfe! Polizei!» schrie eine halberstickte, weibliche Stimme. Man hörte beängstigende klatschende Schläge, das Gepolter von Möbeln und eine Baßstimme, die allen Lärm übertönend begeistert dröhnte:

«So ist's recht! Noch mal! Mitten in die Fresse! Oh!»

Sossim Kirillowitsch rannte die Treppe hinauf, stieß die Menge auseinander, die sich an der Tür des Schankraums angesammelt hatte, und sah folgendes Bild vor sich: seine Bekannte, die Frau mit den blauen Augen, hatte sich über den Tisch vorgebeugt, mit der Linken hielt sie eine Frau an den Haaren gepackt, und mit der Rechten schlug sie unbarmherzig und ohne aufzuhören in das erschrockene und verschwollene Gesicht.

Die blauen Augen waren jetzt streng zusammengekniffen, die Lippen fest aufeinandergepreßt, von den Mundwinkeln zum Kinn zogen sich scharfe Falten, und das früher so seltsam ruhige Gesicht seiner Bekannten sah jetzt unbarmherzig boshaft und tierisch aus, es war das Gesicht eines Menschen, der gewillt ist, seinesgleichen wollüstig zu mißhandeln, ohne aufzuhören.

Die Frau, welche sie schlug, schrie nur noch unartikuliert, versuchte sich loszureißen und fuchtelte mit den Armen unsinnig in der Luft herum.

Sossim Kirillowitsch fühlte einen bösen Wunsch in sich aufsteigen, das wilde Verlangen, sich für etwas an jemand zu rächen. Er stürzte vor, packte die schlagende Frau von hinten um die Taille und riß sie an sich.

Der Tisch schlug um, krachend zerbrach das Geschirr, die Menge heulte wild auf und lachte wiehernd.

Sossim Kirillowitsch sah in einer Art Rausch alle möglichen wilden roten Fratzen an seinen Augen vorübergleiten, hielt die Händelsüchtige fest umschlungen und flüsterte ihr erbost ins Ohr:

«Ach du! Raufen? Krakeelen? ... Ach du!»

Die mißhandelte Frau lag auf dem Fußboden zwischen den Geschirrscherben, schluchzte laut und kreischte von Zeit zu Zeit hysterisch auf ... Ein flinker Mann in einem langen Tuchrock erklärte Sossim Kirillowitsch den Hergang des Tumults:

«Die da, Euer Wohlgeboren, hat zu dieser gesagt: ‹Ach, du

Straßendreck›, hat sie gesagt, ‹du gemeines Frauenzimmer, du!›, und da ist die auf sie losgegangen. Und da hat die andere ein Glas Tee auf sie gegossen, und diese hat sie an den Zöpfen gepackt, und nu immer drauflos! Und ich sage Ihnen, sie hat sie so geschlagen, daß einer neidisch werden kann, wenn es ihn auch gar nichts angeht! Hat die eine Kraft!»

«Aha! So war das!» knurrte Sossim Kirillowitsch, der die Frau immer stärker zwischen seinen Armen preßte und am liebsten selbst mitgeprügelt hätte.

«Droschke! Hallo, Droschke!» brüllte ein Mensch mit rotem Hals aus dem Fenster auf die Straße hinaus, und sein breiter Rücken war dabei seltsam gespannt und gekrümmt.

«Na, los! Auf die Hauptwache! Marsch! . . . Alle beide! Du! Steh auf! . . . Und wo hast du gesteckt? Wozu bist du angestellt, du Fratze? Ab auf die Hauptwache. Schnell! Alle beide . . . los!

Der wackere Schutzmann stieß bald die eine, bald die andere Frau in den Rücken und ging mit ihnen aus dem Saal.

«Bring mir mal . . . einen Kognak mit Selters, aber rasch!» wandte sich Sossim Kirillowitsch an den Kellner und ließ sich schwer in einen Stuhl am Fenster fallen; er war erschöpft und ergrimmt gegen alle und alles.

Am nächsten Morgen stand sie ebenso entschlossen und ruhig vor ihm wie bei ihrer ersten Begegnung, blickte ihm mit ihren blauen Augen ins Gesicht und wartete, daß er mit ihr zu sprechen beginne.

Aber Sossim Kirillowitsch warf die Papiere auf dem Tisch umher; er war unausgeschlafen und gereizt, und außerdem wußte er nicht, womit er bei ihr beginnen sollte. Die in solchen Fällen üblichen feststehenden Drohungen und Schimpfworte wollten ihm nicht recht von den Lippen; er wollte noch bösere und stärkere Ausdrücke finden und sie ihr ins Gesicht schleudern.

«Womit hat das bei euch angefangen? . . . Nu, red schon!»

«Sie hat mich beschimpft . . .», antwortete die Frau mit Nachdruck.

«Was Sie nicht sagen! Unerhört!» spottete Podschiblo.

«Sie soll sich nicht unterstehen ... ich bin nicht ihresgleichen. Ich tu es aus Not ... wenn ... Aber sie ...»

«Ja? Sie tut es wohl zum Vergnügen?»

«Sie?»

«Nu ja, sie. Was?»

«Was will sie denn? Sie hat keine Kinder ...»

«Du, hör mal, sei bloß ruhig, du widerliche Person! Komm mir nicht immer mit deinen Kindern ... Pack dich, aber ich sage dir, wenn ich dir noch einmal begegne, dann fliegst du binnen vierundzwanzig Stunden raus! Von der Messe raus! Verstanden? Oh, ich kenne euch! Du kriegst es von mir! Herumkrakeelen? Ich werde dir zeigen ... Du Dreck!»

Und die Worte, eins immer beleidigender als das andere, flogen aus seinem Munde ihr ins Gesicht. Sie erbleichte, und ihre Augen wurden ebenso schmal wie am Tag vorher in der Schenke.

«Hinaus!» donnerte Podschiblo und schlug krachend mit der Faust auf den Tisch.

«Gott ist Ihr Richter ...», sagte sie mit beherrschter Drohung und verließ schnell die Amtsstube.

«Ich werde dir zeigen ... mein Richter!» brüllte Sossim Kirillowitsch. Es hatte ihm Vergnügen gemacht, sie zu beleidigen. Ihr ruhiges Gesicht und der gerade Blick ihrer blauen Augen machten ihn rasend. ‹Was hat sie sich anzustellen und groß anzugeben? Kinder?! Unsinn! Unverschämtheit! Was haben Kinder damit zu tun? Eine Straßendirne ist zur Messe gekommen, um sich zu verkaufen, und ziert sich, wer weiß warum ... Eine Märtyrerin, aus Not ... Kinder. Wem will sie das aufbinden? Sie ist einfach nicht imstande, offen zu sündigen, und bemäntelt es mit der Not. Pah! Hört nur!›

IV

Und doch gab es sie: einen Knaben, flachsblond und schüchtern, in einer abgetragenen alten Gymnasiastenuniform, ein schwarzes Tuch um die Ohren gebunden, und ein Mädelchen in einem viel zu großen karierten Regenmantel. Beide hatten sich auf den Brettern an der Kaschinschen Anlegestelle niedergelassen und führten, zitternd im Herbstwinde, ein leises kindliches Gespräch. Ihre Mutter stand hinter ihnen, mit dem Rükken an Frachtgut gelehnt, und blickte mit freundlichen blauen Augen auf sie hinab.

Der Junge sah ihr ähnlich: er hatte auch blaue Augen; häufig drehte er seinen Kopf unter der Schülermütze mit dem eingerissenen Schirm nach der Mutter um und sagte lächelnd etwas zu ihr. Das Mädchen war stark blatternarbig, hatte eine spitze Nase und große graue Augen, die klug und lebhaft blitzten. Rings um sie auf den Brettern lagen Bündel und zusammengerolltes Gepäck.

Es war Ende September; seit dem Morgen regnete es, die Uferstraße war aufgeweicht, und es wehte ein kalter und feuchter Wind.

Auf der Wolga gingen trübe Wellen und brachen sich rauschend am Ufer. Überall herrschte schwerer, dumpfer Lärm ... Allerlei Leute liefen, irgendwelche Ziele im Auge, geschäftig hin und her ... Und auf diesem bewegten Hintergrunde der belebten Uferstraße fiel die Gruppe der ruhig wartenden Mutter mit ihren beiden Kindern sofort in die Augen.

Sossim Kirillowitsch hatte diese Gruppe längst bemerkt; er hielt sich zwar abseits, beobachtete sie aber unverwandt. Er nahm jede Bewegung eines jeden einzelnen von ihnen wahr und schämte sich im stillen ...

Von der Sibirsker Anlegestelle her näherte sich der Kaschiner Dampfer, der nach einer halben Stunde wolgaaufwärts fahren sollte.

Jetzt drängte die Menge zur Landungsbrücke.

Da beugte sich die Frau mit den blauen Augen zu ihren Kindern hinab, richtete sich, ganz behängt mit zusammengerollten und verschnürten Gepäckstücken, wieder auf und ging hinter ihren Kindern, die auch jedes etwas zu tragen hatten und sich an den Händen hielten, die Treppe hinunter ...

Sossim Kirillowitsch mußte ebenfalls auf die Landungsbrücke gehen. Er hatte keine Lust dazu, aber es war seine

Pflicht, und nach einer Weile stand er in der Nähe der Kasse.

Seine Bekannte kaufte gerade ihre Fahrkarte. Sie hielt eine dicke hellbraune Brieftasche in der Hand, aus der ein Päckchen Geldscheine hervorguckte. Dabei sagte sie:

«Ich hätte gern für die beiden Kinder, sehen Sie, Karten für die zweite Klasse, bis Kostroma, und für mich in der dritten Klasse. Können beide wohl auf eine Fahrkarte fahren? ... Nein? Aber Sie lassen etwas nach? Danke vielmals! Gott lohn's ...»

Und sie entfernte sich mit zufriedenem Ausdruck. Die Kinder quirlten um sie herum, griffen sie am Kleide und baten um etwas ... Sie hörte sie an und lächelte ...

«Ach, Kinder, ich kauf es ja, ich hab es doch versprochen! ... Glaubt ihr, mir tut das Geld leid? Zwei für jeden? Dann bleibt mal hier stehen.»

Damit begab sie sich zu den Verkaufsständen, wo mit Kurzwaren und Obst gehandelt wurde.

Und nach einer kleinen Weile stand sie wieder bei ihren Kindern und sagte:

«Da hast du deine Seife, Warja ... Riech mal daran, wie sie duftet! Und da ist das Messer für dich, Petja ... Siehst du, ich hab es nicht vergessen, keine Angst. Und hier sind die Apfelsinen, zehn Stück. Ihr dürft sie essen, aber nicht alle auf einmal ...»

Der Dampfer stieß an die Landungsbrücke. Es gab einen Ruck. Alle gerieten ins Schwanken. Die Frau packte ihre Kinder an den Schultern und drückte sie an sich; dabei blickte sie ängstlich um sich. Alle waren ruhig, da beruhigte sie sich und begann zu lachen. Die Kinder stimmten mit ein. Der Steg wurde ausgelegt, und die Menge ergoß sich aufs Schiff.

«Halt! Was stopfst du dich dazwischen! Esel!» kommandierte Sossim Kirillowitsch, der die Reisenden an sich vorbeiließ, zu einem Zimmermann gewandt, der mit einem Quersack, einer Säge, Axt und anderem Werkzeug ganz und gar behängt war. «Teufel! Laß doch die Dame mit den Kindern durch ... Wo hast du deinen Verstand, Bruder!» fügte er nun schon milder hinzu, als die Dame, seine Bekannte mit den blauen Augen, lächelnd und mit einem Gruß an ihm vorüber auf das Schiff ging ...

Der dritte Pfiff ertönte.

«Seil einziehen!» erscholl das Kommando von der Brücke herunter. Der Dampfer erbebte und kam langsam in Fahrt ...

Sossim Kirillowitsch ließ seine Augen über die Reisenden an Deck schweifen, und als er seine Bekannte gefunden hatte, zog er ehrerbietig die Mütze und verbeugte sich.

Sie erwiderte den Gruß mit einer tiefen russischen Verneigung und bekreuzigte sich inbrünstig.

Und so fuhr sie mit ihren Kindern nach Kostroma.

Sossim Kirillowitsch sah ihr noch einen Augenblick nach, holte einmal tief Luft und ging von der Landungsbrücke in sein Amt. Er war verdrießlich und niedergeschlagen.

1895

Die «Ausfahrt»

Auf der Dorfstraße bewegt sich zwischen den weißen Lehmhütten unter wildem Johlen eine merkwürdige Prozession.

Eine Schar Menschen kommt daher, in dichtem Haufen, langsam und lärmend – sie wälzt sich heran wie eine große Woge, und voran schreitet mit traurig hängendem Kopf ein struppiges, elendes Pferd. Setzt es ein Vorderbein auf die Erde, dann wirft es den Kopf zurück und neigt ihn wieder so sonderbar vor, als wollte es das zottige Maul in den Straßenstaub drücken; setzt es aber ein Hinterbein vor das andere, dann sinkt seine Kruppe so tief zur Erde ab, daß es scheint, es müsse jeden Augenblick umfallen.

An den Vorderteil des Bauernwagens ist mit einer Leine, die ihr die Hände bindet, eine kleine, völlig nackte Frau, fast noch ein Mädchen, gefesselt. Sie bewegt sich irgendwie sonderbar – seitlich – voran, ihre Beine zittern und knicken ein, der Kopf mit dem zerzausten dunkelblonden Haar ist erhoben und ein wenig in den Nacken geworfen, die weit geöffneten Augen starren mit stumpfem Blick, in dem nichts Menschliches ist, in die Ferne. Ihr ganzer Körper ist mit runden oder länglichen roten und blauen Flecken bedeckt, die feste, mädchenhafte linke Brust ist aufgeschlagen und blutet. Das Blut zieht sich als rotes Band über den Bauch und über das linke Bein bis an das Knie hin und verliert sich auf der Wade in einer braunen Kruste von Staub. Es sieht aus, als hätte man dieser Frau einen langen, schmalen Streifen Haut vom Körper abgezogen. Und offenbar hat man sie lange mit einem Holzscheit auf den Bauch geschlagen oder mit Stiefeln auf ihm herumgetreten, denn er ist ungeheuerlich angeschwollen und erschreckend blau.

Die Füße der Frau – sie sind wohlgeformt und klein –

schleppen sich mit Mühe über den grauen Staub, ihr ganzer Körper verbiegt sich, und es ist unverständlich, wieso sie sich auf ihren Beinen hält, die – wie der ganze Körper – voller blauer Flecken sind, wieso sie nicht umsinkt und, an den Armen hängend, sich von dem Wagen über die warme Erde schleifen läßt ...

Auf dem Wagen aber steht ein hochgewachsener Bauer, in weißem Hemd, mit einer schwarzen Lammfellmütze auf dem Kopf, unter der eine feuerrote Haarsträhne hervorquillt und über die Stirn fällt; in der einen Hand hält er die Zügel, in der anderen eine Peitsche, mit der er methodisch bald auf den Rükken des Pferdes, bald auf den Körper der kleinen Frau eindrischt, die ohnehin so zugerichtet ist, daß sie fast jede Ähnlichkeit mit einem Menschen verloren hat. Die Augen des rothaarigen Bauern sind blutunterlaufen und funkeln in bösem Triumph. Das Haar unterstreicht ihre grünliche Farbe. Die bis an den Ellenbogen aufgekrempelten Ärmel des Hemdes entblößen die kräftigen, von dichten roten Loden bedeckten Arme; der geöffnete Mund ist voller scharfer weißer Zähne; von Zeit zu Zeit ruft der Bauer mit heiserer Stimme aus: «Da ... Hexe! Hei! Da hast du! Aha! Da!»

Hinter dem Wagen und der an ihn gefesselten Frau strömt in hellem Haufen das Volk, schreit, johlt und pfeift, lacht und hetzt. Jungen rennen ... Manchmal stürzt einer von ihnen vor und ruft der Frau zynische Worte ins Gesicht. Die Lachsalven der Menge übertönen alle anderen Laute, auch das dünne Pfeifen der Peitsche in der Luft. Die Frauen haben sinnlich erregte Gesichter und vor Vergnügen funkelnde Augen. Dicke Männer rufen dem, der auf dem Wagen steht, Widerwärtigkeiten zu. Er dreht sich zu ihnen um und wiehert mit weit geöffnetem Mund. Ein neuer Peitschenhieb geht auf den Körper der Frau nieder. Die lange, dünne Peitschenschnur trifft die Schulter und verfängt sich unter dem Arm. Da reißt der Bauer auf dem Wagen die Peitsche scharf zurück; die Frau schreit winselnd auf, sinkt hintenüber und fällt rücklings in den Staub. Aus der Menge stürzen welche zur ihr hin, beugen sich über sie und verdecken sie mit ihren Leibern.

Das Pferd bleibt stehen, setzt sich aber gleich wieder in Bewegung, und die zerschundene Frau geht wie zuvor neben dem Wagen her. Und der kümmerliche Gaul setzt langsam die Beine und nickt in einem fort mit dem zottigen Kopf, als wollte er sagen: Was für ein Elend, ein Tier zu sein! Die Menschen zwingen einen, an jeder Scheußlichkeit teilzunehmen ...

Und der Himmel, der Himmel des Südens, ist völlig wolkenlos, die Sonne ergießt freigebig ihre sengenden Strahlen.

Ich habe hier nicht etwas von mir Erfundenes niedergeschrieben oder die Wahrheit entstellt – nein, das Geschilderte ist leider keine Erfindung. Das nennt sich «Ausfahrt». So bestraft ein Ehemann die Untreue seiner Frau; es handelt sich um ein Sittenbild, um einen Brauch, und ich habe das im Jahre 1891, am 15. Juli, gesehen – im Dorf Kandybowka, Gouvernement Cherson, Kreis Nikolajew.

Ich wußte, daß man bei uns hinter der Wolga eine untreu gewordene Frau nackt auszieht, mit Teer beschmiert und mit Hühnerfedern überschüttet und in diesem Aufzug auf der Dorfstraße herumführt. Ich wußte, daß erfinderische Ehemänner oder Schwiegerväter eine «Treulose» im Sommer gelegentlich mit Sirup beschmieren und den Insekten zum Fraß an einen Baum binden. Ich hatte gehört, daß man die «Treulosen» bisweilen gefesselt in einen Ameisenhaufen setzt. Und schließlich sah ich, daß all das unter ungebildeten, gewissenlosen, durch ein wölfisches Leben in Neid und Gier verwilderten Menschen möglich ist.

1895

Die alte Isergil

I

Ich habe diese Geschichte in Bessarabien, bei Akkerman, am Meeresufer gehört.

Eines Abends machte sich eine Gruppe von Moldauern, mit denen ich arbeitete, nach beendetem Tagewerk – wir lasen Trauben – auf den Weg zum Strand, während ich und die alte Isergil im dichten Schatten der Weinreben blieben, auf der Erde lagen, schwiegen und zusahen, wie die Umrisse derer, die zum Meer strebten, im bläulichen Dämmer der Nacht zerflossen.

Sie zogen dahin, sangen und lachten; die Männer – bronzebraun, mit prächtigem, schwarzem Schnurrbart und dichtem, gewelltem Haar bis auf die Schultern, in kurzen Joppen und Pluderhosen; die Frauen und Mädchen – vergnügt und biegsam, mit dunkelblauen Augen und ebenfalls bronzefarben. Ihr seidiges schwarzes Haar war nicht aufgesteckt; der warme, leichte Wind spielte mit ihm und ließ die darin eingeflochtenen Münzen erklirren. Er wehte sanft und gleichmäßig; hin und wieder aber schien er auf ein unsichtbares Hindernis zu stoßen – dann schwoll er mächtig an und wirbelte das Haar der Frauen zu phantastischen Mähnen auf. Das machte sie seltsam und märchenhaft. Sie entfernten sich immer mehr, und die Nacht und die Phantasie ließen sie immer schöner erscheinen.

Jemand spielte Geige, ein Mädchen sang mit weicher, tiefer Altstimme; man hörte Lachen ...

Die Luft war vom herben Geruch des Meeres und den fetten Ausdünstungen der Erde erfüllt, auf die kurz vor Abend ein heftiger Regenguß niedergegangen war. Noch jetzt zogen prächtige Wolkenfetzen am Himmel dahin, seltsam von Umriß und Farbe, hier flüchtig wie Rauch, taubenblau oder bläulichaschgrau, dort scharf umrissen wie Felsentrümmer und mattschwarz oder braun. Dazwischen funkelte freundlich der dunkelblaue, mit goldenen Sternentupfen geschmückte Himmel. All das – die Laute und die Gerüche, die Wolken und die Menschen – war sonderbar schön und traurig und wirkte wie der Anfang eines wunderbaren Märchens. Alles schien stillzustehen und zu erstarren; die sich entfernenden Stimmen erstarben und machten traurigen Seufzern Platz.

«Warum bist du nicht mitgegangen?» fragte die alte Isergil und nickte mir zu.

Die Jahre hatten sie gebeugt, die einstmals schwarzen Augen waren trüb geworden und tränten. Die Stimme klang sonderbar rauh und knirschte, als spräche die Alte mit den Knochen.

«Ich hatte keine Lust», gab ich zur Antwort.

«Hu! Ihr Russen kommt schon als Greise zur Welt. Und seid allesamt düster wie Dämonen ... Unsere Mädel fürchten sich vor dir ... Und dabei bist du jung und stark.»

Der Mond ging auf. Seine Scheibe war groß und blutrot und schien aus der Tiefe der Steppe aufgestiegen zu sein, die bereits so unendlich viel menschliches Fleisch verschlungen, so unendlich viel Blut eingesogen hatte, wodurch sie denn wohl auch so üppig und fruchtbar geworden war. Die an feine Spitze erinnernden Schatten des Laubs überzogen mich und die Alte wie mit einem Netz. Linker Hand kamen vom bläulichen Schein des Mondes durchdrungene Wolkenschatten auf, die immer durchsichtiger und heller wurden.

«Da, da kommt Larra!»

Ich blickte in die Richung, in die die Alte mit zitternden krummen Fingern wies, und sah: Schatten zogen auf; es waren ihrer viele, aber einer von ihnen war dunkler, dichter als die anderen und bewegte sich schneller auf uns zu – dieser Schatten stammte von einem Wolkenfetzen, der näher zur Erde und rascher über sie hinzog als die anderen.

«Ich sehe niemand!» sagte ich.

«Du hast schlechtere Augen als ich alte Frau. So schau doch, der dunkle, der über die Steppe läuft!»

Ich blickte nochmals hin, vermochte aber wieder nur einen Schatten zu entdecken. «Es ist ein Schatten! Warum nennst du ihn Larra?»

«Weil er es ist. Ja, er erinnert jetzt an einen Schatten; wird ja auch Zeit! Er hat Tausende von Jahren hinter sich, die Sonne hat sein Fleisch und Blut und seine Knochen ausgedörrt, und der Wind hat sie verweht. Da siehst du, wie der Herrgott den Menschen für seinen Hochmut strafen kann!»

«Erzähl mir, wie sich das zugetragen hat!» bat ich die Alte, im Vorgefühl, eines der schönen Märchen zu hören, die in der Steppe entstanden sind.

Und sie erzählte mir folgendes Märchen:

«Viele tausend Jahre sind vergangen, seit das geschah. Weit hinter dem Meer, gegen Sonnenaufgang, liegt ein Land mit einem mächtigen Strom; in diesem Land spendet jedes Blatt am Baum und jeder Grashalm so viel Schatten, wie der Mensch braucht, um sich vor der Sonne zu schützen, die dort auf grausame Art niederbrennt. So üppig ist in jenem Land die Erde!

Es lebte da ein kraftvoller Menschenschlag, der seine Herden weidete und seine Kraft und seinen Mut bei der Jagd auf wilde Tiere erprobte, nach der Jagd aber schmauste und trank, Lieder sang und sich mit den Mädchen vergnügte.

Eines Tages wurde während eines solchen Schmauses eins von den Mädchen – sie war schwarzhaarig und lieblich wie die Nacht – von einem Adler entführt, der vom Himmel niederstieß. Die Pfeile, die die Männer auf ihn abschossen, prallten wirkungslos von ihm ab und fielen zurück auf die Erde. Da machte man sich auf, um nach dem Mädchen zu suchen, fand es aber nicht. Und man vergaß es, wie alles auf dieser Erde vergessen wird.»

Die Alte seufzte und hielt inne. Ihre knarrende Stimme klang, als hätten sich in ihrem Herzen all die versunkenen Jahrhunderte in schattenhafte Erinnerungen verwandelt und murrten. Das Meer begleitete leise den Anfang einer jener alten Legenden, die möglicherweise an seinen Ufern entstanden waren.

«Zwanzig Jahre darauf kehrte sie jedoch von allein zurück, zerquält und abgezehrt; in ihrer Begleitung befand sich ein

Jüngling, schön und stark, wie sie selber zwanzig Jahre zuvor gewesen war. Und als man sie fragte, wo sie sich aufgehalten, erzählte sie, der Adler habe sie ins Gebirge entführt und dort hätten sie wie Mann und Frau miteinander gelebt. Das sei sein Sohn; den Vater gebe es nicht mehr; als er schwächer wurde, habe er sich ein letztes Mal hoch in den Himmel erhoben, die Flügel zusammengelegt, sich auf die scharfen Grate der Berge fallen lassen und den Tod gefunden ...

Alle starrten den Sohn des Adlers neugierig an und stellten fest, daß er keineswegs besser war als sie, nur wirkten seine Augen kalt und stolz wie die des Königs unter den Vögeln. Und sie unterhielten sich mit ihm, und er gab Antwort, wenn er wollte, oder er schwieg; als aber die Ältesten des Stammes dazukamen, sprach er zu ihnen wie zu seinesgleichen. Das beleidigte sie; sie nannten ihn einen ungefiederten Pfeil mit noch ungeschärfter Spitze und erklärten, man habe sie zu achten; Tausende von solchen wie er und Tausende von doppelt so alten fügten sich ihnen. Er aber blickte ihnen kühn in die Augen und entgegnete, es gäbe keinen zweiten wie ihn; selbst wenn alle sich ihnen beugten – er gedenke es nicht zu tun. Da gerieten sie endgültig in Zorn. Und im Zorn sprachen sie: ‹Für ihn gibt es keinen Platz unter uns. Soll er sich wenden, wohin er will!›

Er lachte, wandte sich, wohin es ihn zog – zu einem schönen Mädchen, das ihn unverwandt anblickte –, trat auf sie zu und schloß sie in seine Arme. Sie aber war die Tochter eines der Ältesten, die ihn verurteilt hatten, und sie stieß ihn, obwohl er schön war, zurück, weil sie sich vor ihrem Vater fürchtete. Sie stieß ihn zurück und ging davon, er aber versetzte ihr einen Schlag und trat, als sie zu Boden sank, mit dem Fuß auf ihre Brust, daß ihr das Blut aus dem Mund spritzte und das Mädchen aufseufzte, sich wie eine Schlange wand und starb.

Alle, die das mit ansehen mußten, waren vor Schreck wie gelähmt – noch nie hatte man eine Frau auf diese Weise vor ihren Augen umgebracht. Und alle schwiegen lange und starrten die beiden an, sie, die mit offenen Augen und blutüberströmtem Mund dalag, und ihn, der neben ihr stand, einer gegen alle, stolz und ohne den Kopf zu senken, gleichsam die Sühne herausfordernd. Als man dann zu sich kam, ergriff man ihn, band ihn und ließ ihn liegen, da man fand, ihn auf der Stelle zu töten sei allzu einfach und würde niemand befriedigen.

Die Nacht wurde tiefer, verschaffte sich immer mehr ihr Recht, erfüllte sich mit sonderbaren leisen Lauten. In der Steppe pfiffen traurig die Zieselmäuse, im Blattwerk der Rebenstöcke hing das gläserne Zirpen der Heuschrecken, das Blattwerk selber seufzte und flüsterte, der Vollmond, der vorher blutrot gewesen war, wurde, je weiter er sich vom Erdenrand entfernte, immer blasser und tauchte die Steppe immer mehr in ein bläuliches Halbdunkel.

Und schließlich versammelte man sich, um eine Todesstrafe zu ersinnen, die dem Verbrechen vergleichbar war. Man wollte ihn von Pferden in Stücke reißen lassen – doch das erschien ihnen zu gnädig; man dachte daran, je einen Pfeil auf ihn abzuschießen, verwarf jedoch auch dieses; der und jener schlug vor, ihn auf dem Scheiterhaufen zu verbrennen, aber dann hätte der Rauch nicht erlaubt, sich an seinen Qualen zu weiden. An Vorschlägen fehlte es nicht, doch es fand sich keiner, der alle befriedigt hätte. Seine Mutter aber lag auf den Knien vor ihnen, stumm, außerstande, zu weinen oder Worte zu finden, Erbarmen für ihn zu erflehen. So redete man lange hin und her, bis schließlich ein Weiser nach langem Nachdenken meinte: ‹Fragen wir ihn, warum er das getan hat!›

Man erkundigte sich.

Er sagte: ‹Nehmt mir die Fesseln ab! Sonst gebe ich keine Antwort.› Als er sich aber frei fühlte, fragte er: ‹Was wollt ihr von mir?› Er sprach es in einem Ton, als wären sie seine Knechte.

‹Du hast es gehört ...›, entgegnete der Weise.

‹Wozu euch meine Handlungen erklären?›

‹Damit wir dich verstehen. Hör zu, du Stolzer! Sterben mußt du ja doch ... Hilf uns also begreifen, warum du es getan hast. Wir werden weiterleben, und es ist nützlich für uns, mehr zu erfahren, als wir schon wissen ...›

‹Also gut, ich will es euch sagen, obwohl ich das Geschehene vielleicht selber nicht recht verstehe. Ich habe sie getötet, glaube ich, weil sie mich von sich stieß. Und dabei brauchte ich sie.›

‹Aber sie gehörte doch nicht dir!› entgegnete man ihm.

‹Nutzt ihr denn nur das, was euch gehört? Ich sehe, jeder von euch besitzt nur die Gabe der Rede, dazu seine Arme und Beine, herrscht aber über die Tiere, die Frauen, die Erde ... und manches andere mehr.›

Man erwiderte ihm, der Mensch bezahle für alles, was er sich nehme: mit seinem Verstand, mit seiner Kraft, mitunter mit seinem Leben.

Er gab zur Antwort, er wünsche sich so zu erhalten, wie er sei.

Man redete lange und erkannte schließlich, daß er sich als den Ersten unter den Erdenbewohnern ansah und nichts gelten ließ außer sich selbst. Ja, man erschrak sogar, als man begriff, zu welcher Einsamkeit er sich damit verurteilte. Er hatte weder einen Stamm hinter sich noch eine Mutter, weder eine Frau noch Vieh, und er begehrte auch nichts von alledem.

Als die Menschen das erkannten, begannen sie aufs neue zu beratschlagen, wie man ihn bestrafen sollte. Aber jetzt faßten sie schnell einen Entschluß, denn jener Weise, der sie zunächst nicht gehindert hatte, zu einem eigenen Urteil zu kommen, mischte sich ein: ‹Halt! Ich weiß die richtige Strafe für ihn. Sie ist furchtbar; eine schlimmere werdet ihr nicht finden, selbst wenn ihr tausend Jahre darüber nachdenkt! Seine Strafe ist er selbst! Entlaßt ihn, gebt ihn frei! Das sei seine Strafe!›

Und hier geschah etwas Gewaltiges. Es donnerte, obwohl der Himmel wolkenlos war. Die Himmelsmächte pflichteten den Worten des Weisen bei.

Alle verneigten sich und gingen auseinander. Jener Jüngling aber, der zu der Stunde den Namen Larra erhielt, was soviel heißt wie ‹der Verworfene, der Ausgestoßene›, lachte den Leuten, die sich von ihm abgewandt hatten, laut hinterher, lachte und blieb allein und frei wie einst sein Vater. Doch sein Vater war kein Mensch gewesen. Er aber war es. Und er begann ein Leben, frei wie das eines Vogels. Er stahl sich an einen Stamm heran und raubte Vieh oder Mädchen – wonach ihn gerade gelüstete. Man schoß auf ihn mit Pfeilen, doch diese vermochten in seinen Körper nicht einzudringen – die höchste Gerechtigkeit hatte ihn mit einem unsichtbaren Panzer gestraft. Er war gewandt und raubgierig, stark und grausam und trat den Menschen nie von Angesicht zu Angesicht gegenüber. Sie bekamen ihn nur von weitem zu sehen.

So umkreiste er, der Einsame, lange Jahre, ganze Jahrzehnte die Menschen. Aber dann suchte er eines Tages ihre unmittelbare Nähe und rührte sich, als sie sich auf ihn stürzen wollten, nicht von der Stelle, machte auch keine Miene, sich zu verteidigen. Da begriff einer der Menschen, worauf er aus war, und rief mit lauter Stimme: ‹Rührt ihn nicht an! Er sucht den Tod!›

Und alle standen still, denn keiner wollte das Los eines Wesens erleichtern, das ihnen so Böses angetan hatte, keiner wollte ihn sterben lassen. Sie standen still und machten sich über ihn lustig. Er aber erbebte, als er ihr Lachen hörte, und griff in einem fort an seine Brust, als suche er dort nach etwas. Doch plötzlich las er einen Stein auf und stürzte auf sie zu. Sie wichen seinen Angriffen aus, ohne ihm ihrerseits etwas zu tun, traten, als er mit einem verzweifelten Aufschrei erschöpft zu Boden sank, beiseite und beobachteten ihn. Er erhob sich schließlich und stieß sich ein Messer, das irgendwer im Kampf verloren hatte, in die Brust. Doch das Messer zerbrach, als sei es auf Stein gestoßen. Da ließ er sich aufs neue auf die Erde fallen und schlug lange mit dem Kopf gegen sie. Indes – sie gab nach, und da, wo sein Kopf aufprallte, bildeten sich Vertiefungen.

‹Er kann nicht sterben!› frohlockten die Leute. Und sie gingen und ließen ihn allein.

Er lag mit dem Gesicht nach oben und sah: Hoch am Himmel kreisten als schwarze Punkte starke Adler. In seinen Augen malte sich so viel Elend, daß es für alle Menschen auf der Welt gereicht hätte. Er war allein und frei und wartete auf den Tod. Und da irrt er denn herum, immerfort, überall ... Du siehst, er gleicht schon einem Schatten, und er wird ewig so bleiben! Er versteht weder die Reden noch die Handlungen der Menschen

– nichts. Er sucht nur immerzu, irrt umher und sucht. Das Leben hat er satt, und der Tod ist ihm nicht hold. Und einen Platz unter den Menschen gibt es für ihn nicht. – So wurde er für seinen Hochmut bestraft!»

Die Alte seufzte und verstummte; ihr Kopf sank auf die Brust und pendelte mehrmals sonderbar hin und her.

Ich sah sie an. Sie kämpfte, so schien mir, mit der Müdigkeit, und sie tat mir aus irgendeinem Grunde schrecklich leid. Den Schluß ihrer Erzählung hatte sie mit erhobener, ja drohender Stimme hervorgebracht, und doch schwang darin auch ein ängstlicher, sklavischer Unterton mit.

Am Ufer stimmte man ein Lied an, ein sonderbares Lied. Zuerst erklang eine tiefe Altstimme – sie sang zwei, drei Töne, worauf eine zweite Stimme einfiel, die wieder von vorn anfing, während die erste fortfuhr ... In derselben Art gesellten sich eine dritte, vierte und fünfte dazu. Schließlich schaltete sich – wiederum mit dem Anfang – ein Chor von Männerstimmen ein.

Jede der Frauenstimmen tönte ganz für sich; sie wirkten wie verschiedenfarbige Bäche, und sprudelnd und plätschernd, als ergössen sie sich irgendwoher von oben, mündeten sie in die dunkle, allmählich aufwärtsstrebende Woge der Männerstimmen, wurden von ihr aufgesogen, brachen jedoch wieder aus, überfluteten diese und schwangen sich, rein und stark, eine nach der anderen, erneut zu immer größeren Höhen hinauf.

Das Rauschen der Meereswellen wurde von den Stimmen übertönt.

II

«Hast du noch irgendwo sonst so singen hören?» fragte Isergil, hob den Kopf und lächelte mit zahnlosem Mund.

«Nein, nie im Leben.»

«Wirst du auch nicht. Bei uns wird gern gesungen. Gut singen können nur schöne Menschen, Menschen, die das Leben lieben. Wir lieben es. Da! Haben die, die dort singen, sich nicht den ganzen Tag gemüht? Sie haben von Sonnenaufgang bis Sonnenuntergang gearbeitet, aber kaum steht der Mond am Himmel, singen sie! Wer nicht zu leben versteht, würde sich schlafen legen. Wer das Leben liebt, der singt.»

«Nun, die Gesundheit allerdings . . .», begann ich.

«Die Gesundheit reicht zum Leben allemal. Die Gesundheit! Würdest du denn, wenn du Geld hättest, dies nicht ausgeben? Auch die Gesundheit ist so etwas wie Geld. Weißt du, was ich gemacht habe, als ich jung war? Ich habe Teppiche gewebt vom Morgengrauen bis zum Abendrot, fast ohne vom Webstuhl aufzustehen. Ich war lebhaft wie ein Sonnenstrahl, mußte aber unbeweglich, wie versteinert dasitzen. Und ich tat es mit einem Eifer, daß mir manchmal sämtliche Knochen knackten. Sobald es aber dunkel wurde, eilte ich zu dem, den ich liebte, um Küsse mit ihm zu tauschen. Das tat ich drei Monate lang – solange die Liebe währte; in dieser Zeit verbrachte ich sämtliche Nächte bei ihm. Und sieh – wie alt ich geworden bin; mein Blut hat gereicht. Und wie viele hab ich geliebt, wie viele Küsse hab ich empfangen und gegeben!»

Ich sah ihr ins Gesicht. Die schwarzen Augen waren und blieben trüb, die Erinnerungen hatten sie nicht zum Glänzen gebracht. Der Mond beleuchtete die trockenen, aufgesprungenen Lippen, das spitze Kinn mit den grauen Haaren und die verschrumpelte, wie ein Eulenschnabel gebogene Nase. Anstelle der Wangen sah man schwarze Löcher; in einem davon lag eine aschgraue Haarsträhne, die sich unter dem roten Fetzen hervorgestohlen hatte, der ihren Kopf umwand. Die Haut auf ihrem Gesicht, dem Hals und den Armen war völlig von Runzeln überzogen, und man mußte bei jeder ihrer Bewegungen befürchten, diese rissige Haut würde auseinanderplatzen, in Stücke zerfallen und die Alte nur noch als bloßes Knochengerüst mit trüben schwarzen Augen dastehen.

Sie fuhr mit ihrer harschen Stimme fort:

«Ich lebte mit meiner Mutter bei Faltschi, unmittelbar am Ufer des Byrlad, und zählte fünfzehn Jahre, als er vor unserem Hof auftauchte. Er war groß von Wuchs, gelenkig, schwarzhaarig und fröhlich. Er saß in einem Boot und rief mit schallender

Stimme zu unseren Fenstern hinauf: ‹He, habt ihr nicht einen Schluck Wein für mich übrig und etwas zum Essen?›

Ich schaute durch die Eschenzweige vor unserem Fenster, und was ich erblickte, war folgendes: der Fluß völlig in bläuliches Mondlicht getaucht, er steht – in einem weißen Hemd mit einem breiten, an der Hüfte herabhängenden Gürtel – mit einem Bein im Boot, mit dem anderen auf dem Ufer. Und er wiegt sich hin und her und summt etwas vor sich hin. Als er mich sah, sagte er: ‹Ha, was es hier für eine Schönheit gibt! Und ich habe nichts davon gewußt!› Als kannte er alle Schönheiten auf der Welt! Ich gab ihm Wein und gedünstetes Schweinefleisch. Und vier Tage später gab ich mich ihm selber hin. Wir vertrieben uns die Nächte im Boot. Er kam dahergerudert, pfiff leise wie eine Zieselmaus, und ich sprang aus dem Fenster und wie ein Fisch zum Fluß. Dann ruderten wir davon ... Er war Fischer am Prut gewesen und versuchte, als meine Mutter alles erfahren und mich geschlagen hatte, mich zu überreden, mit ihm in die Dobrudscha oder noch weiter – bis in das Donaudelta – zu fliehen. Doch er gefiel mir damals schon nicht mehr. Er konnte nur singen und küssen, sonst nichts! Das wurde allmählich langweilig. Zu jener Zeit durchstreiften Heiducken die Gegenden, und manch einer hatte seine Liebste bei uns. Die führten ein vergnügtes Leben. Da wartete eine lange auf ihren Herzensfreund aus den Karpaten, glaubte schon, er säße im Gefängnis oder wäre bei einer Schlägerei ums Leben gekommen, und plötzlich kam er allein oder mit zwei, drei Kumpanen wieder bei ihr hereingeschneit. Er brachte prächtige Geschenke mit – fiel ihnen doch alles leicht in die Hände! Und er schwelgte und feierte bei ihr und tat groß mit ihr vor seinen Kameraden. Das schmeichelte ihr. Ich bat eine von meinen Freundinnen, die auch so einen Heiducken zum Freund hatte, sie mir mal zu zeigen ... Wie hieß sie doch noch? Weiß ich nicht mehr ... Ich fange allmählich an, alles zu vergessen. Liegt ja auch lange genug zurück, wie sollte man sich so genau daran erinnern können! – Sie machte mich jedenfalls mit einem der Wagehälse bekannt. Er sah gut aus. War rothaarig, überall rothaarig, sowohl der Schnurrbart als auch das wellige Kopfhaar waren rot. Ein Feuerkopf! Und dabei so traurig; manchmal sehr lieb, manchmal aber brüllte er auch wie ein wildes Tier und prügelte sich mit den anderen. Eines Tages schlug er mir ins Gesicht. Ich sprang ihm wie eine Katze an die Brust und biß mich an seiner Wange fest. Es blieb eine Narbe zurück, und er hatte es gern, wenn ich sie küßte.»

«Und wo war der Fischer geblieben?» erkundigte ich mich.

«Der Fischer? Nun ... auch der war noch da. Er schloß sich den Heiducken an. Zuerst redete er mir immerfort ins Gewissen und drohte, mich ins Wasser zu werfen, aber dann fand er sich mit allem ab, schloß sich ihnen an und legte sich eine andere zu ... Sie wurden denn auch zusammen gehenkt, der Fischer und dieser Heiduck, in der Dobrudscha. Ich machte mich auf, um mir das anzusehen. Der Fischer war, als man die beiden zur Hinrichtung führte, blaß und weinte, der Heiduck dagegen rauchte ruhig seine Pfeife, schritt, die Hände in den Taschen, dahin und rauchte; das eine Schnurrbartende hing auf die Schulter herab, das andere auf die Brust. Als er mich sah, nahm er die Pfeife aus dem Mund und rief mir zu: ‹Leb wohl!› Ich trauerte ihm ein volles Jahr nach. Hach! Sie hatten es wohl schon geahnt, weil sie nach Hause, in die Karpaten, zurückkehren wollten! Sie waren zum Abschied bei einem Rumänen zu Gast, und dort überraschte man sie. Aber nur zwei wurden dingfest gemacht und mehrere getötet, während die übrigen entkamen. Dem Rumänen zahlte man es später heim. Sein Hof mitsamt der Mühle und allem Korn darin ging in Flammen auf. Er wurde zum Bettler.»

«Hast du das angestiftet?» Ich klopfte auf den Busch.

«Die Heiducken hatten viele Freunde, nicht mich allein. Der beste unter ihnen veranstaltete diese Gedächtnisfeier für sie ...»

Der Gesang am Meeresufer war verstummt, und die Worte der Alten begleitete nur noch das Rauschen der Meereswogen; dieses nachdenkliche, aufrührerische Rauschen stellte eine passende Begleitung dar zu der Erzählung der Alten über ein aufrührerisches Leben. Die Nacht wurde immer betörender, und immer stärker trat der bläuliche Schein des Mondes über der Steppe hervor, während die Laute des geschäftigen Lebens ihrer unsichtbaren Bewohner immer gedämpfter klangen, da das Rauschen des Meeres zunahm, vielleicht aber verstärkte sich auch der Wind.

«Ich bin auch die Geliebte eines Türken gewesen, lebte in seinem Harem in Skutari. Eine Woche lang fand ich es ganz nett. Aber dann langweilte es mich – Frauen, lauter Frauen um mich herum. Er hatte ihrer acht. Den ganzen Tag wurde gegessen, geschlafen und dummes Zeug geredet. Oder sie zankten sich und gackerten wie die Hühner. Er, dieser Türke, war nicht mehr der Jüngste. Fast völlig grau und dabei so vornehm und reich. Er sprach wie einer, der zu gebieten hat. Und er hatte offen blickende schwarze Augen. Die sahen einem mitten ins Herz. Er betete sehr gern. Wir waren uns in Bukarest begegnet. Er schlenderte auf dem Markt umher, als wäre er der Zar, und blickte so würdig drein. Ich lächelte ihm zu. Noch am selben Abend ergriff man mich auf der Straße und brachte mich zu ihm. Er handelte mit Palmen- und Sandelholz und war nach Bukarest gekommen, um irgend etwas zu kaufen.

‹Kommst du mit mir›, fragte er.

‹O ja!›

‹Also gut!›

Und ich fuhr mit. Er war sehr reich, dieser Türke. Auch einen Sohn hatte er, so einen schwarzhaarigen, schmiegsamen Jungen ... Der mochte sechzehn Jahre gewesen sein. Und eben mit ihm brannte ich dem Türken durch. Und zwar nach Bulgarien, nach Lom-Palanka ... Dort stieß mir eine Bulgarin das Messer in die Brust – ihres Verlobten oder Mannes wegen, genau weiß ich es nicht mehr.

Ich lag danach lange in einem Kloster. In einem Nonnenkloster. Dort pflegte mich ein junges Mädchen aus Polen ... und die wurde öfter von einem Klosterbruder, das heißt von einem Mönch aus einem anderen Kloster, besucht. Der war wie ein Wurm und wand sich immerfort vor mir ... Und als ich dann gesund war, riß ich mit ihm in seine polnische Heimat aus.»

«Warte mal! Und wo war der kleine Türke geblieben?»

«Der Junge? Der war gestorben. Vor Heimweh oder vor lauter Liebe ... er siechte jedenfalls dahin wie ein Bäumchen, das noch nicht Wurzel gefaßt und zuviel Sonne abbekommen hat. Er vertrocknete ganz einfach allmählich. Ich erinnere mich, er lag da, bläulich und schon ganz durchsichtig – wie eine zergehende Eisscholle, aber noch immer brannte in ihm die Liebe. Und immerfort bat er, ich solle mich über ihn neigen und ihn küssen. Ich hatte ihn gern, und ich weiß es noch – ich küßte und küßte ihn. Schließlich ging es ihm immer schlechter, er konnte sich kaum noch bewegen. Lag da und flehte mich – wie ein Bettler um ein Almosen – an, mich neben ihn zu legen und ihn zu wärmen. Ich tat es. Ich streckte mich neben ihm aus, und er flammte sogleich lichterloh auf. Eines Nachts erwachte ich dann, und er war schon kalt, war tot. Ich weinte. Wer kann schon sagen, ob nicht ich die Schuld an seinem Tode hatte? Ich war damals doppelt so alt wie er, war stark und voller Saft und Kraft. Und er? Ein Jüngelchen!»

Sie seufzte und – das sah ich zum erstenmal bei ihr – bekreuzigte sich dreimal hintereinander, wobei sie mit trockenen Lippen etwas vor sich hin murmelte.

«Nun gut, du machtest dich also nach Polen auf ...», legte ich ihr die Worte in den Mund.

«Ja, mit jenem kleinen Polen. Er war lächerlich und gemein. Wenn er eine Frau brauchte, umschmeichelte er mich wie ein Kater, und es floß von seinen Lippen wie heißer Honig; brauchte er mich aber nicht, dann schlug er mich mit seinen Reden wie mit einer Peitsche. Eines Tages gingen wir einen Fluß entlang, und da sagte er ein hochmütiges, beleidigendes Wort zu mir. Oh! Wie ich da außer mich geriet! Ich kochte über wie siedendes Pech, packte ihn, stemmte ihn, klein, wie er war, gleich einem Kind in die Luft und preßte ihn, daß er dunkelblau anlief. Schließlich holte ich aus und warf ihn in den Fluß. Er schrie. Es klang irgendwie komisch. Ich sah von oben zu, wie er im Wasser zappelte. Dann ging ich. Ich habe ihn nie wiedergesehen. Und ich bin glücklich darüber. All denen, die ich einmal liebte, bin ich nie wieder begegnet. Das sind unangenehme Begegnungen – als träfe man Tote.»

Die Alte seufzte und verstummte. Ich sah die von ihr zum

Leben Wiedererweckten vor mir. Da ging der feuerrote, bärtige Heiduck zum Sterben und rauchte gelassen seine Pfeife. Bestimmt hatte er kalte blaue Augen, die aufmerksam und unbeirrbar dreinblickten. Neben ihm schritt der Fischer vom Prut mit dem schwarzen Schnurrbart; er weinte, wollte nicht sterben – die fröhlichen Augen in dem bleichen, von der Vorahnung des Todes gezeichneten Gesicht waren trüb geworden, und der in Tränen gebadete Schnurrbart hing traurig über die nach unten gezogenen Mundwinkel. Danach erblickte ich den alten, vornehmen Türken, der sicherlich ein Fatalist und Despot war, und neben ihm seinen Sohn, die zarte, empfindsame, durch Küsse vergiftete Blüte des Orients. Dazu den selbstgefälligen, galanten und grausamen, beredten und kalten Polen. Und alle waren nur blasse Schatten, während sie, die sie geküßt hatten, neben mir saß und lebte, wenn auch ausgedörrt durch die Zeit, körperlos, blutlos, mit einem Herzen ohne Wünsche, mit Augen ohne Feuer – auch sie beinah ein Schatten.

Sie fuhr fort:

«In Polen hatte ich es schwer. Dort leben kalte, verlogene Menschen. Ihre Schlangensprache verstand ich nicht. Sie zischten immerfort ... Aber was zischen sie? Der Herrgott hatte ihnen diese Schlangensprache gegeben, weil sie verlogen waren. Ich wanderte damals ohne Ziel umher und sah, daß sie sich darauf vorbereiteten, sich gegen die Russen zu erheben. Ich erreichte die Stadt Bochnia. Dort kaufte mich ein Jude, aber nicht für sich, sondern um mit mir zu handeln. Ich ging darauf ein. Man muß, um zu leben, etwas können. Ich konnte nichts und zahlte darum mit mir selbst. Aber ich sagte mir damals, ich würde, wenn ich ein bißchen Geld erworben hätte, alle Ketten sprengen, so fest sie auch seien, und nach Hause, an den Byrlad zurückkehren. Und ich ließ mich dort nieder. Reiche Pans suchten mich auf und veranstalteten Gelage bei mir. Das kostete viel Geld. Sie schlugen sich um mich und ruinierten sich. Einer war lange um mich bemüht und verfiel eines Tages auf folgendes: Er kam zu mir, begleitet von einem Diener mit einem Sack. Der Pan ergriff den Sack und schüttete ihn über meinen Kopf aus. Goldmünzen prasselten herab, und mir war fröhlich zumut, als ich sie auf dem Fußboden aufschlagen und klingen hörte. Aber ich warf ihn dann doch hinaus. Er hatte ein feistes, rohes Gesicht, einen Bauch wie ein großes Kissen und blickte drein wie ein vollgefressenes Schwein. Ja, ich jagte ihn davon, obwohl er versicherte, er habe all sein Land, all seine Häuser und Pferde verkauft, um mich mit Gold zu überschütten. Ich liebte damals jemand, der es verdiente – einen Pan mit total verschrammtem Gesicht – es war über und über von Säbelhieben durchzogen, die ihm die Türken beigebracht hatten, gegen die er noch kurz zuvor auf seiten der Griechen gekämpft hatte. Das war ein Mann! Was gingen ihn die Griechen an, wo er doch Pole war? Und dennoch war er ausgezogen und hatte sich gemeinsam mit den Griechen deren Feinden gestellt. Man säbelte ihn zusammen, er verlor ein Auge und zwei Finger an der linken Hand ... Was kümmerten ihn die Griechen, wenn er Pole war? Das ist so: Er war ein Mann der Tat. Und wenn ein Mensch nach Taten dürstet, wird er sie immer zu vollbringen wissen und herausfinden, wo das möglich ist. Das Leben, weißt du, bietet immer Platz für Taten. Und die, die keinen für sie finden, sind einfach Faulpelze oder Feiglinge oder verstehen das Leben nicht; denn wenn die Menschen das Leben verstünden, würde jeder von ihnen seinen Schatten darin bewahren wollen. Dann könnte das Leben die Menschen nicht einfach verschlingen, ohne eine Spur zu hinterlassen. Oh, dieser Zusammengesäbelte war ein starker Mensch! Und bereit, sich bis ans Ende der Welt zu begeben, um etwas zu vollbringen. Wahrscheinlich haben ihm die Euren während des Aufstandes den Garaus gemacht. Und warum seid ihr gegen die Madjaren losgezogen? Nun, nun, schweig schon!»

Und die alte Isergil versank, nachdem sie mir den Mund verboten hatte, plötzlich selber in Schweigen und dachte nach.

«Ich habe auch einen Ungarn gekannt. Eines Nachts verließ er mich – es war im Winter –, und erst im Frühjahr, als der Schnee weggetaut war, fand man ihn draußen auf den Feldern wieder, mit durchschossenem Kopf! Da hast du's! Du siehst – die Liebe bringt nicht weniger Menschen um als die Pest; rechnet man's auf – nicht weniger ... Wovon habe ich vorhin erzählt? Ach ja, von Polen ... Dort spielte ich meine letzte Karte aus. Ich lernte einen Edelmann kennen. Ein schöner Mann! Geradezu teuflisch schön. Ich war nicht mehr die Jüngste, o nein! Ob ich bereits die Vierzig überschritten hatte? Ich glaube ja. Er aber war auch noch stolz und von uns Frauen verwöhnt. Ich habe es teuer bezahlt ... o ja. Er wollte mich auf der Stelle und ohne Umstände bezwingen, aber ich ging nicht darauf ein. Ich bin nie jemandes Sklavin gewesen. Von dem Juden war ich inzwischen losgekommen, es kostete mich einen Haufen Geld. Ich lebte nun schon in Krakau. Und hatte damals alles: sowohl Pferde als auch Diener und Gold ... Er, der stolze Dämon, besuchte mich ständig und wollte nur eins: daß ich mich ihm von selbst an den Hals und in die Arme werfe. Wir gingen sogar eine Wette ein. Ich erinnere mich noch, ich verlor dabei an Schönheit. Das zog sich lange hin. Ich gewann die Oberhand: Er lag auf den Knien vor mir, um mich zu erweichen. Aber kaum hatte er mich besessen, als er mich auch schon verließ. Da begriff ich, daß ich alt geworden war. Oh, das traf mich hart! Ich liebte ihn schließlich, diesen Teufel, während er sich, wenn er mich traf, über mich lustig machte. Er war einfach gemein. Er spottete auch in Gegenwart anderer über mich. Ich wußte es. Nun ja, all das war äußerst bitter für mich, kann ich dir sagen! Aber er war immerhin da, in meiner Nähe, und ich konnte mich an ihm weiden. Als er dann aber aufbrach, um gegen euch Russen zu kämpfen, wurde mir ganz übel zumute. Ich rang mit mir selbst, konnte mich aber nicht überwinden. Und so entschloß ich mich, ihm nachzureisen. Er hielt sich in der Nähe von Warschau, in den Wäldern auf.

Als ich aber dort eintraf, erfuhr ich, daß die Euren sie schon geschlagen hatten und daß sie sich in einem nahe gelegenen Dorf in Gefangenschaft befanden.

Dann werde ich ihn wohl nicht mehr wiedersehen! sagte ich mir. Aber wiedersehen wollte ich ihn. Nun, ich bemühte mich also darum, es zu erreichen. Ich verkleidete mich als Bettlerin, stellte mich hinkend und machte mich mit verbundenem Gesicht zu dem Dorf auf, in dem er gefangengehalten wurde. Ringsum Kosaken und Soldaten ... es kostete mich allerhand

Geld, mich dort umsehen zu können! Ich erfuhr, wo die Polen untergebracht waren, und sah, daß es schwerhielt, hinzugelangen. Aber ich mußte es irgendwie bewerkstelligen. Schließlich schlich ich mich nachts zu der Stelle, wo sie sich befanden. Ich kroch zwischen den Beeten eines Gemüsegartens näher heran und sah: Ein Wachtposten stand mir im Wege. Und dabei hörte ich die Polen schon singen und sich laut unterhalten. Sie hatten ein Lied zum Lobe der Muttergottes angestimmt ... Unter ihnen war auch er, mein Arkadek. Bitterkeit stieg in mir hoch, als ich daran dachte, daß man früher mir nachgekrochen und nun die Zeit gekommen war, da ich selber hinter jemand herkroch wie eine Schlange; vielleicht kroch ich sogar auf meinen Tod zu. Der Wachtposten neigte sich schon vor und horchte. Was tun? Ich richtete mich auf und ging auf ihn zu. Ich hatte weder ein Messer noch sonst etwas bei mir und bedauerte schon, nichts mitgenommen zu haben.

‹Warte doch mal!› flüsterte ich, während er, dieser Soldat, mir schon das Bajonett an die Gurgel hielt. Ich raunte ihm zu: ‹Halt ein, warte und hör, wenn du ein Herz im Leibe hast! Ich kann dir nichts geben, ich kann dich nur bitten ...›

Er senkte das Gewehr und sagte, auch er im Flüsterton: ‹Hau ab, du Weibsbild, los! Was willst du hier?›

Ich erklärte ihm, hier, hinter diesen Gittern, befände sich mein Sohn. ‹Du als Soldat wirst mich verstehen: Mein Sohn! Auch du bist schließlich irgend jemandes Kind, nicht wahr? Sieh mich an! Mein Sohn ist wie du, und er wird hier gefangengehalten. Laß ihn mich wiedersehen, vielleicht muß er bald sterben ... Auch du kannst morgen fallen. Wird deine Mutter nicht auch um dich weinen? Und dir wird es auch schwer werden, zu sterben, ohne sie, deine Mutter, wiedergesehen zu haben! Genauso ergeht es meinem Sohn. Hab also Mitleid mit ihm, mit dir selbst und mit mir, seiner Mutter!›

Oh, wie lange ich auf ihn einreden mußte! Es regnete, und der Regen durchnäßte uns immer mehr. Der Wind heulte und brüllte und stieß mich bald in den Rücken, bald in die Brust. Ich stand da und wankte vor diesem steinernen Soldaten hin und her. Er gab immer dieselbe Antwort: ‹Nein!› Und jedesmal, wenn ich dieses kalte ‹Nein› hörte, flammte der Wunsch, meinen Arkadek wiederzusehen, noch stärker in mir auf. Ich redete auf den Soldaten ein und maß ihn mit dem Blick – er war klein und dürr und hustete immerzu. Und schließlich fiel ich vor ihm nieder, umklammerte, während ich ihn weiterhin mit inständigen Bitten bestürmte, seine Knie und riß ihn um. Er fiel in den Schlamm. Da drehte ich ihn rasch um, so daß er mit dem Gesicht nach unten lag, und drückte dies, damit er nicht schrie, in eine Pfütze. Er schrie auch nicht, sondern wälzte sich nur hin und her, bemüht, mich von seinem Rücken abzuwerfen. Ich dagegen stieß seinen Kopf mit beiden Händen immer tiefer in den Schlamm hinein. Und da erstickte er eben ... Dann stürzte ich zu dem Speicher, in dem man die Polen singen hörte.

‹Arkadek!› flüsterte ich durch die Ritzen in den Wänden.

Sie, die Polen, sind rasch von Begriff – sie hörten mich, fuhren aber fort zu singen.

Endlich sah ich seine Augen vor mir. ‹Kannst du hier irgendwie heraus?›

‹Ja, unter dem Fußboden hindurch!› entgegnete er.

‹Gut, dann komm.›

Und schließlich krochen vier von ihnen unter der Scheune hervor – mein Arkadek und drei andere.

‹Wo ist die Wache?› fragte Arkadek.

‹Da liegt sie!›

Wir schlichen geduckt und möglichst leise davon. Es regnete, der Wind heulte. Wir brachten das Dorf hinter uns und gingen lange schweigend durch den Wald. Alles geschah irgendwie hastig. Arkadek hielt mich an der Hand, und seine Hand war heiß und zitterte. Oh! Wie wohl fühlte ich mich an seiner Seite, solange er schwieg! Es waren die letzten schönen Minuten meines heißhungrigen Lebens. Doch dann erreichten wir eine Wiese und blieben stehen. Alle vier bedankten sich bei mir. Ach, wie lange sie zu mir redeten! Ich hörte zu und blickte in einem fort auf meinen Pan. Wie würde er sich jetzt zu mir verhalten? Und er umarmte mich und begann so richtig feierlich ... Was er eigentlich sagte, weiß ich nicht mehr; es lief jedenfalls darauf hinaus, daß er mich zum Dank für die Befreiung aus der Gefangenschaft für immer liebbehalten werde. Und er sank auf die Knie vor mir, lächelte und fügte hinzu: ‹Du meine Königin!› Da siehst du, was für ein verlogener Hund er war! Nun, ich stieß ihn mit dem Fuß zurück; am liebsten hätte ich ihm auch noch ins Gesicht getreten, doch er wich zurück und sprang auf. Da stand er denn drohend und bleich vor mir. Neben ihm die drei anderen, allesamt finster. Und alle schweigend. Ich sah sie mir an. Mich überkamen, ich erinnere mich genau, nur eine schreckliche Trostlosigkeit und Niedergeschlagenheit. Ich sagte zu ihnen: ‹Geht schon!›

Sie, die Hunde, aber fragten mich: ‹Jetzt kehrst du wohl dorthin zurück, um ihnen unseren Fluchtweg zu verraten?›

Da siehst du, wie gemein sie waren! Nun, immerhin, sie gingen. Danach machte auch ich mich auf. Am Tag darauf verhafteten mich die Euren, ließen mich aber bald wieder frei. Und ebenda erkannte ich, daß es Zeit für mich war, mir ein eigenes Nest zu bauen und nicht länger wie ein Kuckuck dahinzuleben. Ich war schwerfälliger geworden, meine Flügel waren erlahmt und meine Federn verblaßt. Höchste Zeit, höchste Zeit! Ich wandte mich also nach Galizien und von da in die Dobrudscha. Und nun lebe ich schon an die dreißig Jahre hier. Ich war mit einem Moldauer verheiratet, aber der ist vor rund einem Jahr gestorben. Ich aber lebe weiter. Allein. Nein, nicht allein, sondern mit denen da.»

Die Alte wies mit der Hand zum Meer. Dort war es still geworden. Nur dann und wann ertönte ein kurzer, trügerischer Laut, der aber gleich wieder erstarb.

«Sie können mich gut leiden. Ich erzähle ihnen so allerlei. Und das brauchen sie. Sind doch noch alle jung ... Auch ich fühle mich mit ihnen wohl. Da schau ich sie mir an und sage mir: Auch du warst einmal so wie sie ... Nur hatte man zu meiner Zeit mehr Kraft und Feuer in sich, und dadurch lebte es sich fröhlicher und besser. O ja!»

Sie verstummte. Mir wurde traurig ums Herz neben ihr. Sie döste vor sich hin, wackelte mit dem Kopf und murmelte leise, vielleicht betete sie.

Über dem Meer zog eine Wolke auf, schwarz, schwer und von zackigem Umriß – sie erinnerte an einen Berggrat. Sie kroch auf die Steppe zu. Wolkenfetzen lösten sich vom oberen Rand, jagten vor ihr her und brachten Stern um Stern zum Erlöschen. Das Meer rauschte. Unweit von uns, zwischen den Weinreben, küßte man sich, flüsterte und seufzte. Tief in der Steppe heulte ein Hund. Die Luft reizte die Nerven durch einen sonderbaren, in der Nase kitzelnden Geruch. Die Wolken warfen dichte Schatten auf die Erde; die Schatten krochen über sie hin, verschwanden und tauchten wieder auf. Vom Mond blieb nur ein trüber, opalisierender Fleck übrig, der gelegentlich von einem bleigrauen Wolkenfetzen völlig verdeckt wurde. Und in der nun schon schwarzen und unheimlichen Steppe, die irgendwie auf der Lauer zu liegen und etwas zu verbergen schien, schimmerten kleine bläuliche Lichter. Sie flammten bald hier, bald da für einen Augenblick auf, um gleich darauf wieder zu erlöschen – als suchten Menschen, die sich in der Steppe zerstreut und weit voneinander entfernt hatten, nach etwas, wobei sie Streichhölzer anzündeten, die der Wind aber sogleich wieder ausblies. Es waren äußerst merkwürdige blaue Flammenzungen, die an Märchengebilde erinnerten.

«Siehst du die Funken?» fragte mich Isergil.

«Die da, die bläulichen?» fragte ich zurück und zeigte auf die Steppe.

«Die bläulichen? Ja, die meine ich. Dann fliegen sie also doch noch umher! Nun, nun . . . Ich sehe sie nicht mehr. Ich kann vieles nicht mehr sehen.»

«Wo kommen diese Funken her?» erkundigte ich mich.

Ich hatte schon dies und das von der Herkunft dieser Funken gehört, wollte aber wissen, was die alte Isergil davon zu erzählen wußte.

«Diese Funken kommen vom flammenden Herzen Dankos. Es war einmal auf dieser Welt ein Herz, das eines Tages in Flammen aufging. Und von dem stammen die Funken. Ich will es dir erzählen. Auch das ist eine alte Sage. Altes, nur Altes! Du siehst, was es in alten Zeiten alles gegeben hat! Heute findest du nichts dergleichen mehr – weder Taten noch Menschen, noch Legenden wie einst. Und warum nicht? Nun? Sag es mir doch! Kannst du nicht... Was weißt du schon? Was wißt ihr denn, ihr Jungen? Ihr solltet euch aufmerksam in die alten Zeiten vertiefen – dort habt ihr die Lösungen. Aber ihr tut es nicht und versteht darum nicht zu leben. Durchschau ich das Leben vielleicht nicht? Ach, ich durchschau alles, auch wenn meine Augen schwach geworden sind! Und ich erkenne, daß die Menschen nicht leben, daß sie sich immer nur dazu anschicken und ihr ganzes Leben damit vertun. Und wenn sie sich dann selber die Zeit gestohlen haben, beklagen sie sich über ihr Schicksal. Aber was heißt hier: Schicksal! Jedermann schmiedet sich sein Schicksal selbst! Man sieht heute allerlei Leute, aber Starke gibt es nicht mehr. Wo sind sie geblieben? Auch die Schönen werden immer weniger.»

Die Alte versank in Nachdenken darüber, wohin die Starken und Schönen entschwunden sein mochten, und schaute sinnend in die dunkle Steppe, als hoffte sie, von da Antwort zu erhalten.

Ich wartete auf ihre Erzählung und schwieg, aus Furcht, sie könnte sich, wenn ich nach etwas fragte, wieder ablenken lassen.

Und schließlich begann sie.

III

«In alten Zeiten lebten Menschen auf der Erde, deren Niederlassung auf drei Seiten von undurchdringlichen Wäldern umgeben war, auf der vierten aber lag die Steppe. Es war ein fröhlicher, starker und kühner Menschenschlag. Doch eines Tages brach eine schwere Zeit für sie an: Irgendwoher tauchten andere Stämme auf und vertrieben sie in die Tiefe der Wälder. Dort stießen sie auf Sümpfe und Finsternis, denn der Wald war alt, und die Zweige hatten sich so fest miteinander verflochten, daß man kaum noch den Himmel sah und die Sonnenstrahlen des dichten Laubes wegen nur selten bis zu den Sümpfen vordrangen. Drangen sie aber bis zu ihnen vor, dann verbreitete sich ein widerlicher Gestank, an dem die Menschen, einer nach dem anderen, starben. Da brachen denn die Frauen und Kinder des Stammes in Tränen aus, während die Väter nachdenklich wurden und in Trübsal verfielen. Man mußte aus diesem Wald hinaus, und dazu gab es zwei Wege: Der eine führte zurück – dort aber lagen starke und böse Feinde auf der Lauer –, der andere führte vorwärts – dort aber ragten Baumriesen auf, die sich mit ihren mächtigen Zweigen fest ineinander verklammert hatten, die knotigen Wurzeln tief im zähen Schlamm des Morastes versenkt. Die steinernen Bäume standen tags regungslos und schweigend im grauen Halbdunkel, abends jedoch, wenn die Lagerfeuer aufflammten, rückten sie dichter an die Menschen heran. Immer, ob tags oder nachts, waren sie, die an die Weite der Steppe Gewöhnten, von einem Ring undurchdringlicher Finsternis umgeben, die sie erdrücken zu wollen schien. Noch schrecklicher indes war es, wenn der Wind über die Baumwipfel hinfuhr und der ganze Wald dumpf heulte, als sänge er diesen Leuten den Grabgesang. Es waren immerhin starke Männer, die sehr wohl zu einem Kampf auf Leben und Tod hätten ausziehen können gegen die, die einst sie besiegt hatten, aber sie durften im Kampf nicht fallen, denn sie hatten ja ihre Gebote, und fänden sie den Tod, versänken zugleich mit ihrem Leben auch diese. Ebendarum saßen sie in den langen Nächten, beim dumpfen Rauschen des Waldes, im Übelgeruch des Sumpfes, beisammen und dachten nach. Die Schatten, die die Lagerfeuer warfen, wirbelten in stummem Tanz um sie herum, und allen schien, da tanzten keine Schatten, sondern die triumphierenden bösen Geister des Waldes und des Sumpfs. Die Menschen saßen also da und grübelten und grübelten. Doch nichts, weder Arbeit noch Frauen, nimmt Leib und Seele der Männer so mit wie düstere Gedanken. Die Gedanken lähmten sie. Angst ergriff von ihnen Besitz und fesselte ihre starken Arme; die Frauen verbreiteten Entsetzen durch ihr Jammern über die an den Ausdünstungen des Sumpfs Verstorbenen und über das Los der vor Angst versteinerten Lebenden; kleinmütige Worte wurden im Wald hörbar, erst leise und schüchtern, dann immer lauter und lauter. Man wollte schon zum Feind gehen und ihm die Freiheit zum Opfer bringen; ja, es gab niemand mehr, der in seiner Todesangst die Sklaverei noch gefürchtet hätte ... Und ebenda tauchte Danko auf und rettete alle vor dem Verderben; er allein.»

Die Alte hatte wohl schon oft vom flammenden Herzen Dankos erzählt. Sie sprach in singendem Tonfall, doch ihre knarrende, dumpfe Stimme ließ deutlich das Rauschen des Waldes vor mir erstehen, in dem die unglücklichen, vertriebenen Menschen durch den giftigen Atem des Sumpfes starben.

«Danko war einer von ihnen, und er war jung und schön. Die Schönen sind immer kühn. Und er sagte zu den Gefährten: ‹Durch Grübeln räumt ihr keine Steine aus dem Weg. Wer nichts unternimmt, kann nichts erreichen. Warum vertun wir unsere Kraft, indem wir hier hocken und Trübsal blasen! Durchschreiten wir den Wald, denn irgendwo muß er ein Ende haben; alles auf der Welt hat ein Ende. Also los! Kommt!›

Sie sahen ihn an und erkannten, daß er der beste von allen war, weil viel Kraft und Lebensmut aus seinen Augen leuchteten.

‹Gut, führe uns!› sagten sie.

Und das tat er denn auch.»

Die Alte hielt inne und warf einen Blick in die Steppe, wo sich die Dunkelheit immer mehr verdichtete. Die Funken von Dankos flammendem Herzen leuchteten irgendwo in weiter Ferne und glichen himmelblauen Luftgebilden, Blumen, die nur einen Augenblick blühen.

«Danko führte sie. Alle folgten ihm widerspruchslos – sie glaubten an ihn. Es war ein mühseliges Unternehmen. Ringsum herrschte Dunkelheit, auf Schritt und Tritt sperrte der Sumpf seinen gierigen, übelriechenden Rachen auf und verschlang die Menschen; dazu verlegte ihnen die mächtige Wand der Bäume den Weg. Die Zweige waren ineinander verflochten, überall wanden sich – gleich Schlangen – Wurzeln hin, und jeder Schritt kostete viel Schweiß und Blut. Sie waren lange unterwegs. Der Wald wurde immer dichter, die Kräfte nahmen immer mehr ab. Da erhob sich Murren über Danko:

er, der Junge und Unerfahrene, hätte sie nicht ins Ungewisse führen dürfen. Er dagegen schritt ihnen voran und war zuversichtlich und heiter.

Doch eines Tages entlud sich ein Gewitter über dem Wald, und die Bäume grollten dumpf und drohend. Es wurde so dunkel in ihm, als hätten sich alle Nächte zusammengetan, die es seit seiner Entstehung gegeben hatte. Die Menschen zogen, klein, wie sie waren, im beängstigenden Zischen der Blitze zwischen den gewaltigen Bäumen dahin, und die Baumriesen wankten, knarrten und brummten ärgerliche Weisen, während die Blitze über ihre Wipfel hinzuckten und den Wald für einen Augenblick mit einem kalten blauen Licht erhellten, das die Menschen erschreckte und ebenso rasch erlosch, wie es aufgeflammt war. Die Bäume schienen im kalten Licht der Blitze lebendig, schienen die langen, knotigen Arme nach den Menschen, die der Gefangenschaft der Finsternis zu entrinnen suchten, auszustrecken, um sie in ihrem dichten Netz zu verstricken und daran zu hindern. Und aus dem Dunkel der Zweige starrte die Dahinziehenden allerlei Fürchterliches, Finsteres und Kaltes an. Es blieb ein mühseliger Weg, der die Menschen erschöpfte und sie den Mut verlieren ließ. Doch sie schämten sich, ihre Schwäche einzugestehen, und fielen in ihrem Ärger und Zorn über Danko her, über den, der an ihrer Spitze ging. Sie warfen ihm vor, er verstehe nicht, sie zu leiten. Da hast du's!

Sie machten halt und saßen in der flackernden Dunkelheit, beim triumphierenden Rauschen des Waldes, müde und erbost, über Danko zu Gericht.

‹Du bist in unseren Augen›, erklärten sie, ‹ein nichtsnutziger, schädlicher Mensch! Du hast uns geführt und uns unserer Kräfte beraubt, und dafür sollst du sterben!›

‹Ihr habt gesagt: Führe uns! Und ich tat es›, rief Danko und setzte sich entschlossen zur Wehr. ‹Ich habe den Mut, euch zu leiten, und ich nahm es auf mich. Und ihr? Was habt ihr getan, um euch zu helfen? Ihr seid nur mitgegangen und habt es nicht verstanden, eure Kräfte für einen längeren Weg einzuteilen! Ihr seid nur mitgelaufen wie eine Herde Schafe!›

Doch diese Worte erbosten sie nur noch mehr. ‹Du bist des Todes! Du sollst sterben!› brüllten sie.

Der Wald aber brummte und rauschte und gab ihr Geschrei als Echo zurück, während die Blitze die Finsternis in Fetzen rissen. Danko blickte auf die, derentwegen er all die Mühsal auf sich genommen hatte, und sah, daß sie wilden Tieren glichen. Viele Menschen umringten ihn, aber auf keinem der Gesichter war Milde zu erkennen, Schonung konnte er von ihnen nicht erwarten. Da flammte auch in seinem Herzen Empörung auf, die aber aus Mitleid mit den Menschen gleich wieder erlosch. Er hatte sie nun einmal lieb und glaubte, sie würden ohne ihn vielleicht zugrunde gehen. Und der Wunsch, sie zu retten und auf einen leichteren Weg zu führen, entzündete sein Herz, und der Schein dieses entfachten Feuers spiegelte sich in seinen Augen. Sie aber glaubten, als sie das sahen, er wäre ergrimmt über sie, ebendarum loderten seine Augen so hell, und sie lauerten, in der Erwartung, er werde auf sie losgehen, wie die Wölfe und drängten von allen Seiten auf ihn zu, um ihn leichter ergreifen und totschlagen zu können. Danko aber hatte ihre Gedanken schon erraten, und sein Herz begann lichterloh zu brennen, denn dieser Gedanke erbitterte ihn.

Der Wald aber sang weiter sein düsteres Lied, der Donner krachte, und es goß in Strömen.

‹Was kann ich denn noch für die Menschen tun?› rief Danko und übertönte den Donner. Und plötzlich riß er sich mit den Händen die Brust auf und das Herz heraus und hielt es hoch über seinen Kopf.

Es lohte hell wie die Sonne, ja heller noch als sie, und der von dieser Fackel der großen Menschenliebe erleuchtete Wald verstummte, während die Finsternis vor ihrem Schein zurückwich und sich irgendwo tief im Wald zitternd im fauligen Schlund des Sumpfes verkroch. Die Menschen aber standen da, vor Staunen wie versteinert.

‹Kommt!› rief Danko und stürzte nach vorn, an seinen Platz, das brennende Herz hoch über seinem Kopf und den Menschen den Weg erleuchtend.

Sie folgten ihm begeistert. Da fing der Wald aufs neue zu

rauschen an und schüttelte verwundert die Baumkronen, aber sein Rauschen wurde vom Stampfen der vorwärts eilenden Menschen übertönt. Alle bewegten sich rasch und zuversichtlich voran, hingerissen vom Anblick des brennenden Herzens. Auch jetzt kam noch mancher um, doch man klagte deshalb nicht und vergoß keine Tränen. Danko aber befand sich immer ganz vorn, und sein Herz flammte und loderte.

Und plötzlich trat der Wald auseinander und blieb hinter ihm zurück, dicht und stumm, und Danko und all die Leute, die ihm folgten, tauchten unter in einem Meer von Sonnenlicht und reiner, vom Regen durchspülter Luft. Das Gewitter lag hinter ihnen, über dem Wald; hier schien die Sonne und atmete die Steppe, glitzerte das Gras von den Brillanten der Regentropfen und funkelte wie Gold ein Fluß. Es war Abend, und der Fluß färbte sich im Schein der untergehenden Sonne allmählich rot wie das Blut, das in heißem Strahl Dankos aufgerissener Brust entquoll.

Da warf der kühne, wagemutige Danko einen Blick auf die weite Steppe vor sich, einen befriedigten Blick auf das freie Land und lachte stolz. Dann sank er um und starb.

Die von Freude und Hoffnung erfüllten Menschen bemerkten Dankos Tod nicht und sahen auch nicht, daß sein tapferes Herz noch neben ihm brannte. Nur ein ganz Vorsichtiger unter ihnen beobachtete es und trat, weil er irgend etwas befürchtete, mit dem Fuß auf das stolze Herz. Da zersprühte es zu Funken und erlosch. – Daher rühren die blauen Flämmchen in der Steppe, die immer erscheinen, wenn ein Gewitter aufzieht.»

Jetzt, da die Alte ihr schönes Märchen beendet hatte, wurde es in der Steppe beängstigend still, als wäre auch sie von Dankos Wagemut überwältigt, der den Menschen zuliebe sein Herz in Brand gesteckt hatte und gestorben war, ohne die geringste Belohnung dafür zu erwarten. Die Alte döste vor sich hin. Ich schaute sie an und fragte mich: Wie viele Märchen und Erinnerungen mag sie noch im Gedächtnis bewahren? Und ich dachte an das edle, brennende Herz Dankos und an die menschliche Phantasie, die soviel schöne und kraftvolle Legenden geschaffen hatte.

Ein Windstoß entblößte unter den Lumpen die dürre Brust der alten Isergil, die in immer tieferen Schlaf versank. Ich deckte ihren ausgemergelten Körper, so gut es ging, zu und streck mich neben ihr auf der Erde aus. In der Steppe war es still und dunkel. Am Himmel trieben Wolken dahin – langsam und eintönig. Das Meer rauschte dumpf und traurig.

1895

Boles

Ein Bekannter erzählte mir folgende Geschichte:

«Während ich mich als Student in Moskau aufhielt, wohnte ich zufällig neben einer von ‹diesen›, du verstehst mich? Sie war Polin und hieß Teresa. So eine hochgewachsene, kräftige Brünette, mit schwarzen zusammengewachsenen Brauen und großem, grobem, wie mit der Axt herausgehauenem Gesicht – sie versetzte mich in Schrecken durch den animalischen Glanz ihrer dunklen Augen, die tiefe, beinahe baßtonige Stimme, die Manieren eines Droschkenkutschers und die riesige muskulöse Statur einer Markthändlerin. Ich lebte im Dachgeschoß, und ihre Tür befand sich gegenüber der meinen. Ich vermied es, meine Tür zu öffnen, wenn ich wußte, daß sie zu Hause war. Aber das war natürlich nur selten der Fall. Gelegentlich traf ich sie auf der Treppe oder im Hof, und dann lächelte sie mir mit einem Lächeln zu, das ich für habgierig und zynisch hielt. Wiederholt sah ich sie in betrunkenem Zustand, mit stieren Augen, zerzaust und irgendwie besonders widerwärtig lächelnd. In solchen Fällen pflegte sie zu sagen: ‹Sei'n Sie gegrüßt, Pan Student!› Und dazu lachte sie albern, was meine Abneigung gegen sie noch vertiefte. Ich wäre ausgezogen, um diesen Begegnungen und Begrüßungen zu entrinnen, aber ich hatte ein so nettes kleines Zimmer mit einem weiten Blick aus dem Fenster, und in der Straße war es so still ... ich wappnete mich mit Geduld.

Und eines Morgens liege ich auf meiner Koje und bemühe mich, Gründe zu finden, um nicht zur Vorlesung zu gehen; da öffnet sich plötzlich die Tür, und diese schauderhafte Teresa dröhnt im Baßton von der Schwelle: ‹Sei'n Sie gegrüßt, Pan Student!›

‹Was wünschen Sie?› frage ich. Ich sehe, ihr Gesicht hat

einen verlegenen, bittenden Ausdruck. Einen für sie recht ungewöhnlichen Ausdruck.

‹Sehen Sie, ich möchte Sie um etwas bitten, Pan ... Tun Sie es schon für mich!›

Ich liege da, schweige und denke mir: Eine Falle! Ein Attentat auf meine sittliche Reinheit, und weiter nichts! Bleib fest, Jegor!

‹Ich müßte, wissen Sie, einen Brief in meine Heimat schikken›, sagt sie, aber so richtig flehend, so richtig leise und schüchtern.

Ach was, denke ich mir, hol dich der Teufel, sollst du haben! Ich stehe auf, setze mich an den Tisch, lege Papier zurecht und sage: ‹Kommen Sie her, nehmen Sie Platz und diktieren Sie!›

Sie tritt näher, setzt sich behutsam auf den Stuhl und sieht mich schuldbewußt an.

‹Nun, an wen ist der Brief?›

‹An Boleslaw Kaschput, Swenziany, Warschauer Strecke.›

‹Und was soll ich schreiben? Reden Sie ...›

‹Mein lieber Boles ... mein Herz ... mein treuer Geliebter ... Behüte dich die Muttergottes! Mein Goldstück ... warum hast du so lange nicht an dein trauriges Täubchen Teresa geschrieben ...›

Ich hätte beinahe losgelacht. Ein ‹trauriges Täubchen›, und zwölf Werschok groß, mit pudschweren Fäusten und einer so schwarzen Visage, als hätte dieses Täubchen sein Leben lang Schornsteine gefegt und sich kein einziges Mal gewaschen! Ich nahm mich, so gut es ging, zusammen und erkundigte mich: ‹Wer ist denn dieser Bolle?›

‹Boles, Pan Student›, entgegnete sie, wie es schien, ein wenig gekränkt, weil ich den Namen entstellt hatte. ‹Das ist mein Bräutigam.›

‹Ihr Bräutigam?!›

‹Ja, warum ist der Pan denn so erstaunt? Kann ich als junges Mädchen keinen Bräutigam haben?›

Sie – ein junges Mädchen!

‹Oh, weshalb denn nicht! Kommt alles vor ... Und ist er schon lange mit ihnen verlobt?›

‹Das sechste Jahr ...›

Oho, dachte ich. Nun, wir schrieben also den Brief. Ich kann Ihnen sagen, einen so zärtlichen, vor Liebe glühenden Brief, daß ich am Ende selber mit diesem Boles getauscht hätte, wäre die Briefschreiberin nicht Teresa, sondern von etwas kleinerem Kaliber gewesen.

‹Da bin ich Ihnen aber dankbar, Pan!› sagte Teresa und verneigte sich. ‹Vielleicht kann auch ich Ihnen einen Gefallen erweisen!›

‹Nein, ergebensten Dank!›

‹Aber vielleicht hat der Pan Löcher im Hemd oder in der Hose?›

Ich fühlte, daß die Worte dieses Mastodon im Weiberrock mir die Schamröte ins Gesicht trieben, und erklärte ziemlich barsch, ich brauche ihre Dienste nicht.

Sie zog sich zurück.

Zwei Wochen vergingen. Es war Abend. Ich saß am Fenster, pfiff vor mich hin und überlegte, womit ich mich von mir selber ablenken könnte. Ich langweilte mich, das Wetter war miserabel, ausgehen mochte ich nicht; so beschäftigte ich mich, wie ich mich noch erinnere, vor lauter Langeweile damit, mich selbst zu analysieren. Auch das war ziemlich langweilig, aber zu etwas anderem hatte ich nicht die geringste Lust. Da ging die Tür auf; Gott sei Dank, es kam jemand ...

‹Wie ist das, hat der Pan Student im Augenblick nicht allzu Eiliges zu tun?›

Teresa! Hm ...

‹Nein ... aber wieso?›

‹Ich möchte den Pan bitten, noch einen Brief zu schreiben.›

‹Bitte sehr ... An Boles?›

‹Nein, nun schon von ihm.›

‹Wa-as?›

‹Oh, ich dummes Frauenzimmer! Ich habe mich nicht richtig ausgedrückt, verzeihen Sie mir, Pan! Jetzt, sehen Sie, handelt es sich nicht mehr um mich, sondern um eine Freundin von mir ... das heißt, nicht um eine Freundin, sondern ... um einen Bekannten ... Er selbst kann nicht schreiben ... hat aber eine Braut, auch eine Teresa ... so wie ich ... Nun ja, vielleicht schreibt der Pan einen Brief an diese Teresa?›

Ich sah sie an – sie hatte eine verlegene Visage, die Finger zitterten, sie verhaspelte sich beim Sprechen ... Ich glaubte, sie zu durchschauen.

‹Hören Sie zu, Verehrte›, erwiderte ich, ‹all diese Bolese und Teresas existieren nicht, das alles ist erfunden. Bei mir kommen Sie damit nicht an, ich wünsche keine Bekanntschaft mit Ihnen zu unterhalten ... Haben Sie mich verstanden?›

Sie war plötzlich sonderbar erschrocken, verlor die Fassung, trat von einem Fuß auf den anderen und schmatzte komisch mit den Lippen; sie wollte wohl etwas sagen, sagte aber nichts. Ich fragte mich, was wohl aus alledem werden würde, und sah und fühlte, daß ich mich mit meinem Verdacht, sie wolle mich vom Pfad der Tugend abbringen, offenbar auf dem Holzwege befand. Hier mußte etwas anderes vorliegen.

‹Pan Student›, begann sie, winkte plötzlich ab, wandte sich brüsk zur Tür und ging. Ich blieb mit einem sehr unangenehmen Gefühl im Herzen allein; dann hörte ich ihre Tür klappen, aber so richtig laut – das Riesenweib war augenscheinlich verärgert. Ich überlegte und beschloß: ich gehe zu ihr, hole sie herüber und schreibe alles, was zu schreiben ist. Ich betrete also ihr Zimmer und sehe, sie sitzt, die Ellenbogen aufgestützt, am Tisch und preßt den Kopf zwischen den Händen.

‹Hören Sie zu›, sage ich.

Jedesmal, wenn ich die Geschichte erzähle und an diese Stelle komme, habe ich ein entsetzlich peinliches Gefühl ... so was von Dummheit! Jawohl ...

‹Hören Sie zu›, sage ich.

Sie springt auf, tritt mit blitzenden Augen auf mich zu, legt mir die Hände auf die Schultern und flüstert oder, besser, sie dröhnt im Baßton: ‹Nun, was ist? Also gut! Einen Boles gibt es nicht ... Und eine Teresa auch nicht! Was macht Ihnen das aus? Fällt es Ihnen so schwer, mit der Feder auf dem Papier herumzukratzen, ja? Ach, Sie! Und dann tun Sie auch noch so etepetete! Nein, es gibt niemanden, weder Boles noch Teresa, es gibt nur mich allein! Na und? Und was weiter?›

‹Erlauben Sie›, sage ich, verblüfft durch einen solchen Empfang, ‹was heißt das? Boles gibt es nicht?›

‹Nein, den gibt es nicht! Na und?›

‹Und diese Teresa auch nicht?›

‹Die auch nicht! Teresa bin ich!›

Ich verstehe nicht das geringste mehr. Ich starre sie an und versuche herauszufinden, wer von uns beiden den Verstand verloren hat. Sie geht wieder zum Tisch, sucht dort nach etwas, kommt zurück und sagt in gekränktem Ton: ‹Wenn es Ihnen so schwergefallen ist, an Boles zu schreiben, also bitte, hier, nehmen Sie Ihr Geschreibsel zurück! Es werden auch andere für mich schreiben . . .›

Ich sehe, ich halte plötzlich den Brief an Boles in der Hand. Puh!

‹Hören Sie, Teresa! Was soll das alles heißen? Wozu ist es nötig, daß andere schreiben, wenn ich bereits geschrieben habe und Sie den Brief nicht abschicken?›

‹Wohin soll ich ihn schicken?›

‹Nun, an diesen . . . an Boles . . .›

‹Aber den gibt es doch nicht!›

Ich war endgültig außerstande, etwas zu begreifen. Es blieb nichts anderes übrig, als abzuwinken und zu gehen. Doch hier erklärte sie mir, worum es sich handelte.

‹Was denn?› begann sie gekränkt. ‹Es gibt ihn nicht? Dann eben nicht!› Und sie zuckte mit den Schultern, als verstünde sie nicht, wieso es ihn nicht gab. ‹Ich will aber, daß es ihn gibt . . . Bin ich denn nicht ein Mensch wie jeder andere? Natürlich, ich . . . ich weiß schon . . . Aber ich schade doch niemand, wenn ich ihm schreibe . . .›

‹Gestatten Sie – wem?›

‹Na, dem Boles!›

‹Aber den gibt es doch nicht?›

‹Ach, Jesus-Maria! Was ist denn schon dabei, wenn es ihn nicht gibt? Es gibt ihn nicht, aber es ist, als ob es ihn gibt. Ich schreibe ihm, und da stellt sich eben heraus, daß es ihn sozusagen gibt . . . Und Teresa – das bin ich; er antwortet mir, und ich schreibe ihm aufs neue . . .›

Ich hatte verstanden. Mir wurde so weh, so miserabel zumute, ich schämte mich aus irgendeinem Grunde. Gleich neben mir, wenige Schritte von mir entfernt, lebte ein Mensch, der niemanden auf der Welt besaß, von dem er ein liebevolles, herzliches Verhalten erwarten konnte; und dieser Mensch erfand sich einen Freund!

‹Da haben Sie mir den Brief an Boles geschrieben; ich ließ ihn mir von einem anderen vorlesen, und wenn ihn mir jemand vorliest, dann höre ich zu und denke mir, daß es Boles gibt. Und ich bitte, mir einen Brief von Boles an Teresa zu schreiben ... das heißt an mich. Wenn man mir einen solchen Brief schreibt und vorliest, dann glaube ich schon ganz fest, daß Boles existiert. Und das macht mir das Leben leichter ...›

Ja ... Hol's der Teufel! ... Nun, ich schrieb also von da an regelmäßig jede Woche einen Brief an Boles und die Antwort von Boles an Teresa. Diese Antworten bekam ich gut hin. Da hörte sie sich die Antworten an und heulte ... so richtig im Baß. Und zur Belohnung dafür, daß ich ihr mit den Briefen dieses imaginären Boles Tränen entlockte, stopfte sie unentgeltlich die Löcher in meinen Socken, in meinen Hemden und allem übrigen. Später, etwa drei Monate nach dieser Geschichte, sperrte man sie aus irgendeinem Grunde ins Gefängnis. Und jetzt ist sie wahrscheinlich gestorben.»

Mein Bekannter blies die Asche von der Zigarette, warf einen nachdenklichen Blick zum Himmel und vollendete: «Hm-ja ... Je mehr Bitteres ein Mensch gekostet hat, desto gieriger dürstet ihn nach dem Süßen. Aber wir verstehen das nicht und sehen einander, mit unseren vorsintflutlichen Tugenden gewappnet, durch einen Schleier der Selbstgefälligkeit, der Überzeugung von unserer unbedingten Unfehlbarkeit an.

Was dabei herauskommt, ist ziemlich dumm und ... äußerst grausam. Es sind angeblich gestrauchelte Menschen ... Aber was ist das – ein gestrauchelter Mensch? Vor allem ist das ein Mensch mit demselben Mark und Bein, demselben Fleisch und Blut, denselben Nerven wie wir. Das macht man uns seit Jahrhunderten Tag für Tag klar. Und wir hören es uns an und ... weiß der Teufel, wie unsinnig das alles ist! Im Grunde genommen sind auch wir Gestrauchelte, Gefallene, und wir sind vielleicht sogar sehr tief gefallen ... in den Abgrund der Selbstgefälligkeit und der Überzeugung von der Überlegenheit unserer Nerven und Gehirne über die Nerven und Gehirne derer, die nur weniger schlau sind als wir und sich nicht so geschickt als gute Menschen zu verstellen wissen ... Im übrigen, genug davon! Das alles ist so alt, daß man sich geradezu schämt, davon zu reden ...»

1896

Die Eheleute Orlow

Fast jeden Sonnabend vor dem Abendgottesdienst drang aus zwei Kellerfenstern eines alten schmutzigen Hauses, das dem Kaufmann Petunnikow gehörte, erbittertes Weibergeschrei auf den engen, mit allerhand Gerümpel vollgestopften und mit baufälligen hölzernen Nebengebäuden verbauten Hof.

«Hör auf! Hör auf, du Säufer, Satan!» schrie die Frau mit tiefer Altstimme.

«Laß!» antwortete ihr der Tenor des Mannes.

«Ich laß dich nicht, Ungeheuer!»

«Quatsch! Du läßt mich!»

«Und wenn du mich totschlägst, ich lasse dich nicht!»

«Du? Quatsch, Ketzerin!»

«O Gott! Er schlägt mich tot! O Gott!»

«Du läßt mich!»

Gleich bei Beginn des Geschreis stürzte Senka Tschishik, ein Lehrjunge des Malers Sutschkow, der tagelang in einem der kleinen Schuppen auf dem Hof Farben rieb, kopfüber heraus und brüllte aus vollem Halse, wobei seine schwarzen Mausäuglein funkelten: «Die Schustersleute Orlow prügeln sich! Hach!»

Als leidenschaftlicher Liebhaber von Ereignissen jeglicher Art rannte Tschishik zu den Fenstern der Orlowschen Wohnung, legte sich bäuchlings auf die Erde, ließ den struppigen Lausbubenkopf mit dem kecken ocker- und rötelbeschmierten Frätzchen hinabhängen und sah mit gierigen Blicken in das feuchte dunkle Loch hinunter, aus dem es nach Schimmel, Pech und fauligem Leder roch. Dort am Boden rangen unter heiserem Geschimpfe zwei Gestalten in rasender Wut miteinander.

«Du schlägst mich ja tot», warnte die Frau keuchend.

«Keinc Angst!» beruhigte sie der Mann überzeugt mit verbissener Wut. Man hörte dumpfe, schwere Schläge auf etwas Weiches, Jammern, Kreischen und das angespannte Ächzen eines Menschen, der eine schwere Last wälzt.

«Ach, wie er ihr eins mit dem Leisten versetzt hat!» schilderte Tschishik den Verlauf der Geschehnisse im Keller, während die Zuschauer, die sich um ihn versammelt hatten – die Schneider, der Gerichtsbote Lewtschenko, der Ziehharmonikaspieler Kisljakow und andere Liebhaber kostenloser Zerstreuung –, Senka ungeduldig am Bein oder an der farbengetränkten Hose zupften und beständig fragten: «Nun?»

«Er sitzt rittlings auf ihr und stößt sie mit der Fresse gegen die Diele», berichtete Senka und schauderte vor Wonne über die empfangenen Eindrücke.

Von heftigem Verlangen gepackt, mit eigenen Augen alle Einzelheiten des Kampfes zu sehen, beugten sich die Zuschauer ebenfalls zu den Orlowschen Fenstern hinab, und obgleich ihnen schon längst die Handgriffe, die Grischka Orlow im Krieg mit seiner Frau anwandte, bekannt waren, staunten sie doch immer wieder.

«Ach, der Teufel! Hat er sie blutig geschlagen?»

«Die Nase ist ganz blutig, das Blut läuft nur so», meldete Senka sich überstürzend.

«Ach Gott, ach Gott!» riefen die Frauen. «Ach, so ein Scheusal von einem Peiniger!»

Die Männer urteilten objektiver.

«Er wird sie sicherlich zu Tode prügeln», sagten sie.

Der Harmonikaspieler aber verkündete im Ton eines Sehers: «Denkt an meine Worte: Er wird ihr noch mit dem Messer den Bauch aufschlitzen! Er wird es müde werden, sich in dieser Weise zu balgen, und die ganze Musik wird mit einemmal ein Ende haben!»

Senka sprang auf. «Aus!» rief er halblaut und stürzte im Nu vom Fenster fort seitwärts in einen Winkel, wo er einen neuen Beobachtungsposten bezog, da er wußte, daß Orlow gleich auf dem Hof erscheinen mußte.

Die Zuschauer zerstreuten sich schnell, weil sie dem wütenden Schuhmacher nicht unter die Augen kommen wollten; jetzt, nach Beendigung des Kampfes, hatte er in ihren Augen jedes Interesse verloren und war außerdem nicht ungefährlich.

Gewöhnlich befand sich außer Senka keine lebende Seele mehr auf dem Hof, wenn Orlow aus seinem Keller hervorkam. Schwer atmend, das Hemd zerrissen, das Haar zerrauft, mit Kratzwunden im schweißbedeckten erregten Gesicht, sah er sich mißtrauisch mit blutunterlaufenen Augen im Hof um und ging, die Hände auf dem Rücken, langsam zu einem alten niedrigen Bauernschlitten, der umgekippt an der Wand eines Holzschuppens stand. Manchmal pfiff er dabei verwegen und sah sich in einer Weise nach allen Seiten um, als hätte er die Absicht, die gesamte Einwohnerschaft des Petunnikowschen Hauses zum Kampf herauszufordern. Dann setzte er sich auf die Schlittenkufen, wischte sich mit dem Hemdärmel den Schweiß und das Blut aus dem Gesicht und verharrte in einer müden Haltung, stumpfsinnig die schmutzige Hauswand betrachtend, an der der Putz abbröckelte und bunte Farbstreifen zu sehen waren, da Sutschkows Malergesellen die Gewohnheit hatten, wenn sie von der Arbeit kamen, ihre Pinsel an der Wand abzustreichen.

Orlow war an die dreißig Jahre alt. Das nervöse Gesicht mit den feinen Zügen schmückte ein dunkles Schnurrbärtchen, der die vollen roten Lippen scharf hervorhob. Über der knorpeligen großen Nase waren die dichten Brauen fast zusammengewachsen; unter ihnen blickten stets unruhig flackernde schwarze Augen hervor. Mittelgroß, von seiner Arbeit etwas gebeugt, muskulös und hitzig, so saß er lange in einer Art Erstarrung auf dem Schlitten, atmete tief mit seiner gesunden braunen Brust und betrachtete die bunt gestrichene Wand.

Die Sonne ist bereits untergegangen, aber auf dem Hof ist es schwül; es riecht nach Ölfarbe, Teer, Sauerkohl und Fäulnis. Aus allen Fenstern beider Geschosse dringt Singen und Gezank auf den Hof. Hin und wieder betrachtet ein ausgemergeltes Gesicht hinter dem Fensterpfosten hervor Orlow für einen Augenblick und verschwindet lachend.

Jetzt kommen die Maler von ihrer Arbeit; im Vorbeigehen schielen sie zu Orlow hinüber, blinzeln einander zu, erfüllen den Hof mit ihrer schlagfertigen Kostromaer Mundart und schicken sich an, der eine in die Badestube, der andere in die Schenke zu gehen. Von oben aus dem ersten Stock kommen die Schneider auf den Hof heruntergekrochen, krummbeinige, mangelhaft bekleidete, bleichsüchtige Leute, und beginnen die Maler aus Kostroma wegen ihrer gleich Erbsen prasselnden Redeweise zu foppen. Der ganze Hof ist erfüllt von Lärm, munterem, lebhaftem Gelächter und Späßen. Orlow sitzt in seinem Winkel, sieht niemand an und schweigt. Keiner nähert sich ihm, und keiner wagt einen Scherz über ihn zu machen, denn sie wissen, daß er jetzt einem reißenden Tiere gleicht.

Er sitzt da, von einer schweren dumpfen Wut gepackt, die ihm die Brust beklemmt und das Atmen erschwert, seine Nasenflügel beben raublustig, seine Lippen verzerren sich und lassen zwei Reihen großer und starker gelber Zähne sehen. Etwas Dunkles, Gestaltloses wächst in ihm, vor seinen Augen schwimmen trübe rote Flecken, Kummer und Schnapsdurst quälen sein Inneres. Er weiß, daß ihm leichter wird, wenn er getrunken hat; aber noch ist es hell, und er schämt sich, mit einem solchen zerlumpten und zerrissenen Äußeren über die Straße, in der alle ihn, Grigorij Orlow, kennen, zur Schenke zu gehen.

Er mag nicht zum allgemeinen Gespött hinausgehen, aber er kann auch nicht hineingehen, sich zu waschen und umzukleiden. Dort auf dem Fußboden liegt die mißhandelte Frau, die ihm jetzt in jeder Hinsicht zuwider ist.

Dort stöhnt sie und fühlt sich als Märtyrerin, die vor ihm im Recht ist – das weiß er. Er weiß auch, daß sie tatsächlich im Recht ist und er der Schuldige, das vergrößert noch seinen Haß gegen sie, denn neben dieser Erkenntnis gärt in seiner Seele ein dunkles, böses Gefühl, und das ist stärker als die Erkenntnis. In ihm ist alles verworren und schwer; willenlos überläßt er sich der Last seiner Empfindungen, unfähig, sich über sie klarzuwerden, und gewiß, daß nur eine halbe Flasche Branntwein ihm Linderung verschaffen kann.

Da kommt der Harmonikaspieler Kisljakow. Er trägt eine Plüschweste, ein rotes Seidenhemd und Pluderhosen, die in eleganten Stiefeln stecken. Unter dem Arm hat er die Harmonika in einem grünen Sack, die Enden seines schwarzen Schnurrbärtchens sind nadelspitz zusammengezwirbelt, die Mütze ist verwegen auf das eine Ohr gesetzt, und sein ganzes Gesicht strahlt vor Verwegenheit und Frohsinn. Orlow liebt ihn seines Draufgängertums, seines Spieles und fröhlichen Charakters wegen und beneidet ihn um seine leichte, sorglose Lebensart.

«Zum Siege, Grischa, wünsch ich Glück,
Und auch zur arg zerkratzten Wange!»

Orlow ärgert sich über diesen Scherz nicht, obgleich er ihn schon an die fünfzigmal gehört hat, und der Harmonikaspieler sagt das auch nicht aus Bosheit, sondern einfach nur, weil er gern scherzt.

«Nun, Bruder, wieder mal ein Plewna* gewesen?» fragt Kisljakow und bleibt einen Augenblick vor dem Schuhmacher stehen. «Ach, du ...! Du solltest lieber gehen, wohin uns alle der Weg führt ... Wir könnten uns zusammen einen genehmigen.»

«Ich komme bald», sagt Orlow, ohne den Kopf zu heben.

«Ich warte sehnsüchtig auf dich ...»

Bald darauf geht auch Orlow.

Dann kommt, sich an den Wänden entlangtastend, eine rundliche kleine Frau aus dem Keller hervor. Ihr Kopf ist fest mit einem Tuch umwickelt, nur ein Auge, ein Stück von der Stirn und einer Wange schauen heraus. Ein wenig schwankend geht sie über den Hof und setzt sich auf den Platz, wo ihr Mann gesessen hat. Ihr Erscheinen verwundert keinen, man hat sich daran gewöhnt; alle wissen, daß sie dort sitzen bleiben wird, bis Grischka betrunken und in bußfertiger Stimmung aus der Schenke zurückkehrt. Sie kommt auf den Hof heraus, weil es

* Im russisch-türkischen Krieg 1877/78 wurde die Festung Plewna in Bulgarien nach langer Belagerung von russischen und rumänischen Truppen im Dezember 1877 eingenommen.

im Keller stickig ist und um den betrunkenen Grischka die Treppe hinunterzuführen. Die Treppe ist morsch und steil; einmal war Grischka hinuntergefallen und hatte sich den Arm verrenkt, so daß er etwa zwei Wochen nicht arbeiten konnte; während dieser Zeit hatten sie, um sich durchzuschlagen, fast alle ihre Habseligkeiten versetzt.

Seit der Zeit eben paßte Matrjona auf ihn auf.

Manchmal setzt sich jemand aus dem Hof zu ihr, am häufigsten der schnurrbärtige ehemalige Unteroffizier Lewtschenko, ein besonnener, gesetzter Kleinrusse mit glattgeschorenem Kopf und taubenblauer Nase. Er setzt sich und fragt gähnend: «Habt ihr euch wieder geprügelt?»

«Was geht's dich an?» sagt Matrjona unfreundlich und herausfordernd.

«Nun, nichts!» erklärt der Kleinrusse, darauf schweigen beide lange.

Matrjona atmet schwer, in ihrer Brust rasselt es.

«Weshalb zankt ihr euch denn immerzu? Warum seid ihr uneinig?» sinniert der Kleinrusse.

«Das ist unsere Angelegenheit», sagt Matrjona Orlowa kurz angebunden.

«Freilich ist es eure», gibt Lewtschenko zu und nickt.

«Was kriechst du mir dann nach?» folgert die Orlowa.

«Pfui, was bist du für eine! Kein Wort darf man ihr sagen! Wenn ich euch so ansehe, ihr seid mir schon ein Paar! Mit der Rute müßtet ihr jeden Tag kriegen, einmal am Morgen und einmal am Abend, das wäre das Richtige! Dann würdet ihr beide nicht so stachlig sein . . .»

Und ärgerlich geht er weg, womit sie sehr zufrieden ist; denn auf dem Hof geht schon längst das Gerücht, daß der Kleinrusse sich nicht umsonst bei ihr einzuschmeicheln sucht; sie ist böse auf ihn, auf ihn und alle Menschen, die sich in fremde Angelegenheiten mischen. Rüstig und stark begibt sich der Kleinrusse ungeachtet seiner vierzig Jahre mit strammen Soldatenschritten in eine Ecke des Hofes.

Von irgendwoher taucht plötzlich Tschishik vor ihm auf.

«Onkelchen, sie ist doch wirklich eine Kratzbürste, das Adlerweibchen*!» teilt er Lewtschenko halblaut mit und blinzelt hinüber, wo Matrjona sitzt.

«Ich werde dir die Kratzbürste da vorschreiben, wo es nötig ist!» droht der Kleinrusse und lacht sich in den Bart. Er hat den flinken Tschishik gern und hört ihm aufmerksam zu, da er weiß, das Tschishik alle Geheimnisse des Hofes kennt.

«Bei der wirst du keinen Fang machen», erläutert Tschishik, ohne die Drohung zu beachten. «Der Maler Maximka hat einmal den Versuch gemacht – klatsch! hat sie ihm eine geschmiert! Kräftig, ich hab es selbst gehört! Direkt in die Fresse, wie auf eine Trommel!»

Halb noch ein Kind, halb schon erwachsen, obwohl er erst zwölf Jahre alt ist, lebhaft und empfänglich, saugt er, wie ein Schwamm die Feuchtigkeit, den Schmutz des ihn umgebenden Lebens gierig in sich hinein; auf seiner Stirn ist schon eine schmale Falte zu sehen, ein Zeichen, daß Senka Tschishik nachdenkt.

Auf dem Hof ist es dunkel. Über ihm glänzt sternenübersät ein viereckiges Stück tiefblauen Himmels; rings umgeben von hohen Mauern erscheint der Hof von oben gesehen wie eine tiefe Grube. Und in einem Winkel dieser Grube sitzt, von den Schlägen ausruhend, eine kleine weibliche Gestalt und wartet auf ihren betrunkenen Mann . . .

Orlows waren das vierte Jahr verheiratet. Sie hatten ein Kind gehabt, das aber nach anderthalb Jahren gestorben war. Beide hatten sich nicht lange darum gegrämt, sondern sich in der Hoffnung beruhigt, ein zweites zu bekommen. Der Keller, in dem sie sich eingerichtet hatten, war ein längliches, großes, dunkles Zimmer mit gewölbter Decke. Gleich neben der Tür stand den Fenstern zugekehrt ein großer russischer Ofen; zwischen ihm und der Wand führte ein schmaler Durchgang in einen quadratischen Raum, der von zwei Fenstern erleuchtet wurde, die auf den Hof hinausgingen. Das Licht fiel in schrägen matten Streifen in den Keller, im Zimmer war es feucht, dumpf und totenstill. Das Leben pulste dort oben irgendwo,

* auf russisch Orliza

hierher flatterten nur unbestimmte dumpfe Geräusche, die zusammen mit dem Staub als farblose Flocken zu Orlows in die Grube fielen. Dem Ofen gegenüber stand an der Wand eine zweischläfige Holzbettstelle hinter einem gelben baumwollenen Vorhang mit rosa Blumen. An der anderen Wand stand ein Tisch, an dem sie Tee tranken und zu Mittag aßen, und in den beiden Lichtstreifen zwischen Bett und Wand arbeiteten die Eheleute.

Träge spazierten Schaben an den Wänden umher und fraßen den Brotleim, mit dem Bildchen aus Zeitschriften an den Putz geklebt waren; überall flogen eintönig summend müde Fliegen, und die von ihnen beschmutzten Bilder schauten wie dunkle Flecken vom schmutziggrauen Hintergrund der Wände herab.

Der Tag begann bei Orlows folgendermaßen: Um sechs Uhr morgens wachte Matrjona auf, wusch sich und stellte den Samowar auf, der mehr als einmal in der Hitze der Schlägereien etwas abbekommen hatte und über und über mit Bleiflicken bedeckt war. Bis der Samowar ins Kochen kam, räumte sie das Zimmer auf, ging in den Laden und weckte dann ihren Mann; wenn er aufgestanden war und sich gewaschen hatte, stand der Samowar schon zischend und pfeifend auf dem Tisch. Sie setzten sich zum Teetrinken und aßen beide zusammen ein Pfund Weißbrot dazu.

Grigorij arbeitete gut und hatte auch immer zu tun; während des Teetrinkens teilte er die Arbeit ein: er machte die Arbeit, welche die Meisterhand erforderte, seine Frau zwirnte Pechdraht, klebte Futterzeug unter, erneuerte Absätze und führte ähnliche Kleinarbeiten aus. Beim Tee wurde das Mittagessen besprochen. Im Winter, wenn man mehr essen muß, war das eine ziemlich interessante Frage; im Sommer wurde der Ofen aus Sparsamkeitsgründen nur feiertags und selbst dann nicht regelmäßig geheizt; sie ernährten sich in der Hauptsache von kalter Kwaßsuppe mit Lauch oder Salzfisch, manchmal Fleisch, das bei irgend jemand auf dem Hof mitgekocht wurde. Wenn sie mit dem Tee fertig waren, setzten sie sich an die Arbeit, Grigorij auf ein Sauerkohlfäßchen, das mit Leder bezogen war und an der Seite eine geplatzte Stelle hatte, seine Frau daneben auf einen niedrigen Schemel.

Anfangs arbeiteten sie schweigend – worüber sollten sie auch sprechen? Ab und zu wechselten sie ein paar Worte, die sich auf die Arbeit bezogen, und dann schwiegen sie wieder eine halbe Stunde und länger. Der Hammer klopfte, der Draht zischte beim Durchziehen durch das Leder. Grigorij gähnte manchmal und beendete das Gähnen jedesmal mit einem langgezogenen Heulton. Matrjona seufzte ab und zu. Manchmal stimmte Orlow ein Lied an. Er hatte eine schrille Stimme von metallischer Klangfarbe, aber singen konnte er. Bald fügten sich die Worte seines Gesanges zu einem schnellen Klage-Rezitativ zusammen und drängten mit Ungestüm aus Grischkas Brust hinaus, als fürchteten sie, nicht das aussprechen zu können, was sie sagen wollten; plötzlich dehnten sie sich zu schwermütigen Seufzern und flogen als laute Wehklagen durch das Fenster auf den Hof. Matrjona begleitete ihren Mann mit ihrer weichen Altstimme. Ihre Gesichter wurden versonnen und traurig, Grischkas dunkle Augen überzogen sich mit einem feuchten Schimmer. Vertieft in die Klänge, irgendwie abwesend, saß seine Frau halb im Traum da und wiegte sich hin und her; und manchmal war es, als ersticke sie beim Singen, sie machte mitten in einem Ton eine Pause und fuhr dann wieder im einstimmigen Gesang mit ihrem Mann fort. Während des Singens empfand keiner von beiden die Anwesenheit des andern, jeder war bemüht, die Leere und Langeweile seines lichtlosen Lebens mit den fremden Worten auszuströmen; vielleicht wollten sie jenen halb unbewußten Gedanken und Gefühlen, die in ihrer Seele entstanden, durch diese Worte Gestalt geben.

Zuweilen improvisierte Grischka auch:

«A-ach, du mein Leben ...
Ach, du mein vermaledeites Leben ...
Und du Trostlosigkeit!
Ach, du meine verfluchte Trostlosigkeit,
Du ganz verfluchte Schwermut ...!»

Matrjona gefielen diese Improvisationen nicht, und sie

fragte ihn in solchen Fällen gewöhnlich: «Was heulst du los wie ein Hund vor einer Leiche?»

Er wurde dann sofort aus irgendeinem Grund wütend auf sie: «Stumpfschnauzige Sau! Was begreifst du schon? Sumpfgespenst!»

«Heulst, heulst und fängst an zu bellen . . .»

«Du hast zu schweigen! Bin ich vielleicht dein Geselle, daß du wagst, mir zu predigen? Was?»

Wenn Matrjona sah, daß die Adern an seinem Hals anschwollen und seine Augen zornig blitzten, schwieg sie, schwieg lange und antwortete absichtlich nicht auf die Fragen ihres Mannes, dessen Zorn ebenso schnell verrauchte, wie er aufflammte.

Sie wandte sich ab, um seine Blicke nicht zu sehen, die eine Versöhnung mit ihr suchten und auf ihr Lächeln warteten, und war erfüllt von zitternder Angst, daß er wegen dieses Spiels von neuem zornig werden würde. Aber zugleich war es ihr angenehm, ihm böse zu sein und seine Bemühungen um Frieden mit ihr zu sehen, denn das hieß doch leben, denken, erregt zu sein.

Beide waren gesund und jung, liebten sich und waren stolz aufeinander. Grischka war so stark, feurig und hübsch, und Matrjona weiß, rundlich, mit blitzenden grauen Augen. «Ein strammes Frauenzimmer», sagte man von ihr im Hof. Sie liebten sich, aber ihr Leben war langweilig, es fehlten die Eindrücke und Interessen, die ihnen ermöglicht hätten, voneinander auszuruhen, die das natürliche Bedürfnis des Menschen nach Erregung, Denken, nach dem Leben überhaupt befriedigt hätten. Wenn Orlows ein Lebensziel gehabt hätten, und wäre es auch nur, Groschen um Groschen zu sparen, dann wäre das Leben zweifellos für sie leichter gewesen.

Aber nicht einmal das hatten sie.

Beständig einander vor Augen, hatten sie sich aneinander gewöhnt, kannten alle ihre Reden und Gebärden. Ein Tag um den anderen verging und brachte in ihr Leben fast nichts, was sie zerstreut hätte. Feiertags besuchten sie zuweilen ebenso armselige Leute, wie sie selber waren; manchmal kam zu ihnen

Besuch, man trank, sang, nicht selten kam es zu Schlägereien. Nachher aber schleppten sich die farblosen Tage wieder dahin wie die Glieder einer unsichtbaren Kette, die das Leben dieser Menschen mit Arbeit, Langeweile und sinnloser Erbitterung gegeneinander belastete.

Manchmal sagte Grischka: «So ist das Leben, eine Hexe ist seine Großmutter! Und wozu ist es mir bloß gegeben? Nichts als Arbeit und Langeweile, Langeweile und Arbeit...» Und nach kurzem Schweigen fuhr er, die Augen zur Decke erhoben, mit flüchtigem Lächeln fort: «Nach Gottes Willen hat die Mutter mich zur Welt gebracht – dagegen läßt sich nichts einwenden! Dann hab ich das Handwerk erlernt... wozu eigentlich? Als ob es außer mir nicht genug Schuhmacher gäbe. Nun schön, ich bin Schuhmacher, und was weiter? Welches Vergnügen habe ich davon?... Ich sitze hier in der Grube und nähe... Dann sterbe ich. Jetzt soll die Cholera herrschen... Nun, und was ist denn? Grigorij Orlow lebte, nähte Stiefel – und starb an der Cholera. Worin liegt denn da der Sinn? Wozu ist das nötig, daß ich lebte, nähte und starb, was?»

Matrjona schwieg; sie hörte aus den Worten ihres Mannes etwas Beängstigendes heraus. Manchmal bat sie ihn, nicht solche Reden zu führen, weil sie gegen Gott seien, der schon weiß, wie er das Leben des Menschen einrichten muß. Manchmal aber, wenn sie mißgestimmt war, erklärte sie ihrem Mann kühl: «Du solltest nicht soviel Schnaps trinken, dann hättest du mehr Freude am Leben, und dir würden nicht solche Gedanken kommen. Die andern leben, ohne sich zu beklagen, sie sparen sich ein Stück Geld und richten sich damit eine eigene Werkstatt ein und leben dann wie die Herren.»

«Und du erscheinst mit deinen hölzernen Reden wie eine Teufelspuppe! Überlege doch in deinem Hirn, kann ich denn das Trinken lassen, wenn das meine ganze Freude ausmacht? Die andern! Kennst wohl viele solcher Erfolgreicher? Und bin ich etwa vor der Heirat so gewesen? Wenn man ehrlich ist, so bist du es doch, die mich aussaugt und mir das Leben schwermacht... Ach, du Kröte!»

Matrjona war beleidigt, aber sie fühlte, daß ihr Mann recht

hatte. In betrunkenem Zustand war er vergnügt und zärtlich – die andern waren eine Frucht ihrer Phantasie –, und vor der Heirat war er ein Spaßvogel, unterhaltsam und gutherzig gewesen … ‹Warum ist das so? Bin ich ihm denn wirklich eine Last?› dachte sie.

Ihr Herz krampfte sich vor bitteren Gedanken zusammen, sie tat sich selbst leid, und er auch: sie näherte sich ihm, sah ihm zärtlich und liebevoll in die Augen und schmiegte sich fest an seine Brust.

«Na, jetzt kommt sie sich einschmeicheln, die Kuh …», sagte Grischka dann mürrisch und gab sich den Anschein, als wollte er sie zurückstoßen; aber sie wußte schon, daß er es nicht tun würde, und schmiegte sich noch dichter, noch fester an ihn.

Dann flammte es in seinen Augen auf, er warf die Arbeit auf den Boden, nahm seine Frau auf den Schoß und küßte sie viel und lange, seufzte tief auf und flüsterte halblaut, als fürchtete er, daß jemand ihn belauschte: «Ach, Motrja! Wie schlecht leben wir beide miteinander! Wir beißen uns wie die wilden Tiere … Und warum? Mein Stern ist daran schuld, der Mensch wird unter einem Stern geboren, und der bestimmt sein Schicksal!»

Aber diese Erklärung befriedigte ihn nicht, er drückte seine Frau an die Brust und versank in Sinnen.

So saßen sie lange in dem Dämmerlicht und der stickigen Luft ihres Kellers. Sie schwieg und seufzte, manchmal aber erinnerte sie sich in solchen guten Augenblicken der unverdienten Kränkungen und Schläge, die sie durch ihn erlitten hatte, und dann klagte sie ihn unter stillen Tränen an.

Durch ihre schmeichelnden Vorwürfe in Verlegenheit gebracht, liebkoste er sie noch feuriger, aber sie erging sich in immer weiteren Klagen. Das brachte ihn zuletzt auf.

«Genug geflennt! Mir tut es vielleicht tausendmal mehr weh, wenn ich dich schlage. Begreifst du? Dann schweige endlich! Wenn man euch Weibern freien Willen läßt, packt ihr einen gleich an der Gurgel. Hör auf mit deinen Reden! Was kannst du einem Menschen sagen, wenn ihm das Leben zum Halse heraushängt?!»

Ein andermal wieder wurde er unter ihrem leise rinnenden Tränenstrom und ihren leidenschaftlichen Anklagen weich und versuchte niedergeschlagen und nachdenklich zu erklären: «Was soll ich mit meinem Charakter anfangen? Es ist wahr, ich kränke dich. Ich weiß, daß ich niemand habe als dich ... aber ich denk nicht immer daran. Begreifst du, Motrja, manchmal dürfte ich dich gar nicht ansehen! Es ist, als ob ich mich an dir übergessen hätte! Und dann steigt solch eine Bosheit in mir auf, daß ich dich zerreißen möchte, und mich selbst auch gleich. Und je mehr du vor mir im Recht bist, um so mehr möchte ich dich prügeln ...»

Sie verstand ihn kaum, aber sein reumütiger, zärtlicher Ton beruhigte sie.

«Gott wird geben, daß wir uns vertragen und aneinander gewöhnen», sagte sie, ohne zu erkennen, daß sie sich längst aneinander gewöhnt und erschöpft hatten.

«Wenn wir ein Kind bekämen, wäre es besser für uns», brachte sie mit einem Seufzer vor. «Dann hätten wir auch Sorge und Spaß.»

«So, was bist du denn? Krieg eins ...»

«Wenn du mich so sehr prügelst, kann ich keins austragen. Zu schmerzhaft triffst du mich am Leib und an den Hüften ... Wenn du mich wenigstens nicht mit den Füßen treten würdest ...»

«Nun», rechtfertigte sich Grigorij finster und betreten, «kann man denn gleich überlegen, womit man wohin schlagen muß? Ich bin doch kein Scharfrichter ... Ich prügele doch nicht zum Vergnügen, sondern vor Kummer ...»

«Und wovon ist dieser Kummer?» fragte Matrjona betrübt.

«Mein Schicksal ist nun mal so, Motrja», philosophierte Grischka. «Mein Schicksal und mein Charakter ... Sieh mal, bin ich schlechter als die andern, als der Kleinrusse zum Beispiel? Doch der Kleinrusse lebt und ist nicht schwermütig. Er ist allein, hat weder Frau noch sonst jemand. Ich würde ohne dich krepieren ... Aber ihm macht das nichts aus ... Er raucht seine Pfeife und lächelt – er ist schon zufrieden, der Teufel, wenn er die Pfeife rauchen kann. Ich dagegen kann nicht so leben ... Ich bin mit einer Unruhe im Herzen geboren. Mein Charakter ist nun einmal so ... wie eine Sprungfeder: drückt man darauf, so zittert sie. Gehe ich zum Beispiel auf die Straße und sehe dies und das, aber ich habe nichts – das kränkt mich. Der Kleinrusse, der braucht nichts – aber mich ärgert schon, daß dieser schnurrbärtige Teufel nichts haben will, während ich ... ich weiß nicht einmal, was ich will ... alles, ja! Ich sitze hier in dem Loch und arbeite und besitze nichts. Und dann du ... du bist meine Frau, aber was hast du denn Fesselndes? Du bist ein Weib wie alle Weiber, mit allem, was dazu gehört ... Ich kenne alles an dir; wie du morgen niesen wirst, weiß ich, weil du wohl schon tausendmal vor mir geniest hast ... Wie kann daher das Leben für mich interessant sein? Gar nicht interessant ist es. Na, ich gehe eben ins Wirtshaus, denn da ist es lustig.»

«Weshalb hast du denn geheiratet?» fragte Matrjona.

«Weshalb?» Grischka lachte auf. «Weiß der Teufel, weshalb ... ehrlich gesagt, es wäre nicht nötig gewesen ... Ich sollte lieber unter die Landstreicher gehen ... Da kann man zwar Hunger leiden, aber man ist frei, kann gehn, wohin man will! Du kannst durch das ganze Land wandern!»

«So geh und gib mich frei!» erklärte Matrjona im Begriff, loszuheulen.

«Wohin willst du?» fragte Grischka eindringlich.

«Das ist meine Sache.»

«Wo-hin?» und seine Augen flammten unheildrohend.

«Schrei nicht so – ich habe keine Angst ...»

«Hast du dir etwa einen ausgeguckt? Rede!»

«Laß mich!»

«Wohin lassen?» brüllte Grischka.

Er hatte ihr schon das Tuch vom Kopf gezerrt und hielt sie an den Haaren. Seine Schläge erbosten sie, doch der Zorn bereitete ihr einen großen Genuß, da ihre ganze Seele aufgewühlt wurde, und, anstatt seine Eifersucht mit zwei Worten zu beschwichtigen, stachelte sie ihn nur noch mehr auf, indem sie ihm vielsagend ins Gesicht lächelte. Er raste vor Wut und schlug auf sie ein, schlug unbarmherzig.

Nachts aber, wenn sie ganz zerschlagen und voller Beulen stöhnend neben ihm im Bett lag, sah er verstohlen zu ihr hin und seufzte schwer. Ihm war elend zumute, das Gewissen quälte ihn, er sah ein, daß seine Eifersucht jeder Grundlage entbehrte und daß er sie umsonst so übel zugerichtet hatte.

«Na, laß schon», sagte er verlegen. «Bin ich denn schuld? Du bist mir die Richtige ... Statt mich zu beschwichtigen, reizt du mich noch. Warum hast du das nötig?»

Sie schwieg, aber sie wußte weshalb, sie wußte, daß jetzt, wo sie gekränkt und mißhandelt war, seine Liebkosungen sie erwarteten, die leidenschaftlich zärtlichen Liebkosungen der Versöhnung. Dafür war sie bereit, jeden Tag mit Schmerzen in den zerschlagenen Hüften zu bezahlen. Und sie weinte bereits allein vor freudiger Erwartung, noch bevor der Mann sie berührte.

«Na, hör auf, Motrja! Na, mein Täubchen, nicht? Hör auf, verzeih mir schon!» Er streichelte ihr Haar, küßte sie und knirschte vor Bitternis, die sein ganzes Wesen erfüllte, mit den Zähnen.

Ihre Fenster waren geöffnet, aber den Himmel verdeckte die Riesenwand des Nachbarhauses, und in ihrem Zimmer war es wie immer dunkel, stickig und eng.

«Ach, Leben, du herrliche Zwangsarbeit!» flüsterte Grischka, nicht imstande auszusprechen, was er schmerzlich empfand. «Von dem Loch hier kommt das, Matrjona. Wie leben wir hier? Als ob wir schon vor unserem Tode in der Erde begraben wären ...»

«Ziehen wir in eine andere Wohnung», schlug Matrjona unter süßen Tränen vor, da sie seine Worte wörtlich auffaßte.

«Ach, das ist es nicht, Liebchen! Und wenn wir auf den Dachboden hinaufziehen, werden wir doch immer im Loch sitzen ... Nicht die Wohnung ist ein Loch, sondern das ganze Leben.»

Matrjona versank in Gedanken und sagte wieder: «Mit Gottes Hilfe werden wir vielleicht miteinander zurechtkommen ...»

«Ja, zurechtkommen ... Das sagst du oft. Aber es geht bei

uns gar nicht in der Richtung aufs Zurechtkommen, Motrja ... Es kommt ja immer häufiger zum Krach – verstehst du?»

Das stimmte. Die Zwischenräume ihrer Zankereien waren immer kürzer geworden, und schließlich war Grischka jeden Sonnabend schon vom Morgen an gegen seine Frau feindselig gestimmt.

«Heute abend höre ich auf zu arbeiten und gehe in die Schenke zu Lyssy ... Ich besauf mich ...», kündigte er an.

Matrjona kniff die Augen seltsam zu und schwieg.

«Du schweigst? Dann schweig nur nachher ebenso, daß du heil bleibst», warnte er sie.

Im Verlauf des Tages erinnerte er sie mit wachsender Gereiztheit, die in dem Maße zunahm, wie der Abend heranrückte, noch mehrmals an seine Absicht, sich zu betrinken, fühlte, daß es ihr weh tat, das zu hören, und geriet in immer größere Wut, wenn er sah, wie sie absichtlich schweigsam mit einem harten Glanz in den Augen, bereit zum Kampf, im Zimmer hin und her ging.

Abends verkündete dann Senka Tschishik, der Bote ihres Unglücks, daß die «Schlacht im Gange sei».

Nachdem Grischka seine Frau verprügelt hatte, verschwand er manchmal für die ganze Nacht, manchmal kam er auch am Sonntag nicht zurück. Voll blauer Flecken, empfing sie ihn streng und schweigsam, aber voll heimlichen Mitleids mit ihm, da er abgerissen, häufig auch verprügelt, beschmutzt und mit blutunterlaufenen Augen ankam.

Sie wußte, daß er den Katzenjammer vertreiben mußte, und hatte sich deshalb mit einer halben Flasche Schnaps versorgt. Das wußte er auch.

«Gib mir ein Gläschen», bat er heiser, trank zwei oder drei und setzte sich an die Arbeit.

Der Tag verging ihm unter Gewissensbissen; häufig hielt er es vor Pein nicht aus, warf die Arbeit beiseite und schimpfte mit den entsetzlichsten Ausdrücken, rannte dabei im Zimmer hin und her oder wälzte sich im Bett. Motrja ließ ihn sich austoben, dann versöhnten sie sich.

Früher war diese Versöhnung voll Leidenschaft und Süße

gewesen, aber mit der Zeit war das alles allmählich verraucht, und sie söhnten sich schon fast nur noch aus, weil es doch unbequem war, fünf Tage lang bis zum Sonnabend zu schweigen.

«Du wirst noch zum Säufer werden», sagte Motrja seufzend.

«Ja», bestätigte Grischka und spuckte mit dem Ausdruck eines Menschen aus, dem es ganz gleichgültig ist, ob er sich dem Trunk ergibt oder nicht. «Und dann läufst du mir davon», vervollständigte er das Bild der Zukunft und sah ihr forschend in die Augen.

Seit einiger Zeit hatte sie begonnen, den Blick zu senken, was sie früher nicht getan hatte, und wenn Grischka das sah, zog er unheildrohend die Brauen zusammen und knirschte leise mit den Zähnen. Aber hinter dem Rücken ihres Mannes ging sie einstweilen noch zu Wahrsagerinnen und Zauberinnen und holte sich von ihnen besprochene Würzelchen und Kohlen. Und als das alles nichts half, ließ sie einen Bittgottesdienst für den heiligen Großmärtyrer Bonifatius halten, der gegen die Trunksucht hilft, und während des ganzen Gottesdienstes lag sie auf den Knien, weinte heiße Tränen und bewegte lautlos ihre zitternden Lippen.

Immer häufiger empfand sie gegen ihren Mann einen wilden und kalten Haß, der schwarze Gedanken in ihr erweckte, und immer weniger bemitleidete sie den Menschen, der drei Jahre zuvor ihr Leben durch sein fröhliches Lachen, seine Liebkosungen und seine zärtlichen Reden so bereichert hatte.

So lebten diese im Grunde durchaus nicht schlechten Menschen von einem Tag zum andern in Erwartung von etwas, das ihr qualvoll sinnloses Leben endgültig in Trümmer schlagen sollte.

An einem Montagmorgen, als Orlows Tee tranken, erschien die imponierende Gestalt eines Polizisten auf der Schwelle ihrer traurigen Behausung. Orlow sprang auf und starrte im Bemühen, sich in seinem wüsten Kopf die Ereignisse der vergangenen Tage zu vergegenwärtigen, den Gast mit trüben Augen schweigend an, erfüllt von den schlimmsten Erwartungen. Seine Frau blickte furchtsam und vorwurfsvoll.

«Hierher, hierher!» forderte der Polizist jemand auf.

«Dunkel wie in einem Abgrund, der Teufel sollte den Kaufmann Petunnikow holen», ertönte eine fröhliche junge Stimme, und den Keller betrat, die Mütze in der Hand, das Haar kurz geschnitten, ein Student in weißem Kittel. Er hatte eine gebräunte hohe Stirn und fröhliche braune Augen, die lachlustig hinter den Brillengläsern blitzten.

«Guten Morgen!» rief er in weichem Baß. «Gestatten Sie, daß ich mich vorstelle: ich bin Sanitäter! Ich bin gekommen, mich zu erkundigen, wie Sie hier leben ... und um Ihre Luft zu riechen. Die Luft ist ganz schlecht!»

Orlow atmete befreit auf und lächelte entgegenkommend. Der Student gefiel ihm sofort: er hatte solch ein gesundes, frisches, gutes Gesicht, das an den Wangen und am Kinn mit dunkelblondem Flaum bedeckt war. Es strahlte von einem besonderen klaren Lächeln, von dem Orlows Keller heller und fröhlicher erschien.

«Nun, meine Herrschaften», fuhr der Student ohne Unterbrechung fort, «den Müllkasten sollten Sie öfter leeren, denn davon kommt dieser unangenehme Geruch. Ihnen, Tantchen, möchte ich raten, ihn häufiger abzuschrubben. Und warum sehen Sie so trübsinnig aus, Onkelchen?» wandte er sich jetzt an Orlow, ergriff sogleich seine Hand und fühlte ihm den Puls.

Die Lebhaftigkeit des Studenten machte die Orlows etwas verlegen. Matrjona lächelte verwirrt, während sie ihn schweigend betrachtete, Grischka lächelte argwöhnisch.

«Und wie steht es bei Ihnen mit der Verdauung?» fragte jener. «Reden Sie, ohne sich zu genieren, es ist eine ganz natürliche Sache, und wenn etwas nicht ganz in Ordnung ist, versorgen wir Sie mit verschiedenen sauren Medikamenten, und alles ist wie weggeblasen.»

«Uns fehlt nichts ... wir sind ganz gesund», erklärte Grigorij auflachend. «Wenn ich nicht ganz so aussehe, so ist das bloß äußerlich ... weil ich, – ehrlich gesagt, noch etwas Katzenjammer habe.»

«Das riech ich ja eben, Meister, so als ob Sie gestern ein

klein bißchen getrunken hätten – eine ganze Kleinigkeit, wissen Sie ...»

Er brachte das so komisch vor und machte dabei eine solche Grimasse, daß Orlow vor Lachen herausprustete. Matrjona lachte ebenfalls und hielt sich die Schürze vor den Mund. Am lautesten und lustigsten lachte der Student selbst, aber er hörte auch als erster wieder auf. Als die beim Lachen entstandenen Fältchen rings um seinen vollen Mund und seine Augen sich wieder geglättet hatten, wurde sein offenes, schlichtes Gesicht irgendwie noch schlichter.

«Ein arbeitender Mensch soll auch trinken, wenn er maßhält. Aber in der jetzigen Zeit ist es besser, sich ganz vom Trinken zurückzuhalten. Haben Sie gehört, welche Krankheit grassiert?»

Und schon begann er den Orlows ernsthaft in verständlicher Sprache von der Cholera und den Bekämpfungsmaßnahmen zu erzählen. Während er sprach, ging er im Zimmer auf und ab, befühlte bald die Wand, sah bald in die Ecke hinter der Tür, wo das Waschgefäß hing und der Kübel mit dem Schmutzwasser stand; er bückte sich sogar zum Hohlraum unter dem Ofen und untersuchte, wonach es von dorther roch. Seine Stimme überschlug sich beständig, die einfachen Worte seiner Rede prägten sich wie von selbst, ohne Anstrengung von seiten seiner Zuhörer fest in ihrem Gedächtnis ein. Seine hellen Augen glühten, und sein ganzes Wesen war von der Glut jugendlicher Begeisterung für die Sache durchdrungen.

Grigorij beobachtete ihn mit neugierigem Lächeln. Matrjona schnaubte fortwährend. Der Polizist war verschwunden.

«Also um die Sauberkeit kümmern Sie sich heute noch, Herrschaften. Hier nebenan wird gebaut, die Maurer geben Ihnen für ein Fünfkopekenstück so viel gebrannten Kalk, wie Sie wünschen. Und das Trinken müssen Sie lassen, Meister ... Nun, vorläufig auf Wiedersehen! Ich spreche noch einmal bei Ihnen vor ...»

Er verschwand ebenso schnell, wie er gekommen war, und hinterließ zur Erinnerung an seine lachenden Augen ein zufriedenes Lächeln auf den Gesichtern der Orlows: sie waren durch den Überfall dieser zielbewußten Energie auf ihr lichtloses Dasein in Verwirrung geraten.

«Oh!» sagte Grigorij gedehnt und schüttelte den Kopf. «Das war also ein Chemiker! Und von denen sagt man, daß sie die Menschen vergiften. Kann denn ein Mensch mit solch einem Gesicht sich damit abgeben? Nein, ganz offen ist er hergekommen, und gleich – hier, der und der bin ich! Gebrannter Kalk – ist denn das etwas Schädliches? Zitronensäure – was ist das? Einfach eine Säure und nichts weiter! Und die Hauptsache: überall Sauberkeit, in der Luft, auf dem Fußboden, im Kübel ... Ach, diese Teufel! Da reden sie von Giftmischern ... Solch ein gerader, guter Bursche! Er hat gesagt, ein Mensch, der arbeitet, darf immer mit Maß trinken, hast du gehört, Motrja? Schenk mir doch ein Gläschen ein! Du hast doch was da?»

Sehr bereitwillig goß sie ihm eine halbe Tasse aus einer Flasche ein, die sie wer weiß wo hervorgeholt hatte.

«Dies ist wirklich ein guter Mensch, den man gern haben muß», sagte sie und lächelte bei der Erinnerung an den Studenten. «Aber die anderen, die übrigen, wer kennt die? Kann sein, daß sie extra dazu gedungen sind ...»

«Ja, aber zu welchem Zweck denn gedungen und von wem auch?» rief Grigorij aus.

«Zum Vertilgen der Menschen ... Man sagt, daß es sehr viel armes Volk gibt, und da ist eine Verordnung herausgekommen, die Überflüssigen zu vernichten», berichtete Matrjona.

«Wer sagt das?»

«Alle. Die Köchin bei den Malern hat es gesagt und viele andere.»

«Solche Dummköpfe! Was hat denn das für einen Vorteil? Überlege doch: Man kuriert die Menschen! Wie soll man das verstehen? Man beerdigt sie! Sind denn das keine Ausgaben? Dazu braucht man doch einen Sarg, ein Grab und was sonst noch dazugehört. Alles geht auf Kosten der Staatskasse ... Unsinn! Wenn man mit den Menschen aufräumen und sie vermindern wollte, dann könnte man sie doch nehmen und nach Sibirien verbannen – da ist reichlich Platz für alle! Oder auf unbewohnte Inseln ... und ließe sie dort arbeiten. Das wäre auch ein Aufräumen, und es wäre sogar sehr vorteilhaft ... Denn eine Insel bringt nichts ein, solange sie nicht bewohnt ist. Für die Staatskasse sind aber Einkünfte die Hauptsache, also liegt ihr gar nichts daran, die Menschen zu vergiften und sie auf eigene Rechnung zu beerdigen ... hast du das begriffen? Und dann dieser Student ... Keck ist er, das stimmt, aber mehr für die Revolution, als um Menschen zu vergiften – nein, für solch ein Spiel läßt er sich nicht für noch soviel Kupfergeld kaufen! Sieht man denn nicht auf den ersten Blick, daß er zu so etwas nicht fähig ist? Seine Schnauze ist doch nicht von dem Kaliber ...»

Den ganzen Tag unterhielten sie sich über den Studenten und über alles, was er ihnen mitgeteilt hatte. Sie erinnerten sich seines Lachens, seines Gesichts, fanden heraus, daß an seinem Kittel ein Knopf gefehlt habe und verzankten sich beinahe wegen der Frage, auf welcher Seite das war. Matrjona behauptete hartnäckig, auf der rechten, ihr Mann sagte, auf der linken, und hatte schon zweimal kräftig auf sie geschimpft, da ihm aber rechtzeitig einfiel, daß seine Frau, als sie den Schnaps in die Tasse goß, die Flasche nicht ganz umgekehrt hatte, gab er nach. Darauf beschlossen sie, vom nächsten Tage ab Sauberkeit bei sich einzuführen, und fuhren wie von einem Hauch berührt fort, über den Studenten zu plaudern.

«Nein, was für ein Spaßvogel!» rief Grigorij entzückt. «Kommt an, als ob wir schon zehn Jahre bekannt wären ... beriecht alles, erklärt, und weiter nichts! Kein Geschrei, kein Krach, obgleich er doch auch ein Vorgesetzter ist ... Ach, hol ihn der Henker! Begreifst du, Matrjona, da, der Bruder, man kümmert sich doch um uns. Das sieht man auf den ersten Blick ... Man will uns erhalten, und nicht, was da ... Das ist alles Unsinn, was die Seuche betrifft – Weibergeschwätz. ‹Wie ist die Verdauung?› hat er gefragt. Wenn es um die Seuche geht, was zum Teufel braucht er dann die Verdauung zu kennen? Aber wie geschickt er das erklärt hat von diesen – wie nannte er sie doch, diese Teufel, die in die Därme kriechen?»

«So ähnlich wie Zappelchen», lachte Matrjona. «Ich denke,

das ist nur so, um angst zu machen, damit die Leute sich um Sauberkeit bemühen ...»

«Na, wer kann das wissen, vielleicht ist es auch wahr ... Infolge von Feuchtigkeit finden sich doch auch Würmer ein. Ach, du Teufel! Wie hießen sie doch, diese Käferchen? Zappelchen? Nein ... Das Wort schwebt mir auf der Zunge, aber ich bring es nicht heraus ...»

Und als sie sich schlafen legten, sprachen sie immer noch von dem Ereignis mit der naiven Begeisterung, mit der Kinder über ihren ersten starken Eindruck sprechen. So schliefen sie mitten in ihrer Unterhaltung ein.

Am Morgen wurden sie überraschend früh geweckt. An ihrem Bett stand die dicke Köchin der Maler, und ihr stets rotes volles Gesicht war gegen alle Gewohnheit langgezogen und grau.

«Wie könnt ihr die Ruhe genießen?» fragte sie hastig und schmatzte seltsam mit ihren dicken Lippen. «Die Cholera ist auf unserem Hof ... Der Herr hat uns heimgesucht!» Und sie brach plötzlich in Tränen aus.

«Ach, du lügst!» rief Grigorij.

«Und ich hab gestern das Schmutzwasser nicht hinausgetragen», sagte Matrjona schuldbewußt.

«Ich will meine Entlassung nehmen, meine Lieben. Ich geh fort ... Ich geh aufs Land», sagte die Köchin.

«Wen hat es erwischt?» Grigorij erhob sich vom Bett.

«Den Harmonikaspieler! In der Nacht hat es ihn gepackt ... und grade am Unterleib, so ähnlich, wie das nach Arsenik kommt ...»

«Den Harmonikaspieler?» murmelte Grigorij. Er konnte es nicht glauben. Solch ein lustiger, schneidiger Bursche, am Abend war er noch pfauenstolz wie immer über den Hof gegangen. «Ich geh nachschauen», beschloß Orlow und lachte ungläubig auf.

Beide Frauen schrien erschrocken auf.

«Grischa, es steckt doch an!»

«Väterchen, was tust du, wo willst du hin?!»

Grigorij schimpfte kräftig, schob die Füße in seine zerfetzten

Schuhe und ging ungekämmt, mit offenem Hemdkragen zur Tür. Seine Frau packte ihn von hinten an der Schulter, er fühlte, daß ihre Hand zitterte, und wurde plötzlich böse.

«Ich hau dir in die Fresse! Weg!» schrie er sie grob an und stieß sie vor die Brust. Dann ging er.

Auf dem Hof war es still und leer. Als Grigorij auf die Tür des Harmonikaspielers zuging, empfand er gleichzeitig einen Angstschauer und tiefe Befriedigung darüber, daß er als einziger von allen Hausbewohnern mutig zu dem Kranken ging. Diese Befriedigung verstärkte sich noch, als er bemerkte, daß die Schneider aus den Fenstern des ersten Stockes auf ihn hinunterschauten. Er fing sogar an zu pfeifen und warf verwegen den Kopf zurück. Aber an der Tür zum Kämmerchen des Harmonikaspielers erwartete ihn eine kleine Ernüchterung in Gestalt Senka Tschishiks.

Dieser hatte die Tür ein wenig geöffnet und seine spitze Nase durch den entstandenen Spalt gesteckt; seiner Gewohnheit nach war er in die Beobachtung so vertieft, daß er sich erst umdrehte, als Orlow ihn am Ohr zupfte.

«Er ist so zusammengekrümmt, Onkel Grigorij», flüsterte er und hob sein schmutziges Frätzchen, das durch den empfangenen Eindruck noch spitzer geworden war, zu Orlow empor. «Und er ist wie vertrocknet, wie eine eingetrocknete Tonne – bei Gott.»

Von stickiger Luft umgeben, stand Orlow da und hörte Tschishik schweigend an, bemüht, mit einem Auge durch den Spalt der angelehnten Tür zu blicken.

«Soll ich ihm Wasser zu trinken bringen, Onkel Grigorij?» schlug Tschishik vor.

Orlow warf einen Blick auf das Gesicht des Knaben, das fast bis zu nervösem Zittern erregt war, und fühlte selbst eine Erregung in sich aufwallen.

«Bring Wasser!» befahl er Tschishik, stieß mutig die Tür auf und blieb ein wenig zurückweichend auf der Schwelle stehen.

Durch einen Nebelschleier vor den Augen sah Grigorij Kisljakow: der Harmonikaspieler lag in seinem Sonntagsanzug mit dem Oberkörper über den Tisch gelehnt, an den er sich mit den Händen festklammerte, während seine Füße, die in Lackstiefeln steckten, sich schlaff auf dem feuchten Fußboden bewegten.

«Wer ist da?» fragte er heiser und tonlos, als ob er seine Stimme verloren hätte.

Grigorij hatte sich gefaßt; er ging vorsichtig auf ihn zu und war bemüht, munter und sogar scherzend zu sprechen.

«Ich bin's, Bruder Mitrij Pawlow . . . Was machst du denn? Legst dich hin? Hast wohl gestern gefeiert?» Aufmerksam, voll Angst und Neugier betrachtete er Kisljakow und erkannte ihn nicht wieder.

Das Gesicht des Harmonikaspielers war ganz spitz geworden, die Backenknochen ragten wie zwei scharfe Ecken vor, die Augen lagen, von grünlichen Flecken umgeben, tief in den Höhlen und waren seltsam unbeweglich und matt. Die Haut an den Wangen war von derselben Farbe wie bei Verstorbenen an heißen Sommertagen; es war ein furchterregendes Totengesicht, und nur die langsame Bewegung der Kiefer bewies, daß er noch lebte. Kisljakows unbewegliche Augen sahen lange in Grigorijs Gesicht, und dieser Blick flößte ihm Entsetzen ein. Orlow stand etwa drei Schritt vom Kranken entfernt und betastete unwillkürlich seine Hüften; er hatte das Gefühl, als hätte ihn jemand mit feuchter, kalter Hand an der Kehle gepackt und erwürge ihn langsam. Er wollte so schnell wie möglich dies Zimmerchen verlassen, das früher so hell und gemütlich gewesen, jetzt aber von erstickendem Fäulnisgeruch und eigentümlicher Kälte durchdrungen war.

«Na . . .», begann er, im Begriff, sich zurückzuziehen. Aber das graue Gesicht des Harmonikaspielers bewegte sich seltsam, die mit schwarzem Belag bedeckten Lippen öffneten sich, und er sagte mit tonloser Stimme: «Das . . . ich sterbe . . .»

Die unbeschreibliche Gleichgültigkeit dieser drei Worte hallte in Orlows Kopf und Brust gleich drei dumpfen Schlägen wider. Mit verständnislosem Gesichtsausdruck wandte er sich zur Tür, aber da stieß er mit Tschishik zusammen, der, keuchend und in Schweiß geraten, mit einem Eimer in der Hand hereinstürzte.

«Hier – aus dem Brunnen von Spiridonow ... sie wollten mir nichts geben, die Teufel ...»

Er stellte den Eimer auf den Fußboden, sprang in eine Ecke, erschien von neuem mit einem Glas, das er Orlow reichte, und schwatzte weiter: «‹Bei euch soll die Cholera sein?› sagten sie ... Ich sage: ‹Nu, was ist denn dabei? Zu euch kommt sie auch – jetzt wird sie alles durchkämmen wie in der Vorstadt ...› Bauz! haut er mir eins über den Schädel!»

Orlow nahm das Glas, schöpfte Wasser aus dem Eimer und trank es in einem Zug aus. In seinen Ohren klangen die Todesworte: «Das ... ich sterbe ...»

Tschishik wirbelte indessen um ihn herum und fühlte sich ganz in seinem Element.

«Gebt mir zu trinken», sagte der Harmonikaspieler und bewegte sich mit dem Tisch vorwärts.

Tschishik sprang zu ihm und führte an seine schwarzen Lippen das Glas mit Wasser. Grigorij lehnte neben der Tür an der Wand und hörte wie im Traum, wie der Kranke das Wasser geräuschvoll einsog; dann vernahm er, wie Tschishik sich erbot, Kisljakow auszuziehen und zu Bett zu bringen; darauf ertönte die Stimme der Köchin. Ihr breites Gesicht schaute mit einem Ausdruck von Angst und Teilnahme vom Hof durchs Fenster herein, und sie sagte in weinerlichem Ton: «Man sollte ihm holländische Kohle mit Rum geben: auf ein Teeglas zwei Eßlöffel Kohle und Rum bis an den Rand.»

Und jemand anders, den man nicht sehen konnte, schlug Baumöl mit Gurkenlake und Königswasser vor.

Plötzlich hatte Orlow das Gefühl, daß die niederdrückende schwere Finsternis in seinem Innern durch eine Erinnerung aufgehellt wurde. Er rieb sich kräftig die Stirn, als wollte er die Helligkeit dieses Lichts verstärken, und plötzlich ging er rasch hinaus, lief über den Hof und verschwand auf der Straße.

«Himmel! Den Schuhmacher hat es gepackt. Er läuft zum Krankenhaus», erklärte die Köchin mit kreischender, weinerlicher Stimme sein Enteilen.

Matrjona, die neben ihr stand, sah mit weitaufgerissenen Augen hin und schauderte erbleichend zusammen.

«Unsinn!» sagte sie heiser, kaum die weißen Lippen bewegend, «Grigorij bekommt diese ekelhafte Krankheit nicht, er läßt sich nicht unterkriegen.»

Aber die Köchin war schon unter Klagegeheul verschwunden, und fünf Minuten darauf summte ein Häuflein Nachbarn und Passanten auf der Straße vor dem Hause des Kaufmanns Petunnikow. Auf allen Gesichtern wechselten ein und dieselben Gefühle: Erregung wurde von hoffnungsloser Verzagtheit abgelöst, und ein böser Ausdruck wich zuweilen gemachter Kaltschnäuzigkeit. Zwischen der Gruppe und dem Hof rannte Tschishik mit blitzenden nackten Beinen beständig hin und her und berichtete über den Verlauf der Ereignisse im Zimmer des Harmonikaspielers.

Eng auf einen Haufen zusammengedrängt, erfüllte die Menge die staubige, penetrant riechende Luft der Straße mit ihrem dumpfen Stimmengewirr, in dem ab und zu ein sinnlos boshaftes, grobes Schimpfwort fiel.

«Seht doch, Orlow!»

Orlow kam auf dem Bock eines Planwagens vorgefahren, den ein finster dreinschauender, ganz weiß gekleideter Mann lenkte.

«Macht Platz!» schrie dieser in dumpfem Baß und fuhr geradewegs in die Menge hinein.

Der Anblick dieses Wagens und der Zuruf seines Kutschers drückte die gehobene Stimmung der Zuschauer gleichsam zu Boden, alle verfinsterten sich auf einmal, viele gingen schnell fort.

Gleich hinter dem Wagen erschien der Student, der Bekannte von Orlows. Seine Mütze saß auf dem Hinterkopf, von der Stirn rann ihm der Schweiß, er trug einen blendendweißen langen Kittel, an dessen Saum vorn ein großes rundes Loch mit rötlichen Rändern prangte, das offenbar eben erst hineingebrannt war.

«Nun, wo ist der Kranke?» fragte er laut und sah von der Seite die Menge an, die sich im Winkel neben dem Tor angesammelt hatte. Die Leute begegneten ihm feindselig.

«Sieh mal, was für ein Koch!» sagte jemand laut.

Eine andere Stimme versprach leiser und unheildrohend: «Warte nur, der wird dich schon bewirten!»

Wie immer in einer Menge fand sich ein Spaßvogel.

«Der gibt dir eine Suppe, daß dir der Nabel platzt!»

Gelächter ertönte, aber es war ein unfrohes, von furchtsamem Mißtrauen gedämpftes Gelächter.

«Die haben ja gar keine Angst vor Ansteckung, wie ist denn das zu verstehen?» fragte vieldeutig ein Mann mit einem gespannten Gesicht und einem Blick voll Gehässigkeit.

Die Gesichter der Menschen verfinsterten sich, das Gemurmel wurde dumpfer ...

«Da bringen sie ihn!»

«Der Orlow! Ach, der Hund!»

«Der fürchtet sich nicht!»

«Warum sollte er? Ein Säufer ...»

«Vorsichtiger, vorsichtiger, Orlow! Heben Sie die Beine höher ... so! Fertig! Fahr zu, Pjotr!» kommandierte der Student. «Ich komme bald nach. Nun, Herr Orlow, ich möchte Sie bitten, mir bei der Bekämpfung der Seuche hier behilflich zu sein ... Übrigens, für den Fall werden Sie lernen, wie das gemacht wird ... Sind Sie einverstanden?»

«Ja», sagte Orlow, sich im Kreise umsehend, und ein stolzes Gefühl durchströmte ihn.

«Ich kann auch», erklärte Tschishik.

Er hatte die traurige Fuhre zum Tor hinausbegleitet und war gerade rechtzeitig zurückgekommen, um seine Dienste anzubieten. Der Student sah ihn durch die Brille an.

«Wer bist du denn?»

«Ich gehöre zu den Malern – ich bin Lehrling ...», erläuterte Tschishik.

«Hast du Angst vor der Cholera?»

«Ich?» wunderte sich Senka. «Das fehlte noch! Ich hab vor gar nichts Angst.»

«Wirklich? Fein! Also, Brüder ...» Der Student setzte sich auf eine Tonne, die auf der Erde lag, und begann, hin und her schaukelnd, Orlow und Tschishik die Notwendigkeit auseinanderzusetzen, daß sie sich sorgfältig zu waschen hätten.

Matrjona trat mit scheuem Lächeln an sie heran. Hinter ihr kam die Köchin, die sich mit ihrer schmutzigen Schürze die nassen Augen wischte. Vorsichtig, wie Katzen Sperlinge anschleichen, näherten sich nach einer Weile noch einige dieser Gruppe. Um den Studenten hatte sich ein dichter Kreis von etwa zehn Leuten versammelt, und das feuerte ihn an. Er stand inmitten der Menschen und hielt ihnen unter lebhaften Gebärden eine Art Vortrag, wodurch er bald ein Lächeln auf ihren Gesichtern, bald gesammelte Aufmerksamkeit, bald schärfstes Mißtrauen und zweifelndes Auflachen hervorrief.

«Bei allen Krankheiten ist die Hauptsache Sauberkeit des Körpers und der Luft, die man atmet», versicherte er seinen Zuhörern.

«O Gott!» seufzte die Malerköchin laut. «Gegen unverhofften Tod muß man zur Großmärtyrerin Barbara beten . . .»

«Im Körper wie in der Luft leben sie, obgleich auch sie sterben», äußerte einer der Zuhörer.

Orlow stand neben seiner Frau und blickte gedankenversunken in das Gesicht des Studenten. Jemand zog ihn am Hemd.

«Onkel Grigorij!» flüsterte Senka Tschishik, und seine Augen blitzten wie glühende Kohlen, «Mitrij Pawlow wird doch jetzt sterben, Angehörige hat er nicht . . . wer bekommt denn seine Ziehharmonika?»

«Laß mich, Teufelsjunge!» wehrte Orlow ab.

Senka ging zur Seite und starrte durch das Fenster ins Zimmer des Harmonikaspielers, mit sehnsüchtigem Blick etwas darin suchend.

«Gebrannter Kalk, Teer», zählte der Student laut auf.

Als Orlows sich am Abend dieses unruhigen Tages zum Tee setzten, fragte Matrjona neugierig ihren Mann:

«Wohin bist du vorhin mit dem Studenten gegangen?»

Grigorij sah ihr mit verschleiertem, fremdem Blick ins Gesicht und antwortete nicht.

Nachdem er das Zimmer des Harmonikaspielers aufgewischt hatte, war er um Mittag mit dem Sanitäter fortgegangen und gegen drei Uhr nachdenklich und schweigsam zurückgekehrt, hatte sich ins Bett gelegt und bis zum Tee mit aufwärts gerichtetem Gesicht dagelegen, ohne in der ganzen Zeit ein einziges Wort zu sprechen, obwohl seine Frau viele Male versucht hatte, ihn in ein Gespräch zu ziehen. Er hatte sie nicht einmal ausgeschimpft – das war seltsam, ihr ungewohnt und regte sie auf.

Mit dem Instinkt einer Frau, deren ganzes Leben sich auf ihren Mann konzentriert hat, argwöhnte sie, daß etwas Neues ihn gepackt hatte, ihr war ängstlich zumute, und um so leidenschaftlicher wünschte sie zu erfahren, was mit ihm war.

«Bist du vielleicht krank, Grischa?»

Grigorij goß sich den letzten Schluck Tee aus der Untertasse in den Mund, wischte sich mit der Hand den Schnurrbart ab, schob ohne Hast seiner Frau das leere Glas hin und sagte mit zusammengezogenen Augenbrauen: «Ich war mit dem Studenten in der Baracke ...»

«In der Cholerabaracke?» rief Matrjona und fragte beunruhigt mit gedämpfter Stimme: «Sind da viele?»

«Dreiundfünfzig mit unserm ... Manche werden gesund ... gehn umher ... gelb, abgezehrt ...»

«Cholerakranke? Die doch nicht! ... Man hat irgendwelche andere da zur Rechtfertigung hineingesteckt: da seht, wir kurieren sie!»

«Du bist eine dumme Gans!» sagte Grigorij bestimmt, und seine Augen blitzten böse. «Ihr seid hier alle stockdumm! Nichts als Unbildung und Dummheit! Krepieren könnte man vor Kummer über eure Unwissenheit ... Nichts könnt ihr begreifen!» Er rückte das neu gefüllte Teeglas heftig zu sich heran und verstummte.

«Woher bist du denn so gebildet?» fragte Matrjona spitz und seufzte.

Er gab keine Antwort, sondern blieb nachdenklich und unzugänglich streng. Der Samowar war im Ausgehen und pfiff eine langgezogene Melodie voll aufreizender Langweiligkeit; vom Hof her zog durch das Fenster der Geruch von Ölfarbe, Karbol und der aus ihrer Ruhe aufgestörten Müllgrube herein. Das Dämmerlicht, das Pfeifen des Samowars, die Gerüche –

das alles verschmolz eng miteinander; der schwarze Rachen des Ofens sah dic Eheleute an, als fühlte er sich dazu berufen, sie bei günstiger Gelegenheit zu verschlingen. Die Eheleute knabberten ihren Zucker, klapperten mit dem Geschirr und tranken schluckweise Tee. Matrjona seufzte ab und zu, Grigorij trommelte mit einem Finger auf den Tisch.

«Eine Sauberkeit ohnegleichen!» begann er plötzlich gereizt. «Alle Angestellten bis zum letzten in Weiß. Die Kranken steigen immer wieder in die Wanne ... Wein bekommen sie zu trinken, die Flasche zu zweieinhalb Rubel! Das Essen ... daß man vom Duft allein satt wird ... Die Behandlung aller ist mütterlich. Ja ... Man denke: Da lebst du auf der Erde, kein Teufel möchte dich auch nur anspucken, geschweige denn dich mal besuchen und fragen: was und wie, und was du überhaupt für ein Leben führst, ob es nach deinem Herzen ist oder dir bis an den Hals steht. Geht es aber mit dir ans Sterben, dann erlauben sie es nicht nur nicht, sondern stürzen sich sogar in Unkosten. Baracken ... Wein, die Flasche zu zweieinhalb Rubel! Haben denn die Leute keine Ahnung? Baracken und Wein kosten doch ein Riesengeld. Könnte man denn dieses Geld nicht zur Verbesserung des Lebens anwenden, jedes Jahr einen Teil davon?»

Seine Frau gab sich keine Mühe, seine Reden zu verstehen, es genügte ihr, zu fühlen, daß sie neuartig waren, und daraus zog sie den untrüglichen Schluß, daß in Grigorijs Seele etwas entstand, das für sie ungünstig war. Sie wollte so schnell wie möglich erfahren, in welcher Weise sie das berührte. Dieser Wunsch enthielt sowohl Furcht wie Hoffnung und eine gewisse Feindseligkeit gegen ihren Mann.

«Dort wissen sie, denk ich, wohl mehr als du», sagte sie, als er geendet hatte, und preßte die Lippen aufeinander.

Grigorij zuckte die Achseln, warf von der Seite einen Blick auf sie und begann nach kurzer Pause mit noch stärker erhobener Stimme: «Ob sie mehr wissen oder nicht – das ist ihre Sache. Aber ob ich sterben soll, ohne etwas vom Leben gehabt zu haben, darüber kann ich urteilen. Das sage ich dir: solch einen Zustand will ich nicht mehr, dazusitzen und zu warten, bis die

Cholera kommt und mich packt – damit bin ich nicht einverstanden. Ich kann das nicht! Pjotr Iwanowitsch sagt: ‹Wirf dich ihm entgegen! Das Schicksal ist gegen dich, du gegen das Schicksal, wer wird gewinnen? Krieg ist das! Nichts anderes . . .› Also, was ist jetzt? Ich trete als Wärter in die Baracke ein – das ist alles! Hast du verstanden? Ich krieche geradewegs in den Rachen, er mag mich verschlingen, aber ich werde mit den Beinen strampeln! . . . Zwanzig Rubel Lohn monatlich, und ich kann noch eine Belohnung dazubekommen . . . Man kann sterben? Das wohl, aber hier krepiert man noch eher.»

Orlow schlug mit der Faust auf den Tisch, daß das Geschirr tanzte. Matrjona, die ihren Mann zu Anfang der Rede mit einem Ausdruck von Unruhe und Neugier angesehen hatte, kniff an ihrem Ende die Augen feindselig zusammen.

«Das hat der Student dir geraten?» fragte sie beherrscht.

«Ich habe meinen eigenen Verstand, ich kann selbst urteilen», sagte Grigorij ausweichend.

«Nun, und was hat er dir geraten, wie du mich abfinden sollst?» fuhr Matrjona fort.

«Dich?» Grigorij geriet in einige Verlegenheit. Über seine Frau nachzudenken, hatte er noch keine Zeit gefunden. Natürlich konnte man die Frau in der Wohnung zurücklassen, im allgemeinen tat man das; aber Matrjona – das wäre gefährlich. Auf sie mußte man ein Auge haben. Hier stockte sein Gedankengang, Orlow fuhr finster fort: «Was denn? Du bleibst hier wohnen . . . und ich bekomme Gehalt . . . ja . . .»

«So», sagte die Frau ruhig und lächelte, jenes vieldeutige weibliche Lächeln, das bei einem Mann im Nu das bohrende Gefühl der Eifersucht erregen kann.

Nervös und empfindsam, verspürte Orlow dies, aber um sich nicht zu verraten, schleuderte er aus Eitelkeit seiner Frau entgegen: «Nichts als Gequak und Gegrunze sind alle deine Reden!» Und gespannt wartete er, was sie noch sagen wird.

Sie lächelte wieder in dieser aufreizenden Weise und gab keine Antwort.

«Also wie wird es?» fragte Grigorij mit erhobener Stimme.

«Was?» meinte Matrjona und trocknete gleichgültig die Tassen ab.

«Schlange! Keine Ausflüchte! Ich schlage zu!» brauste Orlow auf. «Ich geh vielleicht in den Tod!»

«Nicht ich schicke dich, geh doch nicht ...»

«Ich weiß, du würdest mich gern schicken!» rief Orlow höhnisch.

Sie schwieg. Das machte ihn rasend, aber er beherrschte seine gewohnte Gefühlsäußerung, beherrschte sie unter dem Einfluß eines, wie ihm schien, ausgesucht tückischen Gedankens, der ihm durch den Kopf schoß. Er lächelte schadenfroh und sagte: «Ich weiß, du möchtest am liebsten, daß ich zur Hölle fahre. Nun, wir werden sehen, wer die Oberhand behält ... jawohl! Ich kann auch solche Schachzüge machen – ach, du kannst mich mal!»

Er sprang vom Tisch auf, griff seine Mütze vom Fensterbrett und ging, seine Frau unbefriedigt von ihrer Diplomatie, verwirrt durch seine Drohungen und mit einem wachsenden Gefühl der Angst vor der Zukunft zurücklassend.

«Oh, mein Gott! Himmelskönigin! Heilige Muttergottes!» flüsterte sie.

Lange blieb sie am Tisch sitzen, bemüht, sich vorzustellen, was Grigorij tun wird. Vor ihr stand das abgewaschene Geschirr; die untergehende Sonne warf einen rötlichen Schein auf die Riesenwand des Nachbarhauses gegenüber; von der weißen Wand zurückgeworfen, drang der Schein ins Zimmer und ließ den Rand der gläsernen Zuckerdose blinken, die vor Matrjona stand. Mit krauser Stirn schaute Matrjona auf diesen schwachen Widerschein, bis ihr die Augen müde wurden. Dann räumte sie das Geschirr weg und legte sich ins Bett.

Grigorij kam, als es schon ganz dunkel war. An seinem Schritt auf der Treppe erriet Matrjona bereits, daß ihr Mann guter Laune war. Er schalt über die Dunkelheit im Zimmer, trat ans Bett und setzte sich darauf.

«Weißt du was?» fragte er lachend.

«Nun?»

«Du kommst mit auf die Stelle!»

«Wohin?» fragte sie mit zitternder Stimme.

«In diese Baracke, wie ich!» verkündete Grigorij feierlich.

Sie umschlang seinen Hals, preßte ihn fest in ihre Arme und küßte ihn auf den Mund. Das hatte er nicht erwartet, und er stieß sie zurück.

Sie verstellt sich, dachte er. Diese Betrügerin will gar nicht mit ihm zusammen sein. Sie verstellt sich, die Schlange, sie hält ihren Mann für einen Dummkopf ...

«Was freust du dich?» fragte er mißtrauisch und grob und hätte sie am liebsten zu Boden geschleudert.

«Nur so!» antwortete sie munter.

«Ausflüchte! Ich kenne dich!»

«Du mein tapferer Jeruslan!»

«Laß das! Aber hüte dich!»

«Du mein Grischanja!»

«Ja, meinst du das im Ernst?»

Als ihre Liebkosungen ihn einigermaßen besänftigt hatten, fragte er sie besorgt: «Fürchtest du dich denn nicht?»

«Wir werden ja zusammen sein», antwortete sie einfach.

Das war ihm angenehm zu hören.

«Tüchtig!» sagte er zu ihr und kniff sie, daß sie aufkreischte.

Am ersten Tag, an dem Orlows Dienst taten, war ein starker Krankenzustrom, und die beiden Neulinge, die an ihr langsam sich bewegendes Leben gewöhnt waren, fühlten sich unheimlich und beklommen inmitten der brodelnden Tätigkeit, die sie umfaßt hatte. Ungewandt, verständnislos gegenüber den Befehlen, bedrückt durch die unheimlichen Eindrücke, verloren sie den Kopf und waren, obwohl sie versuchten zu arbeiten, den anderen nur hinderlich. Grigorij hatte mehrmals das Gefühl, daß er einen Anschnauzer oder strengen Verweis für seine Unfähigkeit verdient hätte, aber zu seiner großen Verwunderung wurde er nicht angeschrien.

Als einer der Ärzte, ein großer Mann mit schwarzem Schnurrbart und gebogener Nase und einer riesigen Warze über der rechten Braue, Grigorij aufforderte, einem Kranken zu helfen, sich in die Wanne zu setzen, packte Grigorij den Kranken mit solchem Eifer unter den Armen, daß jener ächzte und vor Schmerz das Gesicht verzog.

«Zerbrich ihn nicht, Lieber, er wird auch ganz in die Wanne hineinpassen», sagte der Doktor ernsthaft.

Grigorij wurde verlegen; der Kranke aber, ein dürrer langer Laban, lachte mit Anstrengung und sagte heiser: «Er ist neu ... noch nicht eingearbeitet.»

Der andere Arzt, ein Greis mit großen glänzenden Augen und einem grauen Spitzbart, hatte Orlows bei ihrer Ankunft in der Baracke Anweisungen gegeben, wie sie mit den Kranken umgehen sollten, was sie in diesem oder jenem Fall zu tun hatten, wie sie die Kranken beim Tragen anfassen mußten; zum Schluß hatte er sie gefragt, ob sie am Tage vorher in der Badestube gewesen seien, und gab ihnen weiße Schürzen heraus. Dieser Arzt hatte eine weiche Stimme, er sprach schnell und gefiel den Eheleuten sehr. Um sie herum flitzten weißgekleidete Menschen, ertönten Befehle, die vom Bedienungspersonal im Fluge erfaßt wurden, röchelten, ächzten und stöhnten die Kranken, strömte und plätscherte Wasser, und alle diese Laute erfüllten die Luft, die so gesättigt war mit scharfen, die Nase unangenehm kitzelnden Gerüchen, daß jedes Wort des Arztes, jedes Aufstöhnen eines Kranken ebenfalls aufreizend zu riechen schien ...

Anfangs fand Orlow, daß hier ein grenzenloses Chaos herrsche, in welchem er unmöglich seinen Arbeitsplatz finden könne, und daß er krank werden und umkommen werde. Aber nach einigen Stunden umfing ihn der Hauch der überall hier verstreuten Energie, er merkte auf, erfüllt von dem Wunsch, sich der Arbeit anzupassen, da er fühlte, daß es ihm leichter fallen wird, wenn er sich im allgemeinen Kreise mitdreht.

«Sublimat!» schrie der Arzt.

«Heiß Wasser!» befahl ein schmächtiger junger Student mit geschwollenen roten Lidern.

«Sie – wie heißen Sie? Orlow ... reiben Sie ihm die Füße! ... So ... verstehen Sie – So-o, so-o ... sanfter, sonst ziehen Sie die Haut ab!» wies ein anderer Student mit langen Haaren und Blatternarben im Gesicht Grigorij an.

«Da ist noch ein Kranker gebracht worden», wurde gemeldet.

«Orlow, bringen Sie ihn her!»

Schweißbedeckt, betäubt, mit mattem Blick und ganz umnebeltem Kopf mühte Grigorij sich ab. Unter dem Anprall der Eindrücke ging in ihm manchmal das Gefühl des persönlichen Daseins völlig verloren. Die erdfahlen Gesichter mit grünen Schatten unter den glanzlosen Augen, die von der Krankheit gleichsam herausgemeißelten Knochen, der scharfe Geruch der klebrigen Haut und die furchtbaren Krämpfe der kaum noch lebendigen Körper, das alles erregte Übelkeit und preßte ihm das Herz vor Weh zusammen.

Einigemal sah er im Korridor der Baracke flüchtig seine Frau; sie war schmal geworden und sah grau und fassungslos aus. Mit heiserer Stimme fragte er sie: «Nun, wie geht es?»

Sie lächelte schwach als Antwort und verschwand ohne ein Wort.

Grigorij durchfuhr der ganz ungewohnte Gedanke, vielleicht habe er nicht recht getan, seine Frau in diese ekelhafte Arbeit zu pressen. Sie kann krank werden ... Als er sie wieder traf, rief er ihr daher streng zu: «Wasch dir ja die Hände recht häufig, sieh dich vor!»

«Was geschieht sonst?» fragte sie neckisch und ließ ihre kleinen weißen Zähne sehen.

Das erboste ihn. Die dumme Gans! War denn hier der Ort für Späße? Wie gemein diese Weiber waren! Aber er kam nicht dazu, etwas zu sagen: als Matrjona seinen wütenden Blick auffing, ging sie rasch in die Frauenabteilung.

Eine Minute darauf trug er den ihm bekannten Polizisten in die Leichenkammer. Die gläsernen Augen unter den verkrampften Lidern auf den heißen, wolkenlosen Himmel gerichtet, schaukelte der Polizist leise auf der Bahre. Grigorij betrachtete ihn mit dumpfem Entsetzen im Herzen: Erst vorgestern hatte er diesen Polizisten auf seinem Posten stehen sehen und hatte ihm sogar im Vorbeigehen ein Schimpfwort zugerufen – sie hatten immer kleine Rechnungen miteinander zu begleichen. Und jetzt lag dieser kerngesunde, boshafte Mann tot, verkrampft und entstellt da.

Orlow fühlte, daß da etwas nicht richtig war: wozu kam man

auf die Welt, wenn es möglich war, an einem Tag an solch einer ekelhaften Krankheit zu sterben? Er sah von oben auf den Polizisten hinunter, und er tat ihm leid. Aber plötzlich bewegte sich langsam der eingeknickte linke Arm des Leichnams und streckte sich aus, und die vorher halboffene linke Seite des verzerrten Mundes schloß sich.

«Halt, Pronin!» brachte Orlow heiser heraus und stellte die Bahre auf die Erde. «Er ist noch lebendig!» flüsterte er dem Wärter zu, der mit ihm zusammen die Leiche trug.

Der drehte sich um, sah den Toten scharf an und sagte ärgerlich zu Orlow: «Was faselst du? Begreifst du nicht, daß er sich für den Sarg ausstreckt? Los, trag weiter!»

«Er bewegt sich doch aber!» widersprach Orlow vor Entsetzen zitternd.

«Trag, sag ich, du verschrobener Kerl! Verstehst du nicht, was man dir sagt? Ich sage dir, er streckt sich aus – nun, das bedeutet, er bewegt sich. Deine Unwissenheit kann dich ja ins Unglück bringen ... ‹Lebendig!› Kann man so etwas von einer Leiche sagen? Das gibt doch einen Aufruhr, Bruder ... Begreifst du? Schweig, sag niemand ein Wort darüber, daß sie sich bewegen – das machen sie alle. Sonst erzählt's das Schwein dem Eber, und der Eber sagt's der ganzen Stadt, und schon haben wir einen Aufruhr: Lebende werden begraben! Dann kommt das Volk her und schlägt uns in Stücke. Und dann hast du dein Fett. Hast du verstanden? Nach links!»

Die ruhige Stimme des Wärters und sein ruhiger Gang wirkten auf Grigorij ernüchternd.

«Laß nur den Mut nicht sinken, Bruder, du wirst dich dran gewöhnen. Hier lebt sich's gut. Die Kost, die Behandlung und alles andere, alles ist in Ordnung. Wir sterben alle einmal, Bruder, das ist die gewöhnlichste Sache. Aber bis dahin lebe, sag ich dir, nur Mut, das ist die Hauptsache! Trinkst du einen Schnaps?»

«Ja», sagte Orlow.

«Na also. Dort in der kleinen Grube habe ich für alle Fälle ein Fläschchen. Komm, trinken wir einen Schluck!»

Sie gingen zu der kleinen Grube hinter der Baracke und

tranken; dann goß Pronin Pfefferminztropfen auf Zucker und reichte ihn Orlow mit den Worten: «Iß, sonst riechst du nach Schnaps. Hier ist man in bezug auf Schnaps streng. Weil es schädlich ist, welchen zu trinken.»

«Hast du dich hier eingewöhnt?» fragte Grigorij ihn.

«Ja, gleich von Anfang an. Seitdem sind Hunderte gestorben, geradeheraus gesagt. Das Leben hier ist unruhig, aber, um die Wahrheit zu sagen, man lebt gut. Wie Gott will. Ähnlich wie im Kriege . . . Hast du mal von Sanitätern und Barmherzigen Schwestern gehört? Ich habe sie im Türkenkrieg kennengelernt. Ich bin bei Ardagan, bei Kars dabeigewesen. Nun, Bruder, das sind reinere Menschen als wir Soldaten. Wir kämpfen, wir haben ein Gewehr, Kugeln, ein Bajonett; sie dagegen gehen ohne alles unter den Kugeln umher wie in einem grünen Garten. Holen jeden, unsereinen wie den Türken, und bringen ihn zum Verbandplatz. Und um sie herum sch-schi! tji-u! fitj! Und manchmal trifft eins den Sanitäter am Hinterkopf – tschik! und aus ist es!»

Nach diesem Gespräch und einem gehörigen Schluck Schnaps hatte Orlow wieder neuen Mut gefaßt.

Hast du A gesagt, mußt du auch B sagen, ermahnte er sich, während er einem Kranken die Beine frottierte. Hinter ihm bat jemand mit kläglich ächzender Stimme: «Tri-inken! Oh, li-iebe Leute!»

Und ein anderer zitterte vor Kälte: «Ocho-cho-cho! Wärmer! . . . He-herr Doktor, es hilft! Bei Jesus Christus, ich fühle es! Lassen Sie noch heißes Wasser zugießen!»

«Bringt Wein!» schrie Doktor Waschtschenko.

Orlow erkannte beim Arbeiten, daß all das im Grunde schon gar nicht mehr so ekelhaft und fürchterlich war, wie es ihm noch vor kurzem erschienen war, und daß hier kein Chaos herrschte, sondern eine große vernünftige Kraft korrekt wirkte. Aber wenn ihm der Polizist einfiel, fuhr er trotzdem zusammen und blickte verstohlen durch das Barackenfenster auf den Hof. Er glaubte wohl, daß der Polizist tot war, aber dieser Glaube hatte etwas Wankelmütiges. Wenn der Polizist nun plötzlich herausspringt und aufschreit? Und ihm fiel ein, wie jemand erzählt hatte, einmal wären die Choleratoten aus den Särgen gesprungen und davongelaufen.

Er dachte an seine Frau. Wie mochte es ihr gehen? Manchmal gesellte sich dazu der flüchtige Wunsch, sich einen Augenblick Zeit zu nehmen, um Matrjona zu sehen. Aber gleich darauf schämte er sich seines Wunsches und rief im stillen sich zu: Dreh dich nur, du Fleischkloß! Keine Bange, du wirst allmählich dünner werden ... und deine Absichten werden dir vergehen ...

Er argwöhnte immer, daß seine Frau Absichten hegte, die ihn als Ehemann beleidigten; manchmal erreichte er bei seinen Verdächtigungen eine gewisse Objektivität und mußte dann sogar zugeben, daß diese Absichten begründet seien. Ihr Leben war fahl, bei solchem Leben kommt einem manch dummes Zeug in den Kopf. Diese objektive Betrachtung verwandelte gewöhnlich seine Verdächtigungen zeitweilig in Überzeugung. Und dann fragte er sich, weshalb er sich aus seinem Keller in diesen Hexenkessel hatte begeben müssen. Er wußte keine Antwort. Aber alle diese Gedanken kreisten tief in seinem Innern, sie waren durch die angespannte Aufmerksamkeit, mit der er sich zur Tätigkeit des ärztlichen Personals verhielt, vom direkten Einfluß auf seine Arbeit abgegrenzt. Er hatte noch nie beobachtet, daß Menschen sich bei einer Arbeit so umbrachten, wie sie es hier taten, und ihm kam, wenn er die erschöpften Gesichter der Ärzte und Studenten sah, mehr als einmal der Gedanke, daß alle diese Menschen ihr Geld wirklich nicht umsonst bekamen.

Als Orlow abgelöst wurde, ging er todmüde auf den Hof der Baracke und legte sich an der Wand unter dem Fenster der Apotheke nieder. Sein Kopf brummte, ihm war übel, in den Füßen verspürte er ziehende Schmerzen. Er konnte nichts mehr denken, nichts wünschen, streckte sich auf dem Rasen aus, sah zum Himmel empor, wo reich mit den Farben des Sonnenunterganges geschmückte prächtige Wolken standen, und schlief wie tot ein.

Ihm träumte, er sei mit seiner Frau beim Arzt zu Besuch in einem riesigen Zimmer, in dem rings an den Wänden Wiener

Stühle standen. Auf den Stühlen sitzen alle Kranken aus der Baracke. Der Doktor und Matrjona tanzen einen «Russischen» mitten im Saal, er selbst aber spielt Ziehharmonika und lacht laut, weil der Doktor seine langen Beine gar nicht knickt, sondern würdevoll und aufgeblasen wie ein Reiher durch einen Sumpf hinter Matrjona durch den Saal geht. Und alle Kranken lachen ebenfalls und biegen sich vor Lachen auf den Stühlen.

Plötzlich erscheint der Polizist in der Tür.

«Aha!» schreit er finster und drohend. «Du dachtest, ich sei gestorben, Grigorij? Du spielst hier Harmonika, und mich hast du in die Leichenkammer geschafft. Los, komm mit! Steh auf!»

Schaudernd und in Schweiß gebadet richtete Orlow sich schnell auf und setzte sich auf der Erde hin. Vor ihm hockte Doktor Waschtschenko und sagte vorwurfsvoll: «Was bist du denn für ein Sanitäter, Freund, wenn du auf der Erde schläfst und sogar auf dem Bauch liegst? Wenn du dir nun den Leib erkältest, wirst du uns doch noch krank und stirbst am Ende gar. Das taugt nicht, Freund. Zum Schlafen hast du deinen Platz in der Baracke. Hat man dir das nicht gesagt? Du bist ja verschwitzt und fröstelst. Komm mal, ich gebe dir etwas ein.»

«Ich war so müde», murmelte Orlow.

«Um so schlimmer! Man muß sich schonen, es ist eine gefährliche Zeit, und du wirst gebraucht.»

Orlow folgte dem Arzt schweigend durch den Korridor der Baracke, trank schweigend eine Medizin aus einem Gläschen, darauf noch aus einem anderen, verzog das Gesicht und spuckte aus.

«Und jetzt geh schlafen!» Und der Doktor begann, sich auf seinen langen dürren Beinen durch den Korridor zu entfernen.

Orlow sah ihm nach, ein Lächeln ging über sein ganzes Gesicht, und er lief hinter ihm her.

«Ich danke ergebenst, Herr Doktor!»

«Wofür?» fragte dieser stehenbleibend.

«Daß Sie sich um mich kümmern. Jetzt werde ich mich mit aller Kraft für Sie anstrengen! Weil Ihre Sorge mir wohltut ... und ... daß ich gebraucht werde ... und überhaupt danke ich Ihnen ergebenst!»

Der Arzt sah scharf und mit Verwunderung in das freudig erregte Gesicht des Krankenwärters und lächelte ebenfalls.

«Du bist ein sonderbarer Kauz! Aber das schadet im übrigen nichts, du machst deine Sache prächtig, wirklich! Streng dich weiter so an; du tust es nicht für mich, sondern für die Kranken. Wir müssen um den Menschen kämpfen, ihn den Krallen der Krankheit entreißen, verstehst du? Na, da wollen wir uns mit allen Kräften anstrengen, die Krankheit zu besiegen. Aber nun geh erst einmal schlafen!»

Bald lag Orlow auf seiner Bettstelle und schlief mit einem angenehmen Empfinden behaglicher Wärme im Leibe ein. Er war froh und stolz auf sein einfaches Gespräch mit dem Arzt.

Er bedauerte beim Einschlafen, daß seine Frau dieses Gespräch nicht gehört hatte. Das mußte er ihr morgen erzählen ... Sie wird es gar nicht glauben, die Teufelspfefferbüchse.

«Komm Tee trinken, Grischa», weckte ihn seine Frau am anderen Morgen.

Er hob den Kopf und sah sie an. Sie lächelte ihm zu. Im weißen Kittel und glatt gekämmt sah sie so sauber und frisch aus.

Es war ihm angenehm, sie zu sehen, doch gleichzeitig überlegte er, daß die andern Männer in der Baracke sie auch so sahen.

«Was für Tee soll ich trinken? Ich habe meinen eigenen Tee, wohin soll ich kommen?» sagte er mürrisch.

«Komm, trink doch mit mir zusammen», lud sie ihn ein und sah ihn mit zärtlichen Augen an.

Grigorij wandte den Blick zur Seite und versprach zu kommen.

Sie ging, und er legte sich wieder aufs Bett und versank in Gedanken.

Sieh mal an, wie sie jetzt ist! Sie bittet mich zum Tee, ist zärtlich ... Sie ist aber doch schmal geworden, an dem einen Tage schon. Sie tat ihm leid, und er wollte etwas Angenehmes für seine Frau tun. Sollte er nicht etwas Süßes zum Tee kaufen? Aber während er sich wusch, verwarf er diesen Gedanken schon: Warum die Frau verwöhnen? Sie lebt auch so!

Sie tranken Tee in einem kleinen hellen Stübchen, dessen zwei Fenster aufs Feld hinausgingen, das vom goldenen Schein der Morgensonne übergossen war. Auf dem Rasen unter den Fenstern glänzte noch der Tau, fern am Horizont standen die Bäume der Poststraße im rosigen Nebeldunst des Morgens. Der Himmel war wolkenlos, vom Felde wehte der Geruch von Erde und feuchtem Gras zu den Fenstern herein.

Der Tisch stand an der Wand zwischen den Fenstern. Sie saßen zu dritt daran: Grigorij, Matrjona und eine Arbeitskameradin, eine große hagere ältere Frau mit blatternarbigem Gesicht und guten grauen Augen. Sie hieß Felizita Jegorowna und war unverheiratet, die Tochter eines Kollegienassessors; sie konnte den Tee, der mit Wasser aus dem Krankenhauskessel gebrüht war, nicht trinken und brachte das Wasser immer in ihrem eigenen Samowar zum Sieden. Sie erzählte Orlow das alles mit schreiender Stimme, lud ihn gastfreundlich ein, sich ans Fenster zu setzen und nach Herzenslust «die wirklich himmlische Luft» einzuatmen, und verschwand dann.

«Na, bist du gestern sehr müde geworden?» fragte Orlow seine Frau.

«Schrecklich!» antwortete Matrjona lebhaft. «Ich fühlte meine Beine nicht mehr, der Kopf drehte sich mir, ich verstand die Worte nicht mehr, ich glaubte jeden Augenblick umzufallen. Kaum habe ich bis zur Ablösung durchgehalten . . . Ich betete immerzu in Gedanken: Lieber Gott, hilf mir!»

«Und hast du Angst?»

«Ja, vor den Toten. Weißt du», sie beugte sich zu ihrem Mann vor und flüsterte mit Entsetzen, «sie bewegen sich nach dem Tode, bei Gott!»

«Das hab ich gesehn!» lachte Grigorij skeptisch. «Mir hat gestern der Polizist Nasarow nach seinem Tode beinahe eine geklebt. Ich trage ihn in die Leichenkammer, und da holt er doch mit der linken Hand aus . . . ich konnte mich grade noch wegdrehn . . . jawohl!» Er hatte ein wenig aufgeschnitten, aber das war ganz von selbst gekommen, ohne daß er es wollte.

Bereits sehr gefiel ihm das Teetrinken in dem hellen sauberen Zimmer mit dem Blick in die unbegrenzte Weite des grünen Feldes und des blauen Himmels. Und noch etwas gefiel ihm: war es nun seine Frau, war er es selbst. Jedenfalls wollte er sich von der besten Seite zeigen, der Held des heutigen Tages sein.

«Ich will hier arbeiten, daß sogar dem Himmel heiß werden soll, jawohl! Denn ich habe einen Grund dazu. Erstens sind hier Menschen, wie es auf der ganzen Welt keine gibt.»

Er gab sein Gespräch mit dem Arzt wieder, und durch den für ihn unmerklichen Umstand, daß er abermals etwas aufschnitt, stieg seine Stimmung noch mehr.

«Und zweitens, die Arbeit an sich! Das, Liebe, ist eine große Sache, wie ein Krieg zum Beispiel. Die Cholera oder die Menschen, wer gewinnt? Da braucht es Verstand, und daß alles genau gemacht wird. Was ist die Cholera? Das muß man wissen, und dann los gegen sie mit dem, was sie nicht verträgt! Doktor Waschtschenko hat zu mir gesagt: ‹Orlow, du wirst hier gebraucht! Keine Angst›, hat er gesagt, ‹jage du sie aus den Beinen in den Bauch des Kranken, und da werde ich sie mit was Säuerlichem in die Enge treiben. Da kann sie dann nicht weiter, und der Mensch lebt wieder auf und muß uns sein Leben lang dankbar sein; denn wer hat ihn dem Tode entrissen? Wir!›» Orlow drückte stolz die Brust heraus und sah seine Frau mit erregten Augen an.

Sie sah ihm nachdenklich lächelnd ins Gesicht; er war hübsch und glich jetzt sehr dem Grischa, den sie vor langer Zeit, vor ihrer Heirat gekannt hatte.

«In unserer Abteilung sind auch alle so fleißig und gut. Die Doktorin ist eine ganz Dicke mit einer Brille. Es sind gute Menschen, und sie sprechen so schlicht mit einem, alles begreift man, was sie sagen.»

«Du bist also ziemlich zufrieden?» fragte Orlow, dessen Erregung etwas abgekühlt war.

«Ich? Mein Gott, überlege doch: ich bekomme zwölf Rubel und du zwanzig – das sind zweiunddreißig Rubel im Monat! Und alles frei! Wenn die Leute bis zum Winter krank sind, wieviel sparen wir uns da zusammen? Und dann, Gott geb es, kommen wir auch aus dem Keller heraus.»

«Ja, das ist auch ein wichtiges Kapitel...», sagte Orlow nachdenklich und rief nach einer kleinen Pause, indem er seiner Frau auf die Schulter schlug, voller Hoffnung pathetisch: «Ach, Matrjonka, wird uns die Sonne nicht doch noch lachen? Nur nicht verzagen, weißt du!»

Sie erglühte über und über.

«Wenn du es bloß aushieltest...»

«Kein Wort darüber! Wie das Leder, so der Pfriem, wie das Leben, so die Courage. Ein anderes Leben und ich verhalte mich anders.»

«Herrgott, wenn das geschähe!» seufzte Matrjona tief.

«Also, pst!»

«Grischenka!»

Sie trennten sich mit neuen Empfindungen füreinander, von Hoffnungen belebt, munter und frohgemut und bereit, bis zur Erschöpfung zu arbeiten.

Es vergingen drei, vier Tage, und Orlow erwarb sich mehrmals eine lobende Erwähnung als heller Kopf und anstelliger Bursche, aber zugleich bemerkte er, daß Pronin und andere Krankenwärter auf ihn neidisch wurden und den Wunsch hatten, es ihm einzutränken. Er war auf der Hut, und auch in ihm entstand Zorn auf den dickmäuligen Pronin, mit dem er nicht abgeneigt gewesen war, Freundschaft zu schließen und aufrichtig zu sprechen. Gleichzeitig stieg eine Bitternis in ihm auf, als er erkannte, daß seine Arbeitskameraden den offensichtlichen Wunsch hatten, ihm irgendeinen Schaden zuzufügen.

‹Ach, diese Mißgünstigen!› rief er im stillen und knirschte leise mit den Zähnen, bemüht, eine günstige Gelegenheit abzupassen, um es den Feinden doppelt heimzuzahlen. Unwillkürlich verweilten seine Gedanken bei seiner Frau: mit ihr konnte er über alles sprechen, sie würde ihn nicht um seine Erfolge beneiden und, wie Pronin, ihm den Stiefel mit Karbolsäure verbrennen.

Alle Arbeitstage verliefen ebenso stürmisch und geschäftig wie der erste, aber Grigorij ermüdete nicht mehr so, da er seine Kraft mit jedem Tag bewußter einsetzte. Er lernte die Arzneimittelgerüche unterscheiden und den Äthergeruch erkennen, und wenn es sich traf, zog er ihn verstohlen mit Genuß ein, da er bemerkt hatte, daß der Geruch des Äthers fast ebenso angenehm wirkte wie ein gutes Gläschen Schnaps. Aus einem halben Wort die Anweisungen des medizinischen Personals erfassend, immer freundlich und gesprächig, fähig, die Kranken zu zerstreuen, gefiel er den Ärzten und Studenten immer mehr, und so entstand bei ihm unter dem Einfluß der Gesamtheit aller Eindrücke der neuen Lebensweise eine seltsame gehobene Stimmung. Er fühlte sich als Mensch mit besonderen Fähigkeiten. Und es setzte sich in ihm der Wunsch fest, etwas zu tun, das die Aufmerksamkeit aller auf ihn lenken, das alle verblüffen würde. Es war der eigentümliche Ehrgeiz eines Wesens, das sich plötzlich seines Menschtums bewußt geworden war und, von dieser ihm neuen Tatsache noch nicht überzeugt, sie durch irgend etwas vor sich selbst und anderen bestätigen wollte; es war ein Ehrgeiz, der sich allmählich in den Drang nach einer selbstlosen Heldentat verwandelte.

Aus diesem Antrieb verrichtete Orlow verschiedene gewagte Dinge, zum Beispiel, daß er, ohne auf die Hilfe seiner Kameraden zu warten, allein mit großer Anstrengung einen untersetzten Kranken von seiner Bettstelle ins Bad schleppte, die allerschmutzigsten Kranken pflegte, tollkühn die Möglichkeit einer Ansteckung verachtete und die Toten mit einer Natürlichkeit behandelte, die zuweilen an Zynismus grenzte. Aber all das befriedigte ihn nicht, ihn verlangte nach etwas Größerem, dieser Wunsch brannte immer heftiger in ihm, quälte ihn und machte ihn schließlich schwermütig. Da schüttete er seiner Frau das Herz aus – denn sonst hatte er niemand.

Eines Abends nach der Ablösung vom Dienst gingen die Eheleute, nachdem sie Tee getrunken hatten, ins Feld hinaus. Die Baracke stand weit außerhalb der Stadt in einer langen grünen Ebene, die auf der einen Seite von einem dunklen Waldstreifen, auf der andern von der Zeile der städtischen Häuser begrenzt wurde; im Norden zog sich das grüne Feld weit in die Ferne und floß dort mit dem mattblauen Horizont zusammen; im Süden wurde es durch die steile Uferböschung des Flusses zerschnitten, aber auf dem Steilufer führte eine

Poststraße entlang und standen alte weitverzweigte Bäume in regelmäßigen Abständen. Die Sonne war im Untergehen; die Kreuze, auf den Kirchen der Stadt, die über das dunkle Grün der Gärten emporragten, flammten im Widerschein der goldenen Strahlen am Himmel, in den Fensterscheiben der Häuser am Stadtrande spiegelte sich ebenfalls das glühende Abendrot. Irgendwo spielte Musik; aus der Schlucht, die dicht mit Tannen bewachsen war, wehte Harzgeruch; der Wald verströmte sein würziges Aroma in die Luft; warmer Wind trieb in leichten wohlriechenden Wellen liebkosend zur Stadt; es war so herrlich auf dem weiten verlassenen Felde, still und wehmütig süß.

Orlows schritten schweigend durch das Gras und atmeten nach den Barackengerüchen mit Behagen die reine Luft ein.

«Woher kommt eigentlich die Musik, aus der Stadt oder aus dem Lager?» fragte Matrjona leise ihren in Gedanken versunkenen Mann.

Sie liebte es nicht, ihn nachdenklich zu sehen, er schien ihr dann fremd und fern. In letzter Zeit waren sie ohnehin selten zusammen, und um so kostbarer waren ihr diese Augenblicke.

«Musik?» fragte Grigorij zurück und machte sich wie von einem Traum frei. «Hol der Teufel diese Musik! Du solltest nur hören, was für eine Musik in meiner Seele ist!»

«Was denn?» fragte sie mit einem unruhigen Blick in seine Augen.

«Ich ... weiß es nicht. Meine Seele brennt ... Sie verlangt nach Weite ... damit ich meine ganze Kraft entwickeln kann. Ach, eine Kraft fühle ich in mir, unüberwindlich: Das heißt, wenn diese Cholera zum Beispiel sich in einen Menschen verwandelte, in einen Riesen – meinetwegen in Ilja Muromez selbst –, ich würde mit ihr ringen! Auf Leben und Tod! Du bist eine Kraft, und ich, Orlow, bin auch eine Kraft – wer ist stärker? Ich würde sie erwürgen, und würde ich fallen ... Ein Kreuz auf diesem Platz mit der Aufschrift: ‹Grigorij Andrejew Orlow ... der Rußland von der Cholera befreit hat.› Weiter braucht nichts drauf zu stehn.» Beim Sprechen glühte sein Gesicht, und seine Augen blitzten. «Du mein Kämpfer!» flüsterte Matrjona zärtlich und schmiegte sich mit der Hüfte an ihn.

«Verstehst du ... in hundert Messer würde ich mich stürzen ... aber es müßte einen Nutzen haben! Das Leben müßte davon leichter werden. Doktor Waschtschenko, der Student Chochrjakow – wenn ich sehe, wie die arbeiten – das ist zum Erstaunen! Sie hätten längst vor Erschöpfung zusammenbrechen müssen ... Glaubst du, sie tun das ums Geld? Um Geld kann man nicht so arbeiten! Der Doktor hat Gott sei Dank wenigstens noch etwas zuzusetzen ... Aber neulich wurde der Alte krank, da hat er für ihn vier Tage und Nächte geschuftet, nicht einmal nach Hause ist er gefahren in der ganzen Zeit ... Das Geld hat da gar nichts zu bedeuten; das Mitleid ist der Grund. Die Menschen tun ihnen leid, deshalb schonen sie sich nicht ... Und für wen tun sie das? Frage mal! Für jeden beliebigen ... für Mischka Ussow ... Mischka gehörte ins Zuchthaus, denn jeder weiß, daß Mischka ein Dieb ist, und vielleicht noch Schlimmeres ... Aber sie kurieren Mischka aus ... Sie freuten sich, als er aufstand, und lachten ... Und ich möchte auch solch eine Freude empfinden ... Es müßte so viel sein, daß ich darin erstickte! Denn zuzusehen, wie sie vor Freude lachen können – das ist mir ein Pfahl im Fleisch. Es tut mir alles weh, und ich werde traurig. Ach, zum Teufel!» Orlow fiel in tiefes Sinnen.

Matrjona schwieg, aber ihr Herz klopfte unruhig; die Erregung ihres Mannes schreckte sie, in seinen Worten spürte sie deutlich die Leidenschaftlichkeit seines Wunsches, den sie nicht verstand, weil sie sich nicht einmal die Mühe gab, ihn zu verstehen. Teuer und notwendig war ihr der Mann, und nicht der Held.

Sie kamen an den Rand der Schlucht und setzten sich nebeneinander hin. Von unten sahen die krausen Wipfel ganz junger Birken sie an; auf dem Grunde der Schlucht herrschte bläuliche Dämmerung, von dort roch es feucht nach Nadeln und faulenden Blättern. Zuweilen zog ein leises Lüftchen vorbei, die Birkenzweige bewegten sich, auch die kleinen Tannen bewegten sich, die ganze Schlucht erfüllte sich mit zitterndem, scheuem Flüstern, es war, als ob jemand, den die Bäume zärtlich liebten und hüteten, in der Schlucht in ihrem Schatten eingeschlafen wäre und sie kaum zu flüstern wagten aus Furcht, ihn zu wecken. In der Stadt flammten Lichter auf und hoben sich wie Blumen von dem dunklen Hintergrund der Gärten ab. Das Ehepaar saß schweigend da, er trommelte nachdenklich mit den Fingern auf seinem Knie, sie blickte ihn von Zeit zu Zeit an und seufzte leise.

Plötzlich umschlang sie seinen Hals, lehnte ihren Kopf an seine Brust und flüsterte: «Du mein Täubchen, Grischa! Lieber du! Wie bist du wieder gut zu mir geworden! Du mein Kühner! Wir leben ja wie damals ... nach der Hochzeit ... Kein kränkendes Wort sagst du mir ... besprichst alles mit mir ... öffnest mir deine Seele ... schreist mich nicht an.»

«Hast du vielleicht Sehnsucht danach? Ich verprügle dich mal, wenn du willst», scherzte Grigorij liebevoll, und ein Gefühl von Zärtlichkeit und Mitleid mit seiner Frau wallte in ihm auf.

Leise begann er ihren Kopf zu streicheln, und diese Liebkosung gefiel ihm, weil sie so väterlich, wie die Liebkosung zu einem Kinde war. Matrjona glich wirklich einem Kind: sie war ihm auf den Schoß gekrochen und hatte sich an seiner Brust zu einer kleinen, weichen warmen Kugel zusammengerollt.

«Mein Lieber!» flüsterte sie.

Er holte tief Luft, und ganz von selbst kamen ihm Worte auf die Zunge, die ihm und seiner Frau ganz neu waren.

«Ach, du Kätzchen! Siehst du, was auch kommen mag, du hast doch keinen besseren Freund als deinen Mann. Und du lauerst immer woandershin ... Wenn ich dich auch manchmal gekränkt habe – das war vor Kummer! Wir wohnten in einem Loch ... Licht bekamen wir nicht zu sehn, die Menschen kannten wir nicht. Jetzt habe ich mich aus dem Loch herausgearbeitet und bin sehend geworden – bisher war ich blind. Ich begreife jetzt, daß die Frau auf jeden Fall der beste Freund im Leben ist. Denn die Menschen sind Schlangen, wenn man die Wahrheit sagen will. Immer wollen sie dem andern einen Biß beibringen ... Zum Beispiel Pronin, Wasjukow ... Ach, hol sie der ... Still, Motrja! Wir werden uns verbessern, keine Bange! Wir werden Erfolg haben und anfangen, vernünftig zu leben ... Na, was hast du denn, mein Dummchen?»

Sie weinte süße Tränen des Glückes und beantwortete seine Frage mit Küssen.

«Du mein Einziges!» flüsterte er und küßte sie wieder.

Beide küßten einander die Tränen fort und nahmen ihren salzigen Geschmack wahr. Und lange noch sprach Orlow Worte, die ihm ganz neu waren.

Es war dunkel geworden. Der mit zahllosen Sternen prächtig geschmückte Himmel schaute in feierlicher Trauer auf die Erde herab; auf dem Felde war es still wie im Himmel.

Es war üblich geworden, daß sie den Tee zusammen tranken. Am Morgen nach dem Gespräch auf dem Felde erschien Orlow verlegen und mürrisch im Zimmer seiner Frau. Felizita war krank geworden; Matrjona, die allein im Zimmer war, kam ihrem Mann mit strahlendem Gesicht entgegen, doch es verdunkelte sich sogleich, und sie fragte ihn voller Unruhe: «Was hast du? Bist du nicht gesund?»

«Nein, es ist nichts», antwortete er trocken und setzte sich auf einen Stuhl.

«Aber was ist denn?» forschte Matrjona.

«Ich konnte nicht schlafen. Hab immerzu nachgedacht. Wir haben gestern unnützes Geschrei gemacht, sind weich geworden ... Ich schäme mich jetzt ... Das führt alles zu nichts. Ihr Weiber lauert in solchen Fällen nur darauf, den Mann in die Finger zu bekommen. Jawohl! Aber laß dir das ja nicht einfallen – es gelingt dir doch nicht ... Mich führst du nicht hinters Licht, ich ergeb mich dir nicht. Merk dir das!»

Er sagte das alles sehr bestimmt, sah aber seine Frau nicht an. Matrjona wandte die ganze Zeit kein Auge von ihm, und ihre Lippen verzogen sich seltsam.

«Du bereust also, daß du mir gestern so nahe warst?» fragte sie leise. «Du bereust, daß du mich geküßt und geliebkost hast! Ist es das? Es kränkt mich, das zu hören ... sehr bitter ist es, du zerreißt mir mit solchen Reden das Herz. Was willst du? Bin ich dir langweilig, hast du mich nicht lieb, oder was sonst?»

Sie sah ihn mißtrauisch an, und in ihrer Stimme klangen Bitterkeit und Herausforderung.

«Nein», sagte Grigorij verlegen, «ich habe nur im allgemeinen ... Wir haben zusammen gelebt ... du weißt ja selbst, was das für ein Leben war! Es wird einem übel, daran zu denken. Und jetzt haben wir uns erhoben, und mir ist angst vor irgend etwas. Alles hat sich so schnell verändert ... Ich bin mir selbst fremd, und du kommst mir auch anders vor. Was ist das? Und was wird nachher kommen?»

«Was Gott uns schickt, Grischa!» sagte Matrjona ernst. «Bereu nur nicht, daß du gestern freundlich gewesen bist.»

«Gut, laß das ...», fiel ihr Grigorij noch ebenso verlegen ins Wort. «Siehst du, ich denke, daß doch nichts bei uns herauskommen wird. Unser früheres Leben ist freudlos gewesen, und das jetzige ist nicht nach meinem Sinn. Wenn ich auch nicht trinke, dich nicht prügle oder schimpfe ...»

Matrjona lachte krampfhaft auf.

«Dazu hast du jetzt keine Zeit.»

«Zum Trinken fände ich immer noch Zeit», lächelte Orlow. «Aber ich habe kein Verlangen danach, das ist das Wunderbare! Und dann ist mir überhaupt so sonderbar zumute ... halb schäme ich mich, halb fürchte ich mich ...» Er schüttelte den Kopf und fiel in Nachdenken.

«Gott weiß, was dir fehlt», sagte Matrjona mit einem schweren Seufzer. «Wir leben hier gut trotz der vielen Arbeit; die Ärzte haben dich gern, du hältst dich ordentlich – ich werde nicht klug draus. Du bist ein gar zu ruheloser Mensch.»

«Das stimmt, ich bin ruhelos ... Da habe ich in der Nacht gedacht, Pjotr Iwanowitsch sagt: ‹Alle Menschen sind gleich.› Bin ich denn nicht ein Mensch wie alle? Aber Doktor Waschtschenko ist immerhin besser als ich, Pjotr Iwanowitsch ist auch besser, und viele andere ... Also sind sie mir nicht gleichgestellt, und ich bin ihnen nicht gleich, das fühle ich. Sie haben Mischka Ussow gesund gemacht und freuen sich darüber ... Und das begreife ich nicht. Überhaupt, warum freuen, wenn ein Mensch gesund geworden ist? Die Wahrheit zu sagen, ist doch das Leben für ihn schlimmer als die Cholerakrämpfe. Sie verstehen das und freuen sich trotzdem ... Und ich möchte mich auch so freuen wie sie und kann es nicht. Worüber soll man sich da freuen?»

«Ihnen tun die Menschen leid», entgegnete Matrjona. «Bei uns auch ... wenn eine Kranke sich erholt, du lieber Gott, was wird nicht alles getan! Und wenn gar eine Arme gesund geschrieben wird, da bekommt sie Ratschläge und Geld und Arzneien ... Die Tränen treten mir in die Augen ... so gute Menschen!»

«Du redest von Tränen ... und ich wundere mich bloß ... weiter nichts.» Orlow zuckte die Schultern und kratzte sich den Kopf, während er seine Frau verständnislos ansah.

Sie wurde mit einemmal beredt und begann eifrig ihrem Mann zu beweisen, daß die Menschen Mitleid verdienten. Sie beugte sich zu ihm vor, sah ihm liebevoll ins Gesicht und sprach lange über die Menschen und die Härte des Lebens; er aber sah sie an und dachte: ‹Sieh mal an, wie sie reden kann! Woher nimmt sie die Worte?›

«Du hast ja auch Mitleid, du sagst, du würdest die Cholera erwürgen, wenn du die Kraft hättest. Weshalb denn? Dir geht es doch sogar besser dadurch, daß sie gekommen ist.»

Orlow brach plötzlich in schallendes Gelächter aus.

«Das stimmt ja wirklich! Tatsächlich besser! Ach, platzen sollst du! Die Menschen sterben, aber ich lebe dadurch besser, ja? So ist das Leben! Pfui!»

Er stand auf und ging lachend zum Dienst. Als er den Korridor entlangging, bedauerte er plötzlich, daß außer ihm niemand Matrjonas Reden gehört hatte. Fein hat sie geredet! Ein Weib wie alle Weiber, und doch begreift sie auch etwas. Und mit einer angenehmen Empfindung begab er sich in seine Abteilung zu den ächzenden und röchelnden Kranken.

Matrjona ihrerseits bemühte sich auf jede Weise, ihre wachsende Bedeutung im Leben ihres Mannes zu erweitern. Das arbeitsreiche, bewegte Leben hob gewaltig ihr Selbstbewußtsein. Sie dachte nicht nach, überlegte nicht, aber wenn sie sich an ihr früheres Leben im Keller, an den engen Kreis ihrer Sorge für Mann und Hauswesen erinnerte, verglich sie unwillkürlich die Vergangenheit mit der Gegenwart, und die finsteren Bilder ihres Kellerdaseins traten immer mehr in den Hintergrund. Ihre Vorgesetzten in der Baracke liebten sie wegen ihrer schnellen

Auffassung und weil sie zu arbeiten verstand, alle behandelten sie freundlich und sahen den Menschen in ihr, das war ihr etwas Neues und belebte sie.

Einmal, während eines Nachtdienstes, fragte die dicke Ärztin Matrjona über ihr Leben aus, und diese erzählte bereitwillig und offen darüber. Plötzlich hielt sie inne und lächelte.

«Was lachst du?» fragte die Ärztin.

«Nur so ... es ging mir wirklich sehr schlecht ... und doch, Sie werden mir kaum glauben, liebe gnädige Frau, ich begriff das gar nicht, bis zu dieser Stunde habe ich nicht gewußt, wie schlecht.»

Nach diesem Rückblick in die Vergangenheit entstand in Matrjonas Seele ein eigenartiges Gefühl ihrem Manne gegenüber: sie liebte ihn noch ebensosehr wie früher, mit der blinden Liebe des Weibchens, aber es kam ihr neuerdings vor, als ob Grigorij ihr Schuldner sei. Im Gespräch mit ihm nahm sie manchmal einen gönnerhaften Ton an, weil er mit seinen unruhigen Reden häufig ihr Mitleid erregte. Aber dennoch packte sie zuweilen ein Zweifel an der Möglichkeit eines stillen, friedlichen Lebens mit ihrem Mann, obgleich sie glaubte, daß Grigorij besonnener werden und seine innere Unruhe sich legen werde.

Wenn das Schicksal gewollt hätte, hätten sie sich nun einander annähern können und hätten, beide jung, kräftig und arbeitswillig, das graue Leben der halbsatten Armut zu leben begonnen, ein Kulakenleben, ausgefüllt von der verzehrenden Jagd nach dem Groschen; doch davor bewahrte sie das, was Grischka «Unruhe in seinem Herzen» nannte, was sich mit dem Alltag nicht aussöhnen konnte.

Am Morgen eines trüben Septembertages fuhr ein Lastwagen in den Hof der Baracke, und Pronin hob einen ganz mit Farbe bekleckten Jungen heraus, der gelb und knochig aussah und kaum atmete.

«Wieder aus Petunnikows Haus in der Mokraja-Straße», meldete der Kutscher auf die Frage nach der Herkunft des Kranken.

«Tschishik!» schrie Orlow schmerzerfüllt, «Herrgott! Senka! Tschish! Erkennst du mich?»

«J-ja», sagte Tschishik mühsam. Er lag auf der Tragbahre und drehte seine Augen langsam nach hinten, um Orlow zu sehen, der am Kopfende vorüberging und sich über ihn beugte.

«Ach, du lustiger Vogel! Was hast du dir denn da ausgedacht?» fragte Orlow. Der Anblick dieses von der Krankheit zerquälten Knaben beunruhigte ihn seltsam. «Wofür hat es diesen Jungen gepackt?» faßte er seine Empfindungen in eine einzige Frage zusammen und schüttelte traurig den Kopf.

Tschishik schwieg und zog sich fröstelnd zusammen.

«Kalt», sagte er, als man ihn aufs Bett gelegt hatte und anfing, ihm die mit sämtlichen Farben beschmierten Lumpen auszuziehen.

«Wart nur, wir stecken dich gleich in heißes Wasser und machen dich wieder gesund», versprach Orlow.

Tschishik schüttelte das Köpfchen und flüsterte: «Du kannst mich nicht gesund machen. Onkel Grigorij ... bück dich ... mit dem Ohr zu mir. Die Harmonika hab ich geholt. Sie ist im Holzschuppen ... Vorgestern hab ich sie zum erstenmal angefaßt, nachdem ich sie gestohlen hatte. Ach, was für eine schöne Harmonika! Ich versteckte sie, und da bekam ich auch die Bauchschmerzen ... Siehst du ... Wegen der Sünde also ... Sie hängt unter der Treppe an der Wand ... ich hab Holz vorgebaut ... Siehst du ... Onkel Grigorij, gib sie ab ... Der Harmonikaspieler hat eine Schwester ... Sie hat danach gefragt ... Gib sie ab!» Er stöhnte auf und wand sich in Krämpfen.

Man stellte mit ihm alles an, was man konnte, aber das abgezehrte magere Körperchen hatte keine Kraft mehr, sich am Leben zu halten, und am Abend trug Orlow ihn auf einer Bahre in die Totenkammer. Während des Tragens hatte er das Gefühl, als wäre ihm eine Kränkung widerfahren.

In der Leichenkammer versuchte Orlow, Tschishiks Körper geradezubiegen, aber es gelang ihm nicht. Finster und wie erschlagen ging Orlow fort und nahm das Bild des durch die Krankheit furchtbar entstellten fröhlichen Knaben mit sich.

Ihn packte das quälende Bewußtsein seiner Machtlosigkeit

vor dem Tod. Welche Mühe hatte er sich mit Tschishik gegeben, wie eifrig hatten sich die Ärzte um ihn bemüht, und doch war der Junge gestorben! Das war kränkend ... So würde auch ihn, Orlow, die Krankheit einmal packen, ihn zusammenkrampfen, und aus wäre es. Grauen packte ihn und ein Gefühl der Verlassenheit. Wenn man doch mit einem klugen Menschen über all das sprechen könnte! Mehrmals hatte er versucht, mit einem der Studenten ein Gespräch anzuknüpfen, aber niemand hatte Zeit zu philosophieren. So mußte er zu seiner Frau gehn und mit ihr sprechen. Finster und traurig ging er zu ihr. Sie wusch sich in einer Ecke des Zimmers, aber der Samowar stand schon auf dem Tisch und erfüllte die Luft mit Dampf und Gezisch.

Grigorij setzte sich schweigend und schaute auf die nackten runden Schultern seiner Frau. Der Samowar brodelte, das Wasser wallte, Matrjona schnaufte, auf dem Korridor liefen die Angestellten eilig hin und her, Orlow bemühte sich, am Gang zu erkennen, wer da ging.

Plötzlich hatte er die Vorstellung, daß Matrjonas Schultern ebenso kalt und mit ebenso klebrigem Schweiß bedeckt seien wie Tschishiks, als dieser sich auf dem Krankenbett in Krämpfen wand. Er fuhr zusammen und sagte dumpf: «Senka ist gestorben ...»

«Gestorben?! Gott schenke dem jüngst verstorbenen Knaben Semjon die ewige Seligkeit!» sagte Matrjona andächtig; gleich darauf fing sie heftig an zu speien, weil ihr Seife in den Mund gekommen war.

«Es tut mir leid um ihn», seufzte Grigorij.

«Er war ein arger Lausbub.»

«Er ist tot – und basta! Du hast jetzt nicht darüber zu richten, wie er war ... Aber daß er tot ist, das ist traurig. Er war ein munteres Kerlchen. Die Ziehharmonika hat er ... Hm! Ein fixer Junge ... Ich hab ihn manchmal angesehen und daran gedacht, ihn als Lehrling zu mir zu nehmen ... Er war doch Waise ... Er hätte sich gewöhnt und wäre uns wie ein Sohn geworden ... Du bist kerngesund, aber bekommst keine Kinder ... Einmal hast du eins gehabt, und dann war's aus. Ach, du! Wenn wir solche kleinen Schreihälse hätten, sieh mal, dann wäre unser Leben nicht so langweilig ... Jetzt dagegen, man lebt, man arbeitet ... Wofür eigentlich? Für deinen und meinen Lebensunterhalt ... Aber wozu sollen wir ... was soll uns dieser Lebensunterhalt? Damit wir wieder arbeiten ... Das ist doch ein sinnloser Kreislauf ... Wenn wir aber Kinder hätten, das wäre eine ganz andere Sache. Jawohl ...»

Er hatte den Kopf tief gesenkt und sprach in traurigem, unzufriedenem Ton. Matrjona stand vor ihm und wurde beim Zuhören immer bleicher.

«Ich bin gesund, du bist gesund – und Kinder haben wir nicht ... Warum nicht? ... Da denkt man und denkt ... und wird wieder anfangen zu trinken.»

«Du lügst!» sagte Matrjona bestimmt und laut. «Du lügst! Wage nicht, mir solche niederträchtigen Worte zu sagen, hörst du? Wage es nicht! Du trinkst nur aus Mutwillen, weil du dich nicht beherrschen kannst – meine Kinderlosigkeit hat damit gar nichts zu tun; das lügst du!»

Grigorij war wie vor den Kopf geschlagen. Er lehnte sich auf dem Stuhl zurück, sah seine Frau an und kannte sie nicht wieder. Nie zuvor hatte er sie so in Zorn gesehen, nie zuvor hatte sie ihn mit so unbarmherzig bösen Augen angeschaut und mit solcher Kraft geredet.

«Nun, nun?!» stieß Grigorij herausfordernd aus und klammerte sich mit den Händen am Stuhlsitz fest. «Rede nur weiter!»

«Das werde ich auch! Ich hätte es nicht getan, aber solch einen Vorwurf von dir kann ich nicht ertragen! Ich bekomme keine Kinder? Ich werde auch keine bekommen! Ich kann es nicht mehr ... Ich bekomme keine!» Schluchzen klang in ihrem Schrei.

«Brüll nicht!» warnte ihr Mann.

«Warum bekomme ich denn keine? Was? Erinnere dich doch, wie oft du mich geschlagen hast! Mit wieviel Fußtritten du mir die Hüften bearbeitet hast! Zähl sie mal zusammen! Wie du mich gequält, mißhandelt hast! Weißt du denn, wieviel Blut ich nach deinen Mißhandlungen verloren habe? Mein

Hemd war manchmal bis an den Hals voll Blut. Daher bekomme ich keine Kinder, lieber Mann! Wie kannst du mir deswegen Vorwürfe machen? Schämst du dich nicht, mich mit deiner Fratze anzusehen? ... Du bist doch ein Mörder! Begreifst du? Ein Mörder! Du selbst hast deine Kinder ermordet, und jetzt wirfst du mir vor, daß ich keine bekomme ... Alles habe ich von dir ertragen, alles habe ich dir verziehen: solche Worte aber verzeihe ich dir in alle Ewigkeit nicht! Noch im Sterben werde ich daran denken! Begreifst du denn wirklich nicht, daß du selbst schuld bist, daß du mich vernichtet hast? Als ob ich nicht wie alle Frauen Kinder haben wollte! Viele Nächte habe ich nicht geschlafen und Gott den Herrn gebeten, das Kind in meinem Leibe zu bewahren vor dir, du Mörder ... Wenn ich ein fremdes Kind sehe, ersticke ich vor bitterem Gram aus Neid und Mitleid mit mir selbst ... Wenn mir doch ... Königin des Himmels! ... Den Sjomka hab ich ... im stillen geliebkost ... Was bin ich? Herrgott! Unfruchtbar!»

Sie bekam keine Luft mehr. Worte ohne Sinn und Zusammenhang entfuhren ihrem Munde.

Ihr Gesicht war voller Flecken, sie zitterte und zerkratzte sich den Hals; Schluchzen quoll in ihrer Kehle empor. Grigorij saß, sich am Stuhl festklammernd, bleich und gedrückt vor ihr und sah mit weitaufgerissenen Augen diese ihm fremde Frau an. Und er fürchtete sich vor ihr, fürchtete, daß sie ihm an den Hals springen und ihn erwürgen werde. Das versprachen ihm ihre schrecklichen, vor Wut lodernden Augen. Sie war jetzt zweimal so stark wie er, das fühlte er und hatte Angst. Er konnte nicht aufstehen und sie schlagen, wie er es getan hätte, wenn er nicht begriffen hätte, daß sie eine andere geworden war und eine gewaltige Kraft in sich aufgenommen hatte.

«Ins Herz hast du mich getroffen ... Schwer hast du dich an mir versündigt! Gelitten habe ich, geschwiegen ... ich liebe dich, weil ... aber solch einen Vorwurf kann ich nicht ertragen! Dazu habe ich nicht mehr die Kraft ... Du mir von Gott Bestimmter, mögest du für deine Worte dreimal verflucht sein ...»

«Schweig!» schrie Grigorij und fletschte die Zähne.

«Ihr Krachmacher! Habt ihr vergessen, wo ihr seid?»

Grigorijs Blick war verschleiert. Ohne zu erkennen, wer an der Tür stand, schimpfte er in groben Ausdrücken, stieß den Mann zur Seite und rannte hinaus. Matrjona stand einige Minuten lang mitten im Zimmer, ging schwankend wie blind mit vorgestreckten Armen auf ihr Bett zu und ließ sich stöhnend darauf niederfallen.

Es wurde dunkel, durch die Fenster sah zwischen bläulichen Wolkenfetzen der goldglänzende Mond neugierig vom Himmel ins Zimmer. Aber bald rauschte dichter feiner Regen an den Fensterscheiben und der Barackenwand herab – ein Vorbote der sich andeutenden endlosen, schwermütigen Herbstregen.

Das Uhrpendel schlug in einförmigem Takt die Sekunden, unermüdlich klopften die Regentropfen an die Fensterscheiben. Eine Stunde nach der anderen verging, es regnete anhaltend, und die Frau lag unbeweglich auf ihrem Lager und blickte mit entzündeten Augen zur Decke empor; ihre Zähne waren fest zusammengepreßt, die Backenknochen standen vor. Ununterbrochen rauschte der Regen gegen Scheiben und Wände; es schien, als flüsterte er beharrlich etwas ermüdend Einförmiges, als wollte er jemand von etwas überzeugen und hätte nicht genügend Leidenschaft, um es rasch und schön zu tun, und als hoffte er, sein Ziel durch quälende, endlose, fade Predigt zu erreichen, in der das aufrichtige Pathos des Glaubens fehlte.

Es regnete auch noch, als der Himmel sich mit fahlem Grau bedeckte, das einen trüben Tag voraussagte. Matrjona konnte nicht einschlafen. Im eintönigen Rauschen des Regens hörte sie die traurige und beängstigende Frage: «Was wird jetzt werden?»

Als Antwort sah sie immer wieder das Bild ihres betrunkenen Mannes vor sich. Es fiel ihr schwer, sich von dem Traum eines ruhigen Lebens voller Liebe zu trennen, sie hatte sich in diesen Gedanken hineingelebt und die drohende Vorahnung verworfen. Und zugleich wurde ihr bewußt, daß, wenn Grigorij wieder zu trinken anfinge, sie nicht mehr mit ihm zusammen leben könnte. Sie hatte ihn anders gesehen, war selbst eine andere geworden, das frühere Leben erregte in ihr Furcht und Abscheu: neue Gefühle, die sie früher nie gekannt hatte. Aber – sie war eine Frau und beschuldigte daher sich selbst wegen der Trennung von ihrem Mann.

«Wie ist das alles gekommen? O Gott! Als ob ich allen Halt verloren hätte ...»

Es wurde hell. Auf dem Felde ballte sich dichter Nebel zusammen, daß der Himmel durch den grauen Dunst nicht zu sehen war.

«Frau Orlowa! Zum Dienst!»

Der Aufforderung gehorchend, die ihr durch die Tür ihres Zimmers zugerufen wurde, erhob sie sich von ihrem Bett, wusch sich eilends und begab sich in die Baracke. Sie fühlte sich schwach und halb krank. In der Baracke erregte sie durch ihre Langsamkeit und das finstere Gesicht mit den erloschenen Augen allgemeines Befremden.

«Fühlen Sie sich nicht wohl?» fragte die Ärztin sie.

«Es ist nichts ...»

«Sagen Sie es nur, ohne sich zu genieren! Sie können doch vertreten werden ...»

Matrjona war es peinlich; sie wollte vor dieser guten, aber immerhin fremden Frau ihren Schmerz und ihre Furcht nicht verraten. So holte sie aus der Tiefe ihrer gequälten Seele einen Rest Munterkeit und sagte auflachend zur Ärztin: «Es ist nichts! Ich bin nur mit meinem Mann ein wenig aneinandergeraten. Es geht vorüber ... Es ist nicht das erstemal ...»

«Sie Ärmste!» seufzte die Ärztin, die ihr Leben kannte.

Matrjona hätte am liebsten den Kopf in ihren Schoß vergraben und losgeheult ... Aber sie preßte nur die Lippen fest aufeinander und fuhr sich mit der Hand über den Hals, um das Schluchzen zurückzudrängen.

Als sie abgelöst war, ging sie in ihr Zimmer und sah aus dem Fenster. Übers Feld bewegte sich ein Lastwagen auf die Baracke zu, man brachte wohl einen Kranken. Es nieselte ... Weiter nichts. Matrjona drehte sich um und setzte sich mit einem schweren Seufzer an den Tisch, mit der Frage beschäftigt: Was wird jetzt werden?

Lange saß sie in schwerer Betäubung, das Geräusch von Schritten auf dem Korridor ließ sie jedesmal zusammenzukken, sich erheben und zur Tür blicken.

Als aber diese Tür schließlich aufging und Grigorij eintrat, zuckte sie nicht zusammen und stand auch nicht auf, weil sie das Gefühl hatte, als ob die schweren Herbstwolken sich plötzlich mit ihrer ganzen Last vom Himmel auf sie herabgesenkt hätten.

Grigorij blieb auf der Schwelle stehen, warf seine nasse Mütze auf den Fußboden und ging laut stapfend auf seine Frau zu. Das Wasser floß an ihm herunter. Sein Gesicht war gerötet, die Augen matt, und der Mund hatte sich zu einem breiten blöden Lächeln auseinandergezogen. Matrjona hörte, wie das Wasser beim Gehen in seinen Stiefeln gluckste. Er sah jämmerlich aus, so hatte sie ihn nicht erwartet.

«Hübsch siehst du aus!» sagte sie.

Grigorij schüttelte einfältig den Kopf und fragte: «Willst du, daß ich dir zu Füßen falle?»

Sie schwieg.

«Nein? Deine Sache... Ich habe die ganze Zeit nachgedacht: Bin ich schuldig oder nicht? Ich denke, ich bin schuldig. Daher frage ich: Willst du, daß ich dir zu Füßen falle?»

Sie schwieg und atmete den Schnapsgeruch ein, der von ihm ausging; ein bitteres Gefühl zerfraß ihr das Herz.

«Hör mal, mach keine Faxen! Nütz es aus, solange ich friedlich bin», sagte Grigorij mit erhobener Stimme. «Verzeihst du nun?»

«Du bist betrunken», sagte Matrjona seufzend. «Leg dich schlafen!»

«Unsinn, ich bin nicht betrunken – ich bin nur müde. Ich bin immerzu umhergegangen und habe nachgedacht... Freundchen, viel nachgedacht... Oho! Nimm dich in acht!»

Er lachte verzerrt und drohte ihr mit dem Finger.

«Was schweigst du?»

«Ich kann mit dir nicht reden.»

«Du kannst nicht? Warum?»

Er brauste plötzlich auf, und seine Stimme wurde fester.

«Du hast mir gestern hier die Ohren vollgeschrien, mich ausgeschimpft ... und jetzt bitte ich dich um Verzeihung ... Begreife doch!»

Er sprach in drohendem Ton, seine Lippen zitterten, die Nasenflügel blähten sich. Matrjona wußte, was das bedeutete, und in grellen Bildern erstand die Vergangenheit vor ihr: der Keller, die allsonnabendlichen Prügeleien, die Trauer und Schwüle ihres Lebens.

«Ich begreife», sagte sie scharf. «Ich sehe, du wirst jetzt wieder zur Bestie werden ... Ach du!»

«Zur Bestie? Das gehört nicht hierher ... Ich frage: Verzeihst du? Was denkst du dir denn? Habe ich deine Verzeihung nötig? Ich komme auch ohne sie aus, aber ich will, daß du mir verzeihst ... Verstanden?»

«Geh fort, Grigorij!» rief die Frau gramvoll und wandte sich von ihm ab.

«Fortgehn?» lachte Grigorij böse auf. «Ich soll fortgehn, damit du frei bist? Nein, nein! Aber hast du das gesehn?»

Er packte sie an der Schulter, riß sie an sich und hielt ihr ein Messer unter die Augen, ein kurzes, dickes, scharfes rostiges Eisen.

«Ach, wenn du mich doch erstechen wolltest!» sagte Matrjona und seufzte aus tiefster Brust, befreite sich von seinem Griff und wandte sich abermals von ihm ab. Betroffen, weniger durch ihre Worte als durch ihren Ton, wankte auch er zurück. Er hatte diese Worte aus ihrem Munde schon gehört, schon mehrmals gehört, aber so hatte sie sie niemals gesprochen. Noch einen Augenblick zuvor wäre es ihm leichtgefallen, sie zu schlagen, jetzt aber konnte und wollte er es nicht. Fast erschreckt durch ihre Gleichgültigkeit warf er das Messer auf den Tisch und fragte mit dumpfer Wut: «Teufel! Was willst du?»

«Nichts will ich!» schrie Matrjona keuchend. «Wozu bist du gekommen? Mich zu ermorden? Tu es doch!»

Orlow sah sie an und sagte nichts; er wußte nicht, was er tun sollte. Er war mit der festen Absicht hergekommen, die Oberhand über seine Frau zu gewinnen. Bei dem Zusammenstoß gestern war sie ihm überlegen gewesen; er hatte es empfunden, und das setzte ihn vor sich selber herab. Es war unbedingt nötig, daß sie sich ihm wieder unterwarf, er wußte genau, daß es nötig war! Als leidenschaftlicher Mensch hatte er in diesen vierundzwanzig Stunden viel durchlebt und durchdacht, aber unaufgeklärt wie er war, konnte er sich in dem Gewirr seiner Gefühle nicht zurechtfinden, die seine Frau mit der ihm ins Gesicht geschleuderten berechtigten Beschuldigung in ihm aufgewühlt hatte. Er erkannte, daß dies eine Auflehnung gegen ihn bedeutete, und hatte das Messer mitgebracht, um Matrjona zu erschrecken; er hätte sie getötet, wenn sie seinem Wunsch, sich zu unterwerfen, nicht so passiv Widerstand geleistet hätte. Aber nun stand sie vor ihm, wehrlos, von Gram gebeugt und dennoch stärker als er. Diese Erkenntnis kränkte ihn, und diese Kränkung wirkte auf ihn ernüchternd.

«Hör», sagte er, «spiel dich nicht auf! Du weißt, ich kriege das fertig, ich versetze dir eins in die Seite – und Feiertag! Und die ganze Geschichte hat ein Ende! Ganz einfach!»

Da er das Gefühl hatte, nicht das zu reden, was nötig wäre, brach er ab. Matrjona stand abgewandt da und rührte sich nicht. Unablässig quälte sie dieselbe Frage: Was wird jetzt?

«Motrja!» begann Grigorij leise, die Hand auf den Tisch gestützt und sich zu seiner Frau vorbeugend. «Bin ich schuld ... daß es immer noch nicht in Ordnung ist?»

Er seufzte und schüttelte unsicher den Kopf.

«Es ist so ekelhaft. Ist denn das ein Leben? Zum Beispiel die Cholerakranken – sind sie etwa ein Rückhalt für mich? Die einen sterben, die andern werden gesund – und ich bin wieder gezwungen weiterzuleben. Aber wie? Das ist kein Leben – ein Krampf ist das ... muß mich das nicht kränken? Ich begreife doch das alles, mir fällt bloß schwer, zu sagen, daß ich so nicht leben kann ... Die da werden kuriert, und alle Aufmerksamkeit wird auf sie verwandt ... ich bin ja gesund, aber wenn mir die Seele schmerzt – bin ich denn weniger wert als sie? Überlege doch – mir geht es ja schlimmer als den Cholerakranken ... bei mir sitzen die Krämpfe im Herzen! Und du schreist mich an! Du denkst, ich bin ein Tier, ein Säufer – und weiter nichts? Ach, du Weibsbild!»

Er sprach leise und verständlich, aber sie begriff kaum, was er sagte, da sie mit der strengen Betrachtung des Vergangenen beschäftigt war.

«Du schweigst jetzt», sagte Grischka und lauschte in sich hinein, wie etwas Neues, Kraftvolles in ihm wuchs. «Aber warum schweigst du? Was willst du eigentlich?»

«Nichts will ich von dir!» rief Matrjona aus. «Was quälst du mich? Was brauchst du?»

«Was? Nun, vielleicht ... daß ...»

Aber da fühlte Orlow mit einemmal, daß er ihr nicht sagen konnte, was er gerade brauchte – so sagen, daß ihm und ihr alles sogleich klar würde. Er begriff, daß sich zwischen ihnen etwas gelöst hatte, das sich durch keinerlei Worte mehr zusammenfügen ließ. Da flammte plötzlich eine wilde Wut in ihm auf. Voller Wucht schlug er seine Frau mit der Faust in den Nacken und brüllte tierisch: «Bist du eine Hexe? Was spielst du mit mir? Ich schlag dich tot!»

Sie stieß von dem Schlag mit dem Gesicht gegen den Tisch, sprang aber sofort wieder auf die Füße und sah ihren Mann mit haßerfülltem Blick an.

«Schlage!» sagte sie laut und bestimmt.

«Kusch!»

«Schlag doch!»

«Ach, du Teufel!»

«Nein, Grigorij, genug! Ich will das nicht mehr!»

«Kusch!»

«Ich lasse mich nicht mehr von dir verhöhnen ...»

Er knirschte mit den Zähnen und trat einen Schritt zurück, vielleicht, um sie bequemer treffen zu können.

Aber in diesem Augenblick tat sich die Tür auf, und auf der Schwelle erschien Doktor Waschtschenko.

«W-was soll das heißen? Wißt ihr, wo ihr seid? Wie führt ihr euch hier auf?»

Sein Gesicht hatte einen strengen, erstaunten Ausdruck. Orlow geriet bei seinem Anblick durchaus nicht in Verlegenheit, sondern verbeugte sich sogar vor ihm und sagte: «Das ist nur so ... eine Desinfektion zwischen Mann und Frau ...»

Dabei lachte er krampfhaft dem Arzt ins Gesicht.

«Warum bist du nicht zum Dienst gekommen?» rief der Arzt, gereizt durch den Scherz, in schneidendem Ton.

Grischka zuckte die Achseln und erklärte ruhig: «Ich war beschäftigt ... mit eigenen Angelegenheiten ...»

«Und wer hat gestern hier Krach gemacht?»

«Wir ...»

«Ihr? Sehr gut ... Ihr führt euch wie zu Hause auf ... ohne Erlaubnis gebummelt ...»

«Wir sind keine Leibeigenen ...»

«Schweig! Eine Schenke habt ihr hier eingerichtet ... Vieh! Ich werde euch zeigen, wo ihr euch befindet ...»

Ein wilder Übermut und der leidenschaftliche Wunsch, alles über den Haufen zu werfen, die Seele aus der bedrückenden Verwirrung herauszureißen, packte Grischka wie eine heiße Welle. Es schien ihm, er würde gleich etwas Ungewöhnliches tun und mit einem Schlage seine im Dunkel tappende Seele von allen Fesseln befreien. Er fuhr zusammen und spürte ein angenehmes Kältegefühl im Herzen. Mit einer katzenartigen Bewegung wandte er sich dem Arzt zu und sagte:

«Bemühen Sie Ihre Kehle nicht, schreien Sie nicht so ... ich weiß, wo ich bin: in einer Vertilgungsanstalt!»

«Wa-as? Wie sagst du?» Verblüfft beugte sich der Arzt zu ihm vor.

Grischka begriff, daß er ein rohes Wort ausgesprochen hatte, kühlte dadurch aber nicht ab, sondern geriet noch mehr in Hitze.

«Einerlei, es genügt schon. Sie werden es verdauen ... Matrjona, mach dich fertig!»

«Nein, mein Bester, warte mal! Du mußt mir antworten ...», sagte der Arzt unheimlich ruhig. «Du Schurke, ich werde dich dafür ...»

Grischka sah ihn starr an und sagte mit einem Gefühl, als spränge er davon und bei jedem Schritt würde ihm das Atmen leichter: «Schreien Sie nicht ... schimpfen Sie nicht ... Sie glauben, weil jetzt die Cholera herrscht, da können Sie auch mich kommandieren. Verkehrt gedacht! ... Ihr ganzes Kurieren hat niemand im mindesten nötig ... Wenn ich da ‹Vertilgungsanstalt› gesagt habe, so war das natürlich nur ein Scherz ... Aber trotzdem brauchen Sie nicht so laut zu schreien ...»

«Nein, du lügst!» sagte der Arzt ruhig. «Ich will dich schon lehren ... He, kommt mal her!»

Im Korridor hatten sich bereits Leute angesammelt. Grischka kniff die Augen zusammen und biß die Zähne aufeinander.

«Ich lüge nicht, und ich fürchte mich nicht ... aber wenn Sie mich belehren wollen, kann ich es Ihnen bequemer machen und Ihnen noch sagen ...»

«Nun, sage mal!»

«Ich werde in die Stadt gehn und ausrufen: ‹Wißt ihr, wie die Cholera geheilt wird?›»

«Wa-as?» Der Arzt riß die Augen weit auf.

«Wir haben doch damals so eine Desinfektion mit Lämpchen ...»

«Zum Teufel! Was redest du?» schrie der Arzt dumpf. Seine Erregung wich dem Staunen über diesen Burschen, den er als fleißigen und gescheiten Arbeiter kannte und der jetzt wer weiß warum ohne Sinn und Verstand in sein Verderben rannte.

«Was schwatzt du da, Dummkopf?»

Dummkopf! hallte Grischkas ganzes Wesen wider. Er sah ein, daß dies Urteil gerecht war, und fühlte sich noch mehr beleidigt.

«Das, was ich sage! Ich weiß ... Mir ist alles einerlei ...», sagte er mit funkelnden Augen. «Ich verstehe jetzt, daß für unsereinen alles immer einerlei ist und daß wir ganz umsonst unsern Gefühlen Zwang auferlegen ... Matrjona, mach dich fertig!»

«Ich gehe nicht!» erklärte Matrjona fest.

Der Doktor sah beide mit runden Augen an und rieb sich die Stirn. Er begriff nichts.

«Du bist entweder betrunken oder verrückt! Begreifst du, was du tust?»

Grischka blieb standhaft, er konnte nicht nachgeben. So erwiderte er dem Arzt ironisch: «Aber was verstehen Sie? Was tun Sie denn? Desinfizieren, hahaha! Kranke kurieren Sie, und die Gesunden sterben an der Enge ihres Daseins ... Matrjona, ich schlage dir den Schädel ein! Komm!»

«Ich gehe nicht mit dir!»

Sie war bleich und unnatürlich ruhig. Ihre Augen blickten dem Mann kalt und fest ins Gesicht. Trotz all seinem Heldenmut wandte Grischka sich von ihr ab und schwieg mit gesenktem Kopf.

«Pfui!» Der Doktor spuckte aus. «Kein Teufel begreift, was das soll ... Pack dich, du! Hinaus! Und sei dankbar, daß ich dich nicht strenger anfasse ... Vor Gericht müßte man dich stellen ... du Strohkopf! Hinaus!»

Grigorij warf schweigend einen Blick auf den Arzt und ließ gleich wieder den Kopf hängen. Ihm wäre wohler gewesen, wenn er Prügel bekommen hätte oder wenigstens auf die Polizei geschafft worden wäre.

«Ich frage dich zum letztenmal: Kommst du?» fragte Grischka heiser seine Frau.

«Nein, ich komme nicht!» antwortete sie und duckte sich leicht, als ob sie einen Schlag erwartete.

Grischka machte eine wegwerfende Handbewegung.

«Nun, hole euch alle der Teufel! ... Was zum Teufel habe ich euch auch nötig?»

«Du roher Klotz», begann der Doktor ihm vorzuhalten.

«Schnauzen Sie mich nicht an!» schrie Grischka. «Nun, du verfluchte Schlampe, ich gehe! Wir sehen uns wohl nicht mehr ... oder vielleicht sehen wir uns auch wieder ... je nachdem, wie ich Lust habe! Wenn wir uns aber sehn, dann geht es dir schlecht, merk dir das!»

Und Orlow ging auf die Tür zu.

«Leb wohl – tragischer Held!» sagte der Arzt hohnlächelnd, als Grischka an ihm vorbeiging.

Grigorij blieb stehen, schlug die schwermütig funkelnden Augen auf und sagte halblaut in beherrschtem Ton: «Lassen Sie mich in Ruhe ... Sie werden die Feder nicht noch einmal aufziehen ... sie ist abgelaufen und hat niemand beschädigt ...

damit gut!» Er hob seine Mütze vom Boden auf, stülpte sie sich auf den Kopf, zuckte zusammen und ging, ohne seine Frau anzusehen.

Der Arzt sah sie forschend an. Bleich stand sie vor ihm. Der Doktor wies mit einer Kopfbewegung zur Tür und fragte: «Was hat er?»

«Ich weiß nicht . . .»

«Hm . . . Und wohin will er jetzt?»

«Sich betrinken!» erwiderte Matrjona fest.

Der Arzt zog die Brauen hoch und ging.

Matrjona sah aus dem Fenster. In der Abenddämmerung bewegte sich eine männliche Gestalt in schnellem Schritt durch Wind und Regen von der Baracke fort zur Stadt. Sie war ganz allein auf dem nassen grauen Feld.

Matrjona Orlowas Gesicht wurde noch blasser; sie drehte sich nach der Ecke um, kniete nieder und begann zu beten; mit Inbrunst verrichtete sie die tiefen Verbeugungen, flüsterte leidenschaftlich atemlos ihre Gebete und rieb sich mit vor Erregung zitternden Fingern Brust und Hals.

Eines Tages sah ich mir die Gewerbeschule in N. an. Mein Führer, einer ihrer Begründer, war ein bekannter Mann. Er führte mich durch die musterhaft eingerichtete Schule und erzählte: «Wie Sie sehen, können wir stolz sein . . . Unser Kind gedeiht und entwickelt sich prächtig. Der Lehrkörper ist eine wunderbare Auslese. In der Schuhmacherwerkstatt ist zum Beispiel eine einfache Schuhmacherin Lehrerin, eine Frau, man kann sogar sagen ein dralles Frauchen, zum Anbeißen geradezu, ein Schelm, aber von untadeliger Führung. Übrigens, was soll das . . . Ja, also dieses Frauchen ist eine einfache Schuhmacherin, wie ich schon sagte – aber wie sie arbeitet! Wie geschickt sie ihr Handwerk unterrichtet, wie liebevoll sie die Kinder behandelt – es ist erstaunlich! Sie ist eine unschätzbare Arbeiterin . . . Sie arbeitet für zwölf Rubel und Wohnung in der Schule . . . und mit ihren kargen Mitteln unterhält sie noch zwei Waisenkinder. Es ist eine sehr interessante Person, kann ich Ihnen sagen.»

Er hatte die Schuhmacherin mit solchem Eifer gelobt, daß ich den Wunsch hatte, sie kennenzulernen.

Das ließ sich bald einrichten, und so kam es, daß Matrjona Orlowa mir ihre traurige Lebensgeschichte erzählte. In der ersten Zeit nach der Trennung von ihrem Mann ließ er sie nicht in Ruhe; er kam betrunken, machte Krach, lauerte ihr überall auf und schlug sie unbarmherzig. Sie ertrug es.

Als die Baracke geschlossen wurde, bot die Ärztin Matrjona Iwanowna an, ihr eine Stelle an der Schule zu verschaffen und sie unzugänglich für den Mann unterzubringen. Beides gelang, und seitdem führt Frau Orlowa ein ruhiges arbeitsames Leben; unter Anleitung von Arztgehilfinnen, die sie kannte, lernte sie lesen und schreiben, nahm zwei Kinder aus dem Waisenhaus, einen Knaben und ein Mädchen, in Pflege und arbeitet, zufrieden mit sich und mit Wehmut und Schauder der Vergangenheit gedenkend. Ihre Pfleglinge liebt sie über alles, von ihrer Tätigkeit hat sie eine hohe Auffassung, sie arbeitet bewußt und hat sich unter den Leitern der Schule allgemeine Achtung erworben. Aber sie leidet an einem verdächtig trockenen Husten, auf ihren eingefallenen Wangen brennt eine unheilverkündende Röte, ihre grauen Augen sind voll Schwermut.

Es gelang mir auch, Orlow kennenzulernen. Ich fand ihn in einer Spelunke der Stadt, und nach ein paar Begegnungen waren wir gut Freund miteinander. Er erzählte mir noch einmal dieselbe Geschichte, die ich von seiner Frau gehört hatte, sann einen Augenblick vor sich hin und sagte dann: «Ja, Maxim Sawwateïtsch, so hat es mich also emporgehoben und zu Boden fallen lassen. Und ich habe gar keine Heldentat vollbracht. Aber bis auf diesen Tag habe ich das Verlangen, mich durch irgend etwas hervorzutun ... Etwa die ganze Erde in Staub zu zermalmen oder eine Rotte um mich zu scharen! Oder überhaupt irgend so etwas, daß ich höher stünde als alle Menschen und von oben auf sie hinunterspucken könnte ... Und ihnen sagen könnte: ‹Ach, ihr Gewürm! Wozu lebt ihr? Wie lebt ihr? Ein heuchlerisches Gaunergesindel seid ihr und nichts weiter!› Und dann kopfüber von der Höhe hinab und aus ist es! Ja, ja! Ach, wie langweilig und eng ist das Leben! ... Als ich mir die

Matrjoschka vom Halse geschafft hatte, dachte ich: Nun, Grinja, steuere, wohin du willst, der Anker ist gelichtet. Aber da hatte ich mich verrechnet, die Fahrrinne ist seicht. Stop! und ich sitze auf einer Sandbank fest! ... Aber ich bleibe nicht auf dem Trocknen, keine Angst! Ich werde mich offenbaren. Wie, das weiß der Teufel allein ... Meine Frau? Die mag der Teufel holen! Als ob Leute wie ich eine Frau brauchten. Wozu denn? Wenn es mich doch nach allen vier Himmelsrichtungen auf einmal zieht! Ich bin mit einer Unruhe im Herzen geboren ... und mir ist bestimmt, ein Landstreicher zu sein! Ich bin schon nach verschiedenen Richtungen gegangen und gefahren – aber kein Trost zu finden ... Ob ich trinke? Natürlich! Der Schnaps löscht immerhin das Herz ... Und das Herz brennt doch lichterloh. Alles ist widerwärtig: Städte, Dörfer, Menschen, gleich welcher Art. Pfui! Läßt sich denn wirklich nichts Besseres ausdenken! Immer einer auf den andern ... am liebsten möchte ich alle erwürgen! Ach, du Leben, du teuflische höchste Weisheit!»

Die schwere Tür der Schenke, in der ich mit Orlow saß, wurde jeden Augenblick geöffnet und quietschte wollüstig. Und das Innere der Schenke machte den Eindruck eines Rachens, der die armen russischen Menschen, unruhige und ruhige, langsam, aber unausweichlich verschlingt.

1897

Malwa

Das Meer lachte.

Es erzitterte unter dem Hauch des glühenden Windes, bedeckte sich mit feinen Kräuselwellen, welche die Sonne glitzernd widerspiegelten, und lächelte mit vielfältigem silbernem Lächeln den blauen Himmel an. Der hohe Raum zwischen Himmel und Meer war vom lustigen Geplätscher der Wellen erfüllt, die eine nach der anderen auf den flachen Strand der sandigen Landzunge rollten. Dieses Rauschen und der tausendfach von der gekräuselten Meeresoberfläche zurückgeworfene Sonnenglanz verbanden sich harmonisch zu einer unaufhörlichen, von lebhafter Freude erfüllten Bewegung. Die Sonne freute sich ihres Scheines, und das Meer war glücklich, ihr jubelndes Licht widerzuspiegeln.

Liebkosend streichelte der Wind die Atlasbrust des Meeres; die Sonne wärmte sie mit ihren heißen Strahlen, und das Meer, das schlaftrunken unter der zarten Gewalt dieser Liebkosungen atmete, sättigte die heiße Luft mit dem salzigen Aroma seiner Ausdünstungen. Die grünlichen Wellen liefen auf den gelben Sand und warfen ihren weißen Schaum ab, mit leisem Ton zerging er in dem heißen Sande und benetzte ihn.

Die lange schmale Landzunge glich einem Riesenturm, der von der Küste ins Meer gestürzt war. Mit scharfer Spitze sich in die grenzenlose, mit der Sonne spielende Wasserfläche hineinbohrend, verlor sie ihren Grund weit in der Ferne, wo der schwüle Dunst das Land verbarg. Der Wind trug von dort einen schweren Geruch herüber, unbegreiflich und beleidigend hier inmitten der reinen See unter dem klarblauen Himmelsgewölbe.

In den Sand der mit Fischschuppen übersäten Landzunge

waren Pfähle gerammt, an denen Netze hingen, die spinnwebartige Schatten warfen. Mehrere große Boote und ein kleines lagen in einer Reihe auf dem Sande; die Wellen, die ans Ufer liefen, schienen sie zu sich locken zu wollen. Bootshaken, Ruder, Körbe und Tonnen lagen unordentlich auf der Landzunge umher, und mitten darin erhob sich eine Hütte, die aus Weidenruten, Baumrinde und Bastmatten zusammengefügt war. Auf einem knorrigen Pfahl vor ihrem Eingang steckten – mit den Sohlen zum Himmel – ein Paar Filzstiefel. Und das ganze Chaos überragte eine lange Stange, an deren Spitze ein roter Lappen im Winde flatterte.

Im Schatten eines der Boote lag Wassilij Legostjew, der Wächter auf der Landzunge, die den vordersten Posten des Fischereibetriebes von Grebenschtschikow bildete. Er lag auf dem Bauch, den Kopf in die Hände gestützt, und sah angestrengt in die Ferne nach dem kaum sichtbaren Küstenstreifen hinüber. Dort bewegte sich ein kleiner schwarzer Punkt auf dem Wasser, und Wassilij sah mit Behagen, wie er näherkommend immer größer wurde.

Er kniff die Augen zusammen vor dem grellen Spiel der Sonnenstrahlen auf den Wellen und lächelte zufrieden: die da fuhr, war Malwa. Sie würde kommen, laut lachen, ihre Brust würde verführerisch wogen, sie würde ihn in ihre weichen Arme schließen, abküssen und mit heller Stimme, daß die Möwen aufschreckten, die Neuigkeiten von drüben, von der Küste erzählen. Dann würden sie zusammen eine gute Fischsuppe kochen, Schnaps trinken, sich im Sande räkeln, plaudern und verliebt Unfug treiben, später, wenn es dunkel war, einen Kessel Teewasser kochen, sich satt trinken und leckere Kringel dazu essen und sich schlafen legen ... So verging jeder Sonntag, jeder Feiertag in der Woche. Früh würde er sie dann über das noch schlaftrunkene Meer in der kühlen Morgendämmerung an die Küste fahren. Im Halbschlaf würde sie am Heck sitzen, und er würde rudern und sie ansehen. Spaßig sieht sie dann aus, spaßig und lieb wie eine satte Katze. Vielleicht würde sie auch von der Bank auf den Boden des Bootes rutschen und dort zusammengekauert einschlafen. Das machte sie häufig ...

An diesem Tage waren sogar die Möwen matt von der Sonnenglut. Sie saßen mit aufgesperrten Schnäbeln undd hängenden Flügeln reihenweise im Sand oder schaukelten ohne einen Schrei oder die gewöhnliche raublustige Lebhaftigkeit faul auf den Wellen.

Es schien Wassilij, daß Malwa nicht allein im Boot war. Sollte sich Serjoshka ihr wirklich wieder angeschlossen haben? Wassilij drehte sich schwerfällig im Sande herum, setzte sich auf und sah, indem er die Augen mit der Hand schirmte, mit Unruhe im Herzen genauer hin, wer da noch gefahren kam. Malwa saß am Heck und steuerte. Der Ruderer war nicht Serjoshka, dieser hier ruderte ungeschickt; wenn Serjoshka dabei wäre, brauchte Malwa nicht zu steuern.

«He!» rief Wassilij ungeduldig.

Die Möwen auf dem Sand fuhren zusammen und merkten auf.

«Hehe!» schallte Malwas klangvolle Stimme vom Boot herüber.

«Wer ist bei dir?»

Als Antwort klang Lachen herüber.

«Hexe!» schimpfte Wassilij halblaut und spuckte aus.

Er wollte zu gern wissen, wer da mitkam; während er sich eine Zigarette drehte, starrte er auf den Hinterkopf und den Rücken des Ruderers. Klangvoll tönte in der Luft das Plätschern des Wassers unter den Ruderschlägen, der Sand knirschte unter den nackten Füßen des Wächters. «Wer ist denn da bei dir?» rief er, als er das vertraute Lächeln auf Malwas hübschem Gesicht erkennen konnte.

«Warte doch, gleich erfährst du es!» erwiderte sie lachend.

Der Ruderer drehte sich zum Ufer um und sah Wassilij ebenfalls lachend an.

Der Wächter zog die Stirn kraus und suchte sich zu erinnern, wer dieser Bursche war, der ihm irgendwie bekannt vorkam.

«Kräftiger rudern!» kommandierte Malwa.

Das Boot schob sich mit Schwung und von einer Welle gehoben fast bis zur Hälfte auf den Sand, neigte sich auf die Seite und blieb stecken, während die Welle ins Meer zurückrollte. Der Ruderer sprang an den Strand und sagte: «Guten Tag, Vater!»

«Jakow!» rief Wassilij unterdrückt aus, er war mehr erstaunt als erfreut.

Sie umarmten sich und küßten sich je dreimal auf Mund und Wangen; auf Wassilijs Gesicht mischten sich Verlegenheit und Freude in das Erstaunen.

«Darum eben seh ich ... Es kam mir schon so vor ... und das Herz klopft mir ... Ach, du – wo kommst du denn her? Sieh mal an! Und ich gucke immerzu: Ist das Serjoshka? Nein, sehe ich, Serjoshka ist das nicht! Und da bist du es!»

Mit der einen Hand strich Wassilij sich den Bart, mit der andern fuchtelte er in der Luft umher. Er hätte gern einen Blick auf Malwa geworfen, aber die lachenden Augen seines Sohnes waren gerade auf sein Gesicht gerichtet, und ihr Glanz machte ihn verlegen. Das Gefühl der Befriedigung darüber, daß er einen so gesunden, hübschen Sohn hatte, kämpfte in ihm mit der Verlegenheit wegen der Anwesenheit der Geliebten. Vor Jakow stehend, trat er von einem Fuß auf den andern und stellte eine Frage nach der anderen, ohne auf die Antworten zu warten. In seinem Kopf ging alles durcheinander, und besonders schlecht wurde ihm, als er Malwas spöttische Worte vernahm: «Nun dreh dich nicht wie ein Kreisel vor lauter Freude! Führe ihn in deine Hütte und bewirte ihn ...»

Er drehte sich nach ihr um. Um ihren Mund spielte ein spöttisches Lächeln, das er noch nicht kannte, und obgleich sie so rundlich, weich und frisch wie immer war, erschien sie ihm jetzt irgendwie neu und fremd. Sie ließ ihre grünlichen Augen vom Vater zum Sohn schweifen und knabberte mit ihren kleinen weißen Zähnen Wassermelonenkerne. Jakow betrachtete die anderen ebenfalls lächelnd, und ein paar für Wassilij unangenehm lange Sekunden schwiegen alle drei.

«Sofort», beeilte Wassilij sich plötzlich und ging auf die Hütte zu. «Geht in den Schatten, ich werde Wasser holen ... wir wollen Fischsuppe kochen. Eine Fischsuppe werde ich dir zu essen geben, Jakow ...! Laßt euch indessen hier nieder, ich bin gleich wieder da.»

Er nahm neben der Hütte ein Kesselchen von der Erde auf, ging rasch zu der Stelle, wo die Netze hingen, und verschwand zwischen ihren grauen Faltenmassen.

Malwa und sein Sohn gingen ebenfalls zur Hütte.

«Siehst du, guter Junge, da habe ich dich zum Vater gebracht!» sagte Malwa und betrachtete Jakows stämmige Gestalt von der Seite.

Er kehrte ihr sein Gesicht mit dem lockigen dunkelblonden Bart zu und sagte mit blitzenden Augen: «Ja, da sind wir ... Schön ist's hier! Was das für ein Meer ist!»

«Ein weites Meer ... Nun, ist der Vater sehr gealtert?»

«Nein, eigentlich nicht. Ich dachte, er wäre grauer, aber er hat noch ziemlich wenig graues Haar. Und kräftig ist er ...»

«Wie lange habt ihr euch nicht gesehen, sagst du?»

«Fünf Jahre, denk ich ... Ich war damals sechzehn, als er aus dem Dorf fortging.»

Sie betraten die Hütte. Darin war es schwül, und die Bastmatten rochen nach gesalzenem Fisch. Sie setzten sich – Jakow auf einen dicken Klotz, Malwa auf einen Haufen Bastsäcke. Zwischen ihnen stand eine quer durchgesägte Tonne, die als Tisch diente.

Als sie Platz genommen hatten, sahen sie einander, ohne ein Wort zu sagen, unverwandt an.

«Du willst also hier arbeiten?» fragte Malwa.

«Ja... ich weiß nicht ... Wenn sich was findet, bleibe ich.»

«Bei uns findet sich schon was», versicherte Malwa mit Überzeugung, während sie ihn mit ihren geheimnisvoll blinzelnden grünen Augen abtastete.

Er sah sie nicht an, sondern trocknete sich mit den Hemdsärmeln das schweißbedeckte Gesicht.

Plötzlich fing sie an zu lachen.

«Die Mutter hat dir wohl Aufträge und Grüße an den Vater mitgegeben?»

Jakow warf ihr einen Blick zu, zog die Stirn kraus und sagte kurz: «Gewiß ... wieso?»

«Ach, nichts!»

Ihr Gelächter mißfiel Jakow, es brachte ihn geradezu auf.

Der Bursche wandte sich von dieser Frau ab und dachte an die Aufträge seiner Mutter.

Sie hatte ihn zum Dorf hinausbegleitet, sich auf den Flechtzaun gestützt und unter häufigem Blinzeln der tränenlosen Augen zu ihm gesagt: «Sag ihm, Jascha ... Um Christi willen, sag ihm: Vater, die Mutter ist dort ganz allein! Sag ihm ... fünf Jahre sind vergangen, und sie ist die ganze Zeit allein! Sie wird alt, sag ihm! Sag ihm das, Jakowuschka, um Gottes willen. Bald wird die Mutter eine alte Frau sein ... und immer allein, allein! Sie steckt immer in der Arbeit. Um Christi willen, sag ihm das ...»

Und sie war lautlos in Tränen ausgebrochen und hatte ihr Gesicht in der Schürze verborgen.

Damals hatte sie Jakow nicht leid getan, jetzt aber tat sie ihm leid ... Er warf einen Blick auf Malwa und runzelte finster die Stirn.

«Da bin ich wieder!» rief Wassilij, der mit einem Fisch in der einen und einem Messer in der andern Hand in der Hütte erschien.

Er hatte seine Verlegenheit bereits überwunden und sie tief in seinem Innern begraben. Jetzt sah er beide ruhig an, nur in seinen Bewegungen zeigte sich eine ihm nicht eigene Geschäftigkeit.

«Gleich mache ich Feuer an ... und dann komme ich zu euch ... Und wir unterhalten uns! Ach, Jakow, nicht wahr?»

Und er ging wieder hinaus.

Malwa, die unentwegt Kerne knabberte, betrachtete Jakow ganz ungeniert, während er sich bemühte, sie nicht anzusehen, obgleich er das gern getan hätte.

Da das Schweigen ihm peinlich wurde, sagte er schließlich: «Ich habe ja meinen Sack im Boot gelassen, ich geh ihn mal holen.»

Er erhob sich ohne Eile von seinem Platz und ging hinaus; an seiner Stelle erschien Wassilij in der Hütte, beugte sich zu Malwa nieder und sagte hastig und ärgerlich: «Wozu bist du bloß mit ihm hergekommen? Was soll ich ihm über dich sagen? Was bist du mir?»

«Ich bin eben gekommen, und fertig!» sagte Malwa kurz.

«Ach, du unüberlegtes Frauenzimmer! Wie soll ich mich jetzt verhalten? Soll ich ihm ins Gesicht, so und so ... sofort? ... Ich habe doch zu Hause eine Frau. Seine Mutter ... Das hättest du dir doch überlegen sollen!»

«Ich habe es gerade nötig zu überlegen! Fürchte ich mich etwa vor ihm? Oder vor dir?» fragte sie und kniff verächtlich ihre grünen Augen zusammen. «Wie du dich aber vorhin vor ihm gedreht hast! Das kam mir wirklich lächerlich vor!»

«Dir war's lächerlich! Aber was mache ich jetzt?»

«Das hättest du dir früher überlegen sollen!»

«Hab ich denn gewußt, daß er so plötzlich aus dem Meer hier auftauchen würde?»

Unter Jakows Schritten knirschte der Sand, und sie brachen ihr Gespräch ab. Jakow brachte seinen leichten Rucksack, warf ihn in eine Ecke und betrachtete von der Seite mit unfreundlichen Blicken die Frau.

Sie knabberte mit Hingebung ihre Kerne, Wassilij aber setzte sich auf den Klotz, rieb sich die Knie mit den Händen und begann lächelnd: «Da bist du also hergekommen ... wie bist du denn darauf verfallen?»

«Na so ... wir haben dir ja geschrieben ...»

«Wann? Ich habe keinen Brief bekommen!»

«Wirklich? Aber wir haben geschrieben ...»

«Dann ist der Brief wohl verlorengegangen», bedauerte Wassilij. «Ach, hol ihn der Teufel ... was? Gerade wenn es wichtig ist, geht der Brief verloren ...»

«Du weißt also nicht, wie die Dinge bei uns stehn?» fragte Jakow und sah den Vater mißtrauisch an.

«Woher sollte ich? Ich habe keinen Brief bekommen!»

Da erzählte Jakow, daß ihr Pferd gefallen sei, daß sie schon Anfang Februar alles Getreide aufgegessen hätten; Verdienst hätten sie nicht gehabt. Das Heu hätte auch nicht gereicht, die Kuh wäre fast vor Hunger krepiert. Bis zum April hätten sie sich irgendwie durchgeschlagen, dann aber beschlossen, Jakow solle nach der Frühjahrsbestellung zum Geldverdienen auf drei Monate zum Vater fahren. Das hatten sie ihm geschrieben, dann drei Schafe verkauft, Getreide und Heu gekauft, und so war Jakow hergekommen.

«So ist das also!» rief Wassilij aus. «Jaja ... Aber wie habt ihr denn ... ich hab euch doch Geld geschickt ...»

«War denn das viel? Wir haben das Haus ausgebessert ... Marja verheiratet ... Einen Pflug habe ich gekauft ... Es ist doch fünf Jahre her. Die Zeit ist vergangen!»

«Jaja! Es hat also nicht gereicht? So eine Sache ... Aber meine Fischsuppe wird überkochen!» Er stand auf und ging hinaus.

Wassilij hockte vor dem Feuer nieder, über dem der brodelnde Kessel hing und den Schaum ins Feuer warf, und versank in Sinnen. Jakows Erzählung hatte ihn nicht besonders tief berührt, wohl aber ein unfreundliches Gefühl gegen Frau und Sohn in ihm geweckt. Wieviel Geld hatte er ihnen im Lauf der fünf Jahre geschickt, und doch waren sie mit der Wirtschaft nicht zurechtgekommen! Wäre Malwa nicht zugegen gewesen, hätte er Jakow schon seine Meinung gesagt. Eigenmächtig, ohne Erlaubnis des Vaters, war er aus dem Dorfe fortgegangen – dafür hatte sein Verstand gereicht, aber mit der Wirtschaft hatte er nicht fertig werden können! Die Wirtschaft, an die Wassilij, der bis zu diesem Tage ein leichtes und angenehmes Leben geführt hatte, nur selten gedacht hatte, brachte sich ihm plötzlich wieder in Erinnerung als ein bodenloses Faß, in das er fünf Jahre lang sein Geld geworfen hatte, wie etwas Überflüssiges in seinem Leben, das er gar nicht brauchte. Er rührte mit einem Löffel die Fischsuppe um und seufzte dabei.

Im Sonnenschein sah das gelbliche kleine Holzfeuer bleich und jämmerlich aus. Durchsichtige lichtblaue Rauchfähnchen zogen sich vom Feuer zum Meer den Wellenspritzern entgegen; Wassilij folgte ihnen mit den Augen und dachte daran, daß das Leben für ihn schlechter werden, nicht mehr so frei sein werde. Sicherlich hatte Jakow schon erraten, wer diese Malwa war.

Sie saß indessen in der Hütte und verwirrte den Burschen mit ihren übermütigen, herausfordernden Blicken, in denen unaufhörlich ein Lächeln spielte.

«Du hast wohl 'ne Braut im Dorf zurückgelassen?» sagte sie plötzlich und sah Jakow gerade ins Gesicht.

«Vielleicht», antwortete dieser unlustig.

«Ist sie hübsch?» fragte sie nachlässig.

Jakow gab keine Antwort.

«Was schweigst du? ... Ist sie hübscher als ich oder nicht?»

Er sah ihr, ohne daß er es wollte, ins Gesicht. Sie hatte runde gebräunte Wangen und schwellende Lippen; sie zuckten leicht geöffnet in übermütigem Lächeln. Ihre rosa Kattunbluse saß besonders schick und ließ die runden Schultern und die hohe straffe Brust hervortreten. Aber ihre lachenden, arglistig zusammengekniffenen grünen Augen gefielen ihm nicht.

«Warum sprichst du so?» sagte er aufseufzend mit bittender Stimme, obgleich er streng mit ihr reden wollte.

«Wie muß man denn sprechen?» fragte sie lachend.

«Und du lachst noch ... worüber?»

«Über dich lache ich.»

«Was habe ich dir denn getan?» fragte er gekränkt und schlug abermals vor ihrem Blick die Augen nieder.

Sie antwortete nicht.

Jakow erriet, was sie dem Vater war, und das hinderte ihn, frei mit ihr zu reden. Diese Vermutung überraschte ihn nicht. Er hatte häufig gehört, daß Männer, die fern von ihrem Dorf einem Verdienst nachgingen, sehr über die Stränge schlugen, und begriff, daß ein so kerngesunder Mann wie sein Vater es schwerlich so lange ohne Frau ausgehalten hätte. Dennoch war es ihm peinlich vor ihr wie vor seinem Vater. Dann gedachte er seiner Mutter, der müden, mürrischen Frau, die dort im Dorf arbeitete, ohne je die Hände in den Schoß zu legen.

«Die Fischsuppe ist fertig!» verkündete Wassilij, der in der Hütte erschien. «Gib mal die Löffel heraus, Malwa!»

Jakow warf einen Blick auf den Vater und dachte: Man sieht, sie ist oft bei ihm, wenn sie schon weiß, wo die Löffel liegen!

Sie holte die Löffel heraus und sagte, daß sie abgewaschen werden müßten und daß sie im Boot noch Schnaps habe.

Vater und Sohn folgten ihr mit den Blicken, und als sie allein waren, schwiegen sie eine Weile.

«Wo hast du sie getroffen?» fragte Wassilij.

«Na, ich fragte im Kontor nach dir, und sie war auch da ... und sagte: ‹Statt durch den Sand zu Fuß hinzugehen, wollen wir lieber im Boot fahren, ich will auch zu ihm.› Und so sind wir hergekommen!»

«So-o ... Und ich habe immer gedacht: Wie mag Jakow jetzt aussehen?»

Der Sohn lachte den Vater gutmütig an, und dieses Lachen machte Wassilij Mut.

«Hm ... das Mädel ist doch nicht übel?»

«Nein», sagte Jakow unbestimmt und blinzelte.

«Man kann nicht Waldgeist werden, mein Lieber!» rief Wassilij und fuchtelte mit den Händen. «Anfangs habe ich's ausgehalten, aber es geht nicht. Da ist die Gewohnheit ... Ich bin doch ein verheirateter Mann. Und dann bessert sie mir die Kleidung aus und sonst alles ... Und überhaupt ... ach! Vor den Weibern wie vor dem Tode gibt es keine Rettung!» schloß er aufrichtig seine Erklärung.

«Was geht mich das an?» sagte Jakow. «Das ist deine Sache, ich bin nicht dein Richter.»

Bei sich aber dachte er: So eine wird dir die Hosen flikken ...

«Und dann bin ich doch erst fünfundvierzig Jahre alt ... Unkosten macht sie nicht viel, sie ist ja nicht meine Frau ...», redete Wassilij weiter.

«Natürlich», gab Jakow zu und dachte: Sie wird dir schon die Taschen umdrehn!

Da kam Malwa mit der Flasche Schnaps und einer Schnur Kringelchen herein; sie setzen sich zum Essen. Sie aßen schweigend, lutschten die Gräten geräuschvoll ab und spuckten sie in den Sand bei der Tür. Jakow aß viel und gierig; das schien Malwa zu gefallen. Sie lächelte zärtlich bei dem Anblick, wie seine braungebrannten Wangen sich blähten und seine feuchten dicken Lippen sich rasch bewegten. Wassilij aß schlecht, bemühte sich aber, den Anschein zu erwecken, als wäre er vom Essen sehr in Anspruch genommen; das mußte er, um unbemerkt sein Verhältnis zu seinem Sohn und Malwa zu durchdenken.

Die gierigen Schreie der Möwen unterbrachen die schmeichelnde Musik der Wellen. Die Hitze wurde weniger drückend, manchmal strömte schon ein kühler Lufthauch in die Hütte, der vom Duft des Meeres gesättigt war.

Nach der schmackhaften Fischsuppe und dem Branntweingenuß wurden Jakows Augen stier. Er begann albern zu lächeln, stieß auf, gähnte und sah Malwa so an, daß Wassilij es für nötig fand, ihm zu sagen: «Streck dich mal bis zum Tee hier aus, Jaschutka . . . wir wecken dich dann!»

«Schö-ön . . .», willigte Jakow ein und warf sich auf die Säcke. «Und wohin geht ihr? Hahaha!»

Durch sein Lachen in Verlegenheit gebracht, ging Wassilij schnell hinaus, Malwa aber preßte die Lippen aufeinander, zog die Augenbrauen zusammen und antwortete Jakow: «Wo wir hingehen, ist nicht deine Sache! Wer bist du denn? Du hast noch gar nicht mitzureden! So ist das, Bürschchen!»

«Ich? Schon gut!» rief Jakow ihr nach. «Warte nur, ich werd's dir zeigen! So eine bist du also . . .!»

Er knurrte noch einiges und schlief mit einem trunkenen, satten Lächeln im geröteten Gesicht ein.

Wassilij steckte drei Pfähle in den Sand, band die oberen Enden zusammen und warf eine Bastmatte darüber. Dann legte er sich in ihren Schatten, schob die Hände unter den Kopf und sah zum Himmel empor. Als Malwa sich im Sand neben ihm niederließ, wandte er ihr sein Gesicht zu, und sie bemerkte darin Gekränktheit und Unzufriedenheit.

«Du freust dich wohl nicht sehr über deinen Sohn?» fragte sie lachend.

«Du siehst doch, er lacht über mich . . . nur deinetwegen!» sagte Wassilij verdrossen.

«Wie? Meinetwegen?» wunderte sie sich arglistig.

«Na gewiß!»

«Ach, du Ärmster! Was machen wir denn da? Soll ich vielleicht nicht mehr zu dir kommen, was? Nun, ich laß es bleiben!»

«Sieh mal an, was für eine Hexe du bist!» sagte Wassilij vorwurfsvoll. «Ach, was seid ihr für Menschen! Er lacht mich aus, du auch ... dabei seid ihr mir die Allernächsten! Weshalb lacht ihr denn? Teufel!» Er wandte sich ab und verstummte.

Malwa schlang die Arme um die Knie und betrachtete, den Oberkörper leise hin und her wiegend, mit ihren grünen Augen das heitere, glitzernde Meer; dabei lächelte sie jenes triumphierende Lächeln, das eine Frau, die sich der Macht ihrer Schönheit bewußt ist, in so vielen Arten bereit hat.

Ein Segelschiff glitt wie ein plumper großer Vogel mit grauen Flügeln auf dem Wasser dahin. Es war weit weg vom Ufer und entfernte sich noch weiter dorthin, wo Himmel und Meer in blauer Unendlichkeit verschmolzen.

«Was schweigst du?» fragte Wassilij.

«Ich denke nach», sagte Malwa.

«Worüber denn?»

«Nur so.» Ihre Augenbrauen zuckten, und sie fügte nach kurzem Schweigen hinzu: «Dein Sohn ist ein Prachtkerl ...»

«Was geht dich das an?» fragte Wassilij eifersüchtig.

«Wer weiß ...»

«Du, nimm dich in acht!» Er sah sie von oben bis unten streng und voller Argwohn an. «Mach keine Dummheiten! Ich bin zwar friedfertig, aber reize mich nicht! Jawohl!» Er biß die Zähne zusammen und ballte die Fäuste, als er fortfuhr: «Du hast heute gleich, als du ankamst, zu kokettieren angefangen ... Ich schaue noch nicht ganz durch ... aber nimm dich in acht! Wenn ich das sehe, geht es dir schlecht! Du hast ein solches Lächeln ... und überhaupt ... Ich weiß, wie man mit euch Weibern umgehen muß ...»

«Weißt du, Wasja, du mußt mir nicht drohen ...», bat sie gleichgültig, ohne ihn anzusehen.

«Na eben, dann mach auch nicht solche Scherze ...»

«Und du versuche nicht mehr, mir Angst zu machen.»

«Ich werde dich auch verprügeln, wenn du übermütig wirst ...», drohte Wassilij erbost.

«Du willst mich schlagen?» Sie drehte sich nach ihm um und sah ihm voll Neugier in das erregte Gesicht.

«Was bist du denn für eine Gräfin? Ich werde dich schon durchhauen ...»

«Bin ich etwa deine Frau?» fragte Malwa deutlich und ruhig und fuhr sogleich fort, ohne auf eine Antwort zu warten: «Du bist gewohnt, deine Frau um nichts und wieder nichts zu schlagen, und meinst, es mit mir ebenso zu machen? Du irrst dich, ich bin mein eigener Herr und fürchte mich vor niemand. Du aber hast ja vor deinem eigenen Sohn Angst! Eine Schande, wie du vorhin um ihn herumscharwenzelt bist! Und du drohst mir noch!»

Sie schüttelte verächtlich den Kopf und brach ab. Ihre kalten, geringschätzigen Worte erstickten Wassilijs Ingrimm. Noch nie war sie ihm so schön vorgekommen.

«Da ist sie in Fahrt gekommen und krächzt!» murmelte er ärgerlich und entzückt zugleich.

«Und ich will dir noch was sagen. Du hast vor Serjoshka geprahlt, daß ich ohne dich wie ohne Brot nicht leben könnte! Da irrst du ... Vielleicht liebe ich gar nicht dich und komme gar nicht zu dir, sondern liebe bloß diese Stelle ...» Sie wies mit einer weiten Handbewegung in die Runde. «Vielleicht gefällt es mir, daß es hier so einsam ist, daß nur Himmel und Meer und keine gemeinen Menschen hier sind. Und daß du hier bist, ist mir ganz gleichgültig ... Das ist nur eine Art Bezahlung für den Platz ... Wenn Serjoshka hier wäre, würde ich zu ihm kommen, wenn dein Sohn hier wär, zu ihm. Und noch besser wär's, wenn keiner von euch da wäre ... ihr seid mir alle zuwider! ... Bei meiner Schönheit kann ich mir jederzeit den Mann aussuchen, den ich brauche ...»

«So steht's?» zischte Wassilij rasend und packte sie plötzlich an der Kehle. «So meinst du's?»

Er schüttelte sie, aber sie wehrte sich nicht, obgleich ihr Gesicht rot wurde und ihre Augen mit Blut unterliefen. Sie legte einfach ihre beiden Hände auf seine Hand, mit der er sie an der Kehle würgte, und sah ihm unverwandt ins Gesicht.

«Das steckt also in dir?» röchelte Wassilij, immer rasender werdend. «Und dabei hast du geschwiegen, du Vettel, mich umarmt, zärtlich mit mir getan ... ich werde dir zeigen!»

Er drückte sie zur Erde nieder und traf mit Genuß einmal und noch einmal ihren Hals mit schweren Schlägen der geballten Faust. Es bereitete ihm ein angenehmes Gefühl, wenn seine Faust mit voller Wucht ihren straffen Hals traf.

«Da ... Was, du Schlange?» rief er triumphierend und schleuderte sie von sich.

Ohne einen Klagelaut, still und ruhig fiel sie auf den Rükken, rot und zerzaust und dennoch schön. Ihre grünen Augen sahen ihn durch die Wimpern mit kaltem Haß an. Prustend vor Erregung und angenehm befriedigt, seiner Wut freien Lauf gelassen zu haben, bemerkte er ihren Blick nicht, und als er sie siegesbewußt anblickte, da lächelte sie. Ihre vollen Lippen zitterten, ihre Augen flammten auf, in ihren Wangen erschienen Grübchen. Wassilij betrachtete sie erstaunt.

«Was hast du? Teufel!» rief er und zerrte sie derb an der Hand.

«Waska ... hast *du* mich geschlagen?» fragte sie flüsternd.

«Nun, wer denn sonst?» Verständnislos sah er sie an und wußte nicht, was er tun sollte. Ob er sie nicht noch einmal schlagen sollte? Aber er empfand schon keine Wut mehr, und seine Hand erhob sich nicht mehr gegen sie.

«Du liebst mich also?» fragte sie wieder, und bei ihrem Flüstern überlief es ihn heiß.

«Schon gut», sagte er finster. «So muß man dich behandeln?»

«Und ich dachte, du liebst mich nicht mehr ... ich dachte: Jetzt ist sein Sohn gekommen ... da wird er mich wegjagen.» Sie brach in ein seltsames, überlautes Gelächter aus.

«Dummes Weib», sagte Wassilij, unwillkürlich mitlachend. «Mein Sohn – muß ich nach seiner Pfeife tanzen?»

Er schämte sich vor ihr, und sie tat ihm leid, aber ihrer Reden gedenkend, begann er streng: «Es handelt sich hier gar nicht um meinen Sohn ... Aber daß ich dich geschlagen habe, daran bist du selbst schuld, warum hast du mich gereizt?»

«Das habe ich doch mit Absicht getan ... ich wollte dich prüfen.» Und sie schmiegte sich mit der Schulter an ihn.

«Prüfen? Wozu? Nun weißt du's.»

«Macht nichts», sagte Malwa voller Überzeugung und kniff die Augen zusammen, «ich bin nicht böse – du hast mich doch aus Liebe geschlagen? Ich werde es dir schon vergelten ...» Sie sah ihn scharf an und wiederholte leiser: «Oh! wie ich es dir vergelten werde!»

Wassilij hörte aus diesen Worten ein Versprechen heraus, das ihm angenehm war, es versetzte ihn in süße Aufregung. Lächelnd fragte er: «Wie denn? ... Sag doch!»

«Du wirst schon sehen», sagte Malwa ruhig, aber ihre Lippen zitterten.

«Ach, du mein Liebchen!» rief Wassilij und preßte sie fest wie ein Verliebter in seine Arme. «Aber weißt du, nachdem ich dich geschlagen habe, bist du mir noch teurer geworden! Wirklich! Vertrauter ... Oder wie soll ich sagen?»

Möwen schossen über ihnen auf und ab. Der sanfte Seewind trug die Wellenspritzer fast bis zu ihren Füßen, und unermüdlich tönte das Lachen des Meeres.

«Ach, was ist das für ein Leben!» seufzte Wassilij befreit auf, während er versonnen die Frau liebkoste, die sich an ihn schmiegte. «Wie ist doch in der Welt alles eingerichtet: was Sünde ist, das ist süß. Du begreifst das natürlich überhaupt nicht ... aber ich denke manchmal über das Leben nach, und da kommt mich geradezu Grausen an. Besonders nachts ... wenn ich nicht schlafen kann ... Da sehe ich: vor mir das Meer, über mir Himmel, ringsum so dunkel, so unheimlich ... und ich ganz allein! Und man kommt sich dann so-o klein, so klein vor ... die Erde schwankt unter einem, und niemand ist da außer einem selbst. Wenn du wenigstens dann bei mir wärst ... wären wir doch zu zweit ...»

Malwa lag mit geschlossenen Augen auf seinen Knien und schwieg. Wassilijs etwas grobes, aber gutes, von Sonne und Wind gebräuntes Gesicht beugte sich über sie, sein gebleichter großer Bart kitzelte ihren Hals. Die Frau rührte sich nicht, nur ihre Brust hob und senkte sich gleichmäßig. Wassilijs Augen schweiften bald über das Meer, bald ruhten sie auf dieser Brust, die ihm so nahe war. Ohne Hast begann er sie auf den Mund zu küssen und schmatzte dabei so laut, als äße er heißen Grützbrei mit viel Butter.

Wohl drei Stunden verbrachten sie so; als die Sonne begann,

im Meer zu versinken, sagte Wassilij mit trauriger Stimme: «Na, ich werde jetzt Teewasser machen, unser Gast wird bald aufwachen!»

Malwa rückte mit der trägen Bewegung eines verwöhnten Kätzchens zur Seite, er stand unlustig auf und ging zur Hütte. Die Frau sah ihm durch die nur wenig gehobenen Wimpern nach und holte tief Luft, wie Menschen, welche eine Last abgeworfen haben, die schwer auf ihnen lag.

Dann saßen sie zu dritt um das Feuer und tranken Tee.

Die Sonne färbte das Meer mit den lebhaften Farben des Sonnenuntergangs, die grünlichen Wellen glänzten wie Purpur und Perlen. Während Wassilij aus einem weißen irdenen Henkeltopf schluckweise Tee trank, fragte er seinen Sohn nach dem Dorf aus und frischte selbst Erinnerungen auf. Malwa hörte ihre langsame Unterhaltung an, ohne sich einzumischen.

«Die Bäuerlein schlagen sich also durch?»

«Ja, so gut es geht...», antwortete Jakow.

«Braucht unsereins denn viel? Das Haus und genügend Brot und feiertags ein Glas Schnaps... Aber auch das gibt es nicht einmal... Wäre ich denn fortgegangen, wenn ich mich zu Hause hätte ernähren können? Im Dorf bin ich mein eigener Herr, allen gleichgestellt, und hier ein Knecht...»

«Dafür wird man hier aber besser satt, und die Arbeit ist leichter...»

«Nun, das kannst du auch nicht sagen! Es kommt vor, daß einem alle Knochen weh tun. Und dann arbeitet man hier für einen Fremden und dort für sich.»

«Aber du verdienst hier mehr», entgegnete Jakow ruhig.

Innerlich gab Wassilij dem Sohn recht. Auf dem Dorf waren Leben und Arbeit schwerer als hier. Er wollte aber nicht, daß Jakow dies wußte. Und er sagte streng: «Hast du den hiesigen Verdienst gezählt? Auf dem Dorf, mein Lieber...»

«Ist es wie in einer Grube, eng und dunkel», lachte Malwa. «Und besonders das Leben der Weiber – nichts als Tränen.»

«Das Leben der Weiber ist überall gleich... Und die Sonne ist auch überall ein und dieselbe.» Wassilij warf mit gerunzelter Stirn einen Blick auf sie.

«Nun, das ist nicht wahr!» rief sie, lebhafter werdend. «Auf dem Dorf muß ich heiraten, ob ich will oder nicht. Eine verheiratete Bäuerin ist ihr Leben lang Sklavin: ernten muß sie und spinnen, Vieh füttern und Kinder kriegen ... Was bleibt denn für sie selbst übrig? Nur die Prügel des Mannes und Geschimpfe ...»

«Es gibt nicht nur Prügel», unterbrach Wassilij sie.

«Und hier gehöre ich keinem», redete sie fort, ohne auf ihn zu hören. «Wie eine Möwe flieg ich, wohin ich will. Niemand wird mir den Weg versperren ... Niemand wird mich anrühren!»

«Und wenn man dich anrührt?» fragte Wassilij auflachend in mahnendem Ton.

«Nun, ich werde es schon vergelten!» sagte sie leise, und ihr flammender Blick erlosch.

Wassilij lachte nachsichtig.

«Ach du! Gewandt bist du, und doch schwach! Du redest, wie eben ein Weib redet. Auf dem Dorf ist die Frau notwendig fürs Leben ... hier aber lebt sie nur so ... zur Unterhaltung ...» Und nach kurzem Schweigen fügte er hinzu: «... zum Sündigen.»

Als ihr Gespräch abbrach, seufzte Jakow gedankenverloren und sagte: «Als ob dieses Meer gar kein Ende hätte ...»

Alle drei blickten schweigend auf die öde Fläche vor ihnen.

«Wenn das alles Land wäre!» rief Jakow aus und beschrieb mit dem Arm einen weiten Bogen. «Und Schwarzerde müßte das sein! Und man könnte es pflügen!»

«Sieh mal an!» lachte Wassilij gutmütig und sah mit beifälligem Blick in das Gesicht des Sohnes, das von der Stärke des Wunsches gerötet war. Er hörte aus den Worten seines Sohnes gern die Liebe zur Scholle heraus und glaubte, daß diese Liebe Jakow vielleicht bald und zwingend von den Verführungen des freien Gewerbelebens ins Dorf zurückrufen würde. Und er selbst könnte dann mit Malwa hierbleiben, und alles bliebe beim alten.

«Das hast du gut gesagt, Jakow! So gehört es sich für einen Bauer. Aus dem Boden nimmt der Bauer seine Kraft; solange er auf ihm steht, lebt er; reißt er sich von ihm los, ist er verloren! Der Bauer ohne Land ist wie ein Baum ohne Wurzel: Zur Bearbeitung taugt er noch, aber leben kann er nicht mehr lange, er verfault. Und die Schönheit des Waldes hat er verloren – geschält, behobelt, unansehnlich ist er! ... Ja, Jakow, da hast du sehr treffende Worte gesagt.»

Das Meer empfing die Sonne in seinem Schoß mit der freundlichen Musik seiner plätschernden Wellen, die von den scheidenden Sonnenstrahlen mit wunderbaren, reich abgestuften Farben geschmückt waren. Der göttliche Urquell des lebenspendenden Lichts nahm Abschied vom Meer durch die beredte Harmonie seiner Farben, um weit entfernt von den drei Menschen, die ihn beobachteten, die schlaftrunkene Erde mit dem freudigen Glanz seiner aufgehenden Strahlen zu wecken.

«Meine Seele schmilzt dahin, wenn ich zusehe, wie die Sonne untergeht, bei Gott!» sagte Wassilij zu Malwa.

Sie antwortete nicht. Jakows blaue Augen schweiften lächelnd über das weite Meer. Lange schauten alle drei dorthin, wo die letzten Augenblicke des Tages erloschen. Vor ihnen glimmten die Holzkohlen. Hinter ihnen breitete die Nacht ihre Schatten über den Himmel. Der gelbe Sand wurde dunkel, die Möwen waren verschwunden – alles ringsum wurde still und zärtlich verträumt ... Und sogar die rastlosen Wellen rauschten beim Auflaufen auf den Sand der Landzunge nicht mehr so lustig und laut wie am Tage.

«Was sitze ich noch?» sagte Malwa, «ich muß gehn.»

Wassilij zuckte ein wenig zusammen und warf einen Blick auf seinen Sohn.

«Wohin willst du so eilig?» murmelte er unzufrieden. «Warte doch, der Mond geht bald auf.»

«Was soll der Mond? Ich hab auch so keine Angst; es ist nicht das erstemal, daß ich nachts von hier fortgehe.»

Jakow warf einen Blick auf den Vater und kniff die Augen zusammen, um ein spöttisches Lächeln zu verbergen; darauf sah er Malwa an, und ihre Blicke begegneten sich; das war ihm peinlich.

«Nun, was? So geh!» entschied Wassilij unzufrieden und mißmutig.

Sie stand auf, verabschiedete sich und ging langsam an dem Strand der Landzunge entlang; die Wellen rollten ihr bis vor die Füße, als wollten sie mit ihr spielen. Flimmernd glommen am Himmel die Sterne auf: seine goldenen Blüten. Malwas grelle Bluse wurde in der Dämmerung immer undeutlicher, je weiter sie sich von Wassilij und seinem Sohn entfernte, die sie mit ihren Blicken begleiteten.

«Komm geschwind, ach Liebster mein,
Schmieg dich an den Busen mein!»

stimmte Malwa mit hoher, schriller Stimme an.

Es schien Wassilij, als ob sie stehenbliebe und wartete. Grimmig spuckte er aus und dachte: Das tut sie absichtlich, um mich zu necken, die Teufelin!

«Hör nur, sie singt», lachte Jakow.

Für ihre Augen war sie nur noch ein grauer Fleck in der Dämmerung.

«Schone meine Brüste nicht,
Die beiden weißen Schwäne!»

tönte ihre Stimme über das Wasser.

«Hör nur!» rief Jakow und beugte sich mit dem ganzen Oberkörper vor nach der Richtung, aus der die verführerischen Worte herüberklangen.

«Das heißt, du bist mit der Wirtschaft also nicht fertig geworden?» ertönte Wassilijs rauhe Stimme.

Jakow sah ihn verständnislos an und setzte sich wieder zurecht. Vom Rauschen der Wellen verschluckt, drangen nur einzelne abgerissene Worte des neckischen Liedes an ihr Ohr.

«Ach ... ich kann nicht schlafen
Allein ... in dieser Nacht!»

«Es ist so heiß», rief Wassilij jammernd und drehte sich im Sande hin und her. «Es ist doch schon Nacht ... und immer noch heiß! So eine verdammte Gegend!»

«Das kommt davon, weil der Sand am Tage so heiß geworden ist», sagte Jakow, sich zur Seite drehend, und es klang, als stotterte er.

«Was hast du? Lachst du etwa?» fragte der Vater ihn streng.

«Ich?» fragte Jakow unschuldig. «Worüber denn?»

«Das will ich meinen, es ist auch gar kein Grund dazu ...»

Sie verstummten. Doch durch das Rauschen der Wellen erreichten sie Laute, die halb wie Seufzer, halb wie zärtliche leise Rufe klangen.

Zwei Wochen waren vergangen. Wieder war Sonntag, und wiederum lag Wassilij Legostjew neben seiner Hütte im Sand, schaute aufs Meer und wartete auf Malwa. Und das öde Meer spielte lachend mit der sich spiegelnden Sonne, und tausend und aber tausend Wellen entstanden, um auf den Strand zu laufen, ihre Schaumkronen abzuwerfen, ins Meer zurückzurollen und in ihm zu zergehen. Alles war so wie vor vierzehn Tagen. Aber während Wassilij früher seine Geliebte mit ruhiger Zuversicht erwartet hatte, wartete er heute mit Ungeduld auf sie. Am letzten Sonntag war sie nicht dagewesen – heute mußte sie kommen! Er zweifelte nicht daran, daß sie kommen würde, aber er wollte sie recht bald sehen. Jakow würde ihn heute nicht stören: Vor zwei Tagen war er mit anderen Fischern hier gewesen, ein Netz zu holen, und hatte gesagt, daß er sich gleich Sonntag früh in die Stadt begeben wolle, um sich Hemden zu kaufen. Er hatte sich für fünfzehn Rubel monatlich als Fischer verdungen, war bereits mehrere Male zum Fischen ausgefahren und sah vergnügt und munter aus. Wie alle Arbeiter roch er nach gesalzenen Fischen, und wie alle war er schmutzig und abgerissen. Beim Gedanken an den Sohn seufzte Wassilij: Wenn er hier nur keinen Schaden nimmt ... Er wird sich verwöhnen ... Dann wird er am Ende gar nicht mehr ins Dorf zurückgehen wollen ... Und dann werde ich selbst hin müssen ...

Außer den Möwen war niemand auf dem Meer. Dort, wo es durch einen schmalen Streifen Sandküste vom Himmel getrennt war, erschienen manchmal kleine schwarze Pünktchen, bewegten sich und verschwanden wieder. Das Boot aber kam nicht, obgleich die Sonnenstrahlen schon fast senkrecht ins Meer fielen. Um diese Zeit pflegte Malwa sonst längst hier zu sein.

Zwei Möwen stießen in der Luft aufeinander und hackten sich, daß die Federn flogen. Ihre erbitterten Schreie zerrissen den fröhlichen Gesang der Wellen, diesen immerwährenden Gesang, der so harmonisch mit der feierlichen Ruhe des leuchtenden Himmels verschmolzen war, daß er nur der Klang des freudigen Spiels der Sonnenstrahlen auf der Meeresfläche zu sein schien. Die Möwen stießen ins Wasser, hackten einander, schrien rasend vor Schmerz und Wut und hoben sich, einander verfolgend, wieder in die Luft ... Ihre Gefährten aber – ein ganzer Schwarm – fischten gierig, als ob sie diesen Kampf nicht sähen, und schlugen Purzelbäume im glitzernden durchsichtigen grünlichen Wasser.

Das Meer blieb verlassen. Der bekannte dunkle Punkt fern an der Küste erschien nicht.

«Du kommst nicht?» sagte Wassilij laut. «Nun, ist auch nicht nötig! Oder bildest du dir ein ...?» Und er spuckte verächtlich in Richtung der Küste aus.

Das Meer lachte ...

Wassilij stand auf und ging in die Hütte mit der Absicht, sich Mittagessen zu kochen; aber er spürte keinen Appetit, kehrte zu seinem alten Platz zurück und legte sich wieder hin.

Wenn wenigstens Serjoshka käme! rief er in Gedanken aus und zwang sich, an Serjoshka zu denken. Das ist ein strammer Kerl! Alle lacht er aus, auf alle geht er mit den Fäusten los. Gesund ist er, hat Lebenserfahrung, kann lesen und schreiben – aber er trinkt. In seiner Gesellschaft ist es immer lustig ... Die Weiber sind hin von ihm und laufen ihm alle nach, obgleich er erst seit kurzem hier ist. Nur Malwa hält sich ihm fern ... Und jetzt kommt sie nicht. So ein verfluchtes Frauenzimmer! Ob sie böse auf mich ist, weil ich sie geschlagen habe? Als ob das was Neues für sie wäre! Wie mögen andere sie schon geprügelt haben! Aber ich werde es ihr jetzt auch heimzahlen!

Mit solchen Gedanken über seinen Sohn, über Serjoshka und vor allem über Malwa wälzte sich Wassilij im Sande und wartete immerzu. Die unruhige Stimmung verwandelte sich allmählich in einen finstern, argwöhnischen Gedanken, aber er wollte nicht dabei verweilen. So verbrachte er, da er sich sein Mißtrauen nicht eingestehen wollte, die Zeit bis zum Abend, indem er bald aufstand und im Sand umherging, bald sich aufs neue niederlegte. Das Meer war schon dunkel geworden, aber er beobachtete immer noch den fernen Horizont und wartete auf das Boot.

Malwa kam an diesem Tage nicht.

Als Wassilij sich schlafen legte, schimpfte er enttäuscht auf seinen Dienst, der ihm nicht erlaubte, an die Küste zu gehen; im Einschlafen sprang er noch mehrmals auf. In der Schlaftrunkenheit hatte er geglaubt, in der Ferne Ruderschläge zu vernehmen. Dann schirmte er die Augen mit der Hand ab und sah auf das trübe dunkle Meer hinaus. Beim Werk an der Küste brannten zwei Feuer, auf dem Meer aber war niemand.

«Gut, du Hexe!» drohte er. Und dann fiel er in einen schweren Schlaf.

Im Werk aber ging an diesem Tage folgendes vor sich.

Jakow war früh am Morgen aufgestanden, als die Sonne noch nicht so heiß brannte und vom Meere her erfrischende Kühle wehte. Er ging aus der Baracke ans Meer, um sich zu waschen, und als er an den Strand kam, erblickte er Malwa. Sie saß am Heck eines großen Ruderbootes, das am Ufer vertäut war, ließ die nackten Beine über Bord hängen und kämmte ihr nasses Haar.

Jakow blieb stehen und betrachtete sie mit neugierigen Blikken. Die offene Kattunbluse war von der einen Schulter herabgeglitten, und die Schulter war so weiß und verlockend.

Die Wellen schlugen gegen das Heck der Barkasse, Malwa wurde bald emporgehoben, bald sank sie so tief, daß ihre nackten Füße fast das Wasser berührten.

«Du hast wohl gebadet?» rief Jakow.

Sie wandte ihm ihr Gesicht zu, sah ihn flüchtig an und antwortete im Weiterkämmen: «Ja . . . was bist du so früh aufgestanden?»

«Du noch früher . . .»

«Was für ein Maßstab bin ich denn für dich?»

Jakow antwortete nicht.

«Willst du nach meiner Manier hier leben, wird es dir schwerfallen, den Kopf zu heben!» sagte sie.

«Oho! Sieh mal an, wie fürchterlich du bist!» lachte Jakow spöttisch, hockte nieder und begann sich zu waschen.

Er schöpfte das Wasser mit der hohlen Hand, spritzte es sich ins Gesicht und ächzte, als er die Kühle spürte. Während er sich mit dem Hemdensaum abtrocknete, fragte er Malwa: «Was suchst du mir dauernd Angst zu machen?»

«Und was hast du mich anzustarren?»

Jakow konnte sich nicht erinnern, nach ihr mehr als nach den anderen Arbeiterinnen geschaut zu haben, jetzt aber sagte er plötzlich zu ihr: «Ja, wenn du aber wie zum ... Anbeißen bist!»

«Warte nur, wenn dein Vater von deinen neuen Gewohnheiten erfährt, wird er dir den Kopf waschen.»

Sie sah ihm verschmitzt und herausfordernd ins Gesicht.

Jakow lachte und kletterte auf die Barkasse. Er begriff zwar wieder nicht, von was für Gewohnheiten sie sprach, aber wenn sie das sagte, so hatte er sie offenbar öfter scharf angesehen. Er fand das angenehm und lustig.

«Wie ist das eigentlich mit dem Vater?» sagte er, während er auf dem Bord des Ruderbootes auf sie zuging. «Bezahlt er dich?»

Er setzte sich neben sie und starrte auf ihre nackte Schulter, die halbentblößte Brust, auf ihre ganze frische kraftvolle Gestalt, die nach dem Meer duftete.

«Der reinste Hausen bist du!» rief er voll Entzücken, nachdem er sie genau betrachtet hatte.

«Nicht für dich!» erklärte sie kurz, ohne ihn anzusehen und ohne ihre offenherzige Bekleidung in Ordnung zu bringen.

Jakow seufzte.

Unübersehbar dehnte sich das Meer in den Strahlen der Morgensonne vor ihnen aus. Spielerische kleine Wellen, die unter dem sanften Hauch des Windes entstanden, schlugen leise gegen die Bordwand. Fern im Meer erschien die Landzunge wie eine Narbe auf seiner Atlasbrust. An ihrer Spitze bohrte sich die Stange wie ein feiner Strich in den weichen blauen Hintergrund des Himmels, und man konnte den Lappen im Winde flattern sehen.

«Ja, mein Bürschchen!» begann Malwa, ohne Jakow anzusehen, «zum Anbeißen bin ich, aber nicht für dich ... Ich bin nicht käuflich, und deinem Vater bin ich auch nicht untertan. Ich lebe nach meinem eigenen Willen ... Aber dräng dich mir nicht auf, denn ich will nicht zwischen dir und Wassilij stehen ... Ich will keinen Zank und mögliche Scherereien ... Verstanden?»

«Was tue ich denn?» wunderte sich Jakow, «ich rühre dich ja gar nicht an ...»

«Anzurühren wirst du mich nicht wagen!» sagte Malwa.

Sie sagte das in so geringschätzigem Ton, daß Jakow als Mann wie als Mensch sich gekränkt fühlte. Ein herausforderndes, fast boshaftes Gefühl ergriff ihn, seine Augen loderten.

«Oho! Ich wage es nicht?» rief er und rückte näher.

«Nein!»

«Meinst du wirklich? Und wenn ich dich nun anrühre?»

«Versuch's doch!»

«Und was dann?»

«Dann kriegst du einen Stoß ins Genick, daß du kopfüber ins Wasser fällst.»

«Tu's doch!»

«Versuch's doch!»

Er umfing sie mit heißen Blicken, und plötzlich packte er sie von der Seite mit seinen starken Tatzen und preßte ihr Brust und Rücken zusammen. Durch die Berührung mit ihrem heißen kraftvollen Körper entflammte er ganz und gar, und seine Kehle schnürte sich zusammen, als wollte er ersticken.

«Siehst du! Nun ... schlage doch! Nun ...?»

«Laß los, Jaschka!» sagte sie ruhig und versuchte, sich aus seinen zitternden Händen zu befreien.

«Du wolltest mir doch eins ins Genick geben?»

«Laß los! Sieh dich vor, sonst geht es dir schlecht!»

«Hör auf ... mach mir keine Angst! Ach du ... Himbeere!»

Er drückte sich an sie und sog sich mit seinen vollen Lippen an ihrer geröteten Wange fest.

Sie lachte herausfordernd, packte Jakow kräftig bei den Händen und warf sich plötzlich mit einer heftigen Bewegung des ganzen Körpers nach vorn. In gegenseitiger Umarmung stürzten sie als schwere Masse ins Wasser und verschwanden in Schaum und Spritzern. Danach erschien Jakows nasser Kopf mit erschrockenem Gesicht auf dem bewegten Wasser, und neben ihm tauchte Malwa an die Oberfläche. Verzweifelt mit den Armen rudernd, zerteilte Jakow das Wasser um sich her, heulte und brüllte, während Malwa ihn laut lachend umschwamm, ihm Hände voll Salzwasser ins Gesicht spritzte und wieder tauchte, um seinen weitausholenden Armbewegungen auszuweichen.

«Teufel!» schrie Jakow prustend. «Ich ertrinke! Hör auf! ... Bei Gott ... ich ertrinke! Das Wasser ist bitter ... Ach du ... ich ertrinke!»

Aber sie ließ schon von ihm ab und schwamm wie ein Mann, mit den Armen weit ausholend, auf das Ufer zu. Dort kletterte sie gewandt in die Barkasse, stellte sich an das hintere Ende und sah lachend zu, wie Jakow hastig auf sie zuschwamm. Die nasse Kleidung klebte an ihrem Körper und zeichnete ihren Körper von den Knien bis zu den Schultern deutlich ab. Als Jakow an das Boot herangeschwommen war, hielt er sich mit der Hand daran fest und starrte diese fast nackte Frau, die ihn lustig auslachte, mit gierigen Blicken an.

«Na, kriech heraus, du Seehund!» sagte sie unter Lachen, kniete nieder und reichte ihm ihre Hand, während sie sich mit der anderen auf den Bootsrand stützte.

Jakow ergriff ihre Hand und rief begeistert: «Nun, halte dich fest! Ich bade dich!»

Er stand bis an die Schultern im Wasser und versuchte, sie zu sich zu ziehen. Die Wellen rollten über seinen Kopf hinweg, zerschellten am Boot und spritzten Malwa ins Gesicht. Sie kniff die Augen zusammen und lachte laut, und plötzlich sprang sie aufkreischend ins Wasser und warf durch die Schwere ihres Körpers Jakow um.

Wie zwei große Fische begannen sie von neuem in dem grünlichen Wasser zu spielen, bespritzten einander und kreischten, prusteten und tauchten.

Lachend sah die Sonne auf sie herab, und die Fensterscheiben des Werkes spiegelten die Sonne wider und lachten ebenfalls. Von ihren starken Armen zerteilt, rauschte das Wasser; aufgestört durch die herumtollenden Menschen, jagten die Möwen mit durchdringenden Schreien über ihren Köpfen hin und her, die unter den aus der Ferne heranrollenden Wellen immer wieder verschwanden.

Müde kletterten sie schließlich, nachdem sie reichlich Wasser geschluckt hatten, ans Ufer und setzten sich in die Sonne, um sich zu erholen.

«Pfui!» Jakow verzog sein Gesicht und spuckte aus. «Ist das ein dreckiges Wasser! Daher ist auch so viel davon da!»

«Dreckzeug ist immer viel auf der Welt, Burschen zum Beispiel, mein Gott wie viele!» lachte Malwa und drückte das Wasser aus ihrem Haar . . .

Ihre Haare waren dunkel und wenn auch nicht lang, so doch dicht und lockig.

«Darum hast du dir auch cinen Alten ausgesucht», lachte Jakow boshaft und stieß sie mit dem Ellbogen in die Seite.

«Mancher Alte ist besser als ein Junger.»

«Wenn der Vater schon gut ist, muß der Sohn doch noch besser sein.»

«Sieh mal an, wo hast du denn das Prahlen gelernt?»

«Die Mädchen auf dem Dorf haben mir oft gesagt, daß ich durchaus kein schlechter Bursche bin.»

«Was verstehen schon die Mädchen davon! Mich mußt du fragen . . .»

«Was bist du denn? Etwa kein Mädchen?»

Sie blickte ihn scharf an, er lachte schamlos. Da wurde sie plötzlich ernst und sagte heftig: «Ich habe mal ein Kind gehabt.»

«Es paßt, aber es reimt sich nicht», sagte Jakow und lachte laut.

«Dummkopf!» schleuderte Malwa ihm schroff ins Gesicht und wandte sich ab.

Eingeschüchtert verstummte Jakow und preßte die Lippen aufeinander. Wohl eine halbe Stunde schwiegen beide und drehten sich dabei in der Sonne, damit sie ihre nassen Kleider möglichst schnell trocknete.

In den Baracken, langen schmutzigen Schuppen mit Pultdächern, erwachten die Arbeiter. Von weitem sahen sie einer wie der andere aus: abgerissen, struppig, barfuß ... Ihre heiseren Stimmen waren bis an den Strand zu hören; irgendwer klopfte auf den Boden einer leeren Tonne, dumpfe Schläge flogen herüber wie das Dröhnen einer großen Pauke. Zwei Frauen zankten sich kreischend, ein Hund bellte.

«Sie wachen auf!» sagte Jakow. «Und ich wollte doch heute recht früh in die Stadt fahren ... und nun habe ich mit dir Unsinn getrieben.»

«Bei mir kommt nichts Gutes heraus», sagte sie halb scherzhaft, halb ernst.

«Warum versuchst du ständig, mich zu erschrecken?» lachte Jakow verwundert.

«Du wirst schon sehen, wenn dein Vater dich ...»

Diese Erwähnung des Vaters erboste ihn plötzlich.

«Was wird der Vater? Nun?» rief er grob. «Der Vater! Ich bin kein kleines Kind mehr ... Als ob das von Bedeutung wäre! ... Hier sind andere Verhältnisse ... ich bin auch nicht blind, ich kann sehen! Er ist selbst kein Engel ... er legt sich hier keinen Zwang auf ... dann soll er mich auch in Ruhe lassen.»

Sie sah ihm spöttisch ins Gesicht und fragte neugierig: «Er soll dich in Ruhe lassen? Was hast du denn vor?»

«Ich?» Er blies die Backen auf und drückte die Brust heraus, als höbe er eine Last. «Ich, fragst du? Ich kann viel! Ich habe mir lange genug Wind um die Ohren blasen lassen, der hat den Staub des Dorfes von mir weggeblasen.»

«Ziemlich schnell!» rief Malwa spöttisch.

«Na und? Ich mach dich dem Vater abspenstig!»

«Nicht möglich! Wirklich?»

«Glaubst du, ich habe Angst?»

«Wirklich nicht?»

«Hör mal zu», begann Jakow hitzig und erregt, «reize mich nicht! Ich ... nimm dich in acht!»

«Was?» fragte sie ruhig.

«Nichts!» Er wandte sich ab und schwieg mit der Miene eines selbstbewußten schneidigen Burschen.

«Bist du aber heftig! Weißt du, der Verwalter hat doch ein schwarzes Hündchen, hast du es gesehen? Das ist gerade so wie du. Aus der Ferne bellt es und tut, als wollte es einen beißen, und wenn man näher kommt, klemmt es den Schwanz ein und reißt aus.»

«Nun gut!» rief Jakow, in Wut geratend. «Warte nur! Du wirst schon sehen, wer ich bin, du wirst schon sehen.»

Doch sie lachte ihm ins Gesicht.

Langsamen Schrittes, mit wiegendem Oberkörper, kam jetzt ein großer, muskulöser bronzefarbener Mann mit einer dichten Kappe zerzauster feuerroter Haare auf sie zu. Das ungegürtete rote Kattunhemd war auf dem Rücken fast bis zum Kragen zerrissen, und damit die Ärmel ihm nicht über die Hände rutschten, hatte er sie bis an die Schultern aufgekrempelt. Seine Hosen stellten eine Sammlung verschiedenartiger Löcher vor, er war barfuß. Im Gesicht, das dicht mit Sommersprossen übersät war, funkelten verwegen große blaue Augen, die aufgestülpte Nase gab seiner ganzen Gestalt ein unbekümmert freches Aussehen. Herangekommen, blieb er vor ihnen stehen, daß sie seinen Körper durch die unzähligen Löcher in seiner Kleidung in der Sonne blitzen sehen konnten, zog geräuschvoll durch die Nase hoch, starrte sie fragend an und schnitt eine komische Grimasse.

«Gestern hat Serjoshka ein wenig getrunken, und heute ist in Serjoshkas Tasche so viel wie in einem Korb ohne Boden ... Leiht mir einen Zwanziger! Ich geb ihn sowieso nicht zurück ...»

Jakow lachte gutmütig über seine kecke Ansprache, Malwa lächelte bei der Betrachtung seiner zerlumpten Gestalt.

«Gebt her, ihr Teufel! Für einen Zwanziger traue ich euch, wollt Ihr?»

«Ach du Spaßvogel! Bist du etwa ein Pope?» lachte Jakow.

«Dummkopf! Ich bin in Uglitsch bei einem Popen Hausknecht gewesen ... gib einen Zwanziger!»

«Ich will nicht getraut werden!» weigerte sich Jakow.

«Einerlei! Gib her! Ich werde deinem Vater nicht sagen, daß du seiner Dame nachstellst», beharrte Serjoshka und leckte sich die gesprungenen trockenen Lippen.

«Lüge nur, er glaubt dir auch so ...»

«Ich werde schon lügen, daß er's glaubt!» versprach Serjoshka, «und dann prügelt er dich durch – und wie!»

«Ich habe keine Angst!» lachte Jakow.

«Na, dann werde ich dich durchprügeln!» erklärte Serjoshka ruhig und kniff die Augen zusammen.

Jakow tat es um die zwanzig Kopeken leid, aber man hatte ihn schon gewarnt, sich mit Serjoshka einzulassen, und ihm geraten, lieber dessen Forderungen nachzukommen. Übermäßig viel fordere er nicht, aber wenn man ihm das nicht gebe, spiele er einem bei der Arbeit irgendeinen gemeinen Streich oder schlüge einen um nichts und wieder nichts krumm und lahm. Dieser Lehre eingedenk, griff Jakow seufzend in die Tasche.

«So ist's recht», ermunterte Serjoshka ihn und ließ sich neben ihm im Sande nieder. «Höre nur immer auf mich, dann bist du klug. Und du», wandte er sich an Malwa, «gedenkst du nun, mich bald zu heiraten? Entschließ dich rasch – lange warte ich nicht.»

«Abgerissen bist du ... Näh erst deine Löcher zu, dann können wir darüber reden», antwortete Malwa.

Serjoshka betrachtete kritisch seine Löcher und schüttelte den Kopf. «Gib mir lieber deinen Rock!»

«So», sagte Malwa lachend.

«Ja, wirklich! Du hast doch irgendeinen alten – gib ihn mir.»

«Kauf dir lieber eine Hose», riet Malwa.

«Na, lieber vertrinke ich das Geld.»

«Lieber?» lachte Jakow, der die vier Fünfkopekenstücke in der Hand hielt.

«Wieso denn nicht? Der Pope hat mir gesagt, der Mensch soll sich nicht um sein Fell sorgen, sondern um seine Seele. Meine Seele verlangt nach Schnaps und nicht nach Hosen.

Her mit dem Geld! Na, jetzt geh ich saufen . . . Aber deinem Vater werde ich doch von dir erzählen.»

«Erzähle nur!» Jakow winkte mit der Hand ab und zwinkerte Malwa verwegen zu, indem er sie an die Schulter stieß.

Serjoshka bemerkte das, spuckte aus und versprach noch: «Die Prügel bekommst du noch . . . Sobald ich einmal Zeit habe, verwalke ich dich gründlich!»

«Wofür denn?» fragte Jakow beunruhigt.

«Ich weiß schon, wofür . . . Na, heiratest du mich also bald?» wandte sich Serjoshka wieder an Malwa.

«Erzähl mir erst mal, was wir dann machen und wie wir leben werden, dann will ich darüber nachdenken», sagte sie ernsthaft.

Serjoshka sah mit zusammengekniffenen Augen aufs Meer hinaus, leckte sich die Lippen und erklärte: «Nichts werden wir tun, bummeln werden wir!»

«Und woher nehmen wir was zu essen?»

«Na!» Serjoshka machte eine geringschätzige Handbewegung, «du überlegst genausoviel wie meine Mutter. Wie und was? Als ob ich wüßte, wie und was? Ich geh jetzt trinken . . .»

Er stand auf und ging fort, begleitet von einem eigentümlichen Lächeln Malwas und einem feindseligen Blick des Burschen.

«So ein Kommandeur!» sagte Jakow, als Serjoshka weit genug weg war. «Bei uns auf dem Dorf würde man solch einen Gecken rasch bändigen . . . Wir würden ihm eine gehörige Tracht Prügel verpassen, und Schluß . . . Hier dagegen haben sie Angst . . .»

Malwa sah ihn an und murmelte zwischen den Zähnen: «Ach, du Milchbart! Hast du eine Ahnung von seinem Wert!»

«Was heißt hier Wert? Solche kosten einen Fünfer das Bündel, und auch nur dann, wenn hundert aufs Bündel gehn.»

«Denkst du!» lachte Malwa spöttisch. «So viel bist du wert . . . er aber . . . ist überall gewesen, hat die Erde kreuz und quer durchwandert und fürchtet sich vor niemand . . .»

«Vor wem fürchte ich mich denn?» fragte Jakow tapfer.

Sie antwortete ihm nicht, sondern verfolgte nachdenklich

das Spiel der Wellen, die an den Strand rollten und die schwere Barkasse ins Schaukeln brachten. Der Mast schwankte hin und her, das Heck hob sich und fiel klatschend ins Wasser zurück. Es klang laut und gereizt, als wollte die Barkasse sich vom Ufer losreißen und ins weite, freie Meer davonfahren und ärgerte sich über das Tau, das sie festhielt.

«Nun, warum gehst du denn nicht?» fragte Malwa.

«Wohin soll ich denn?» erwiderte er.

«Du wolltest doch in die Stadt . . .»

«Ich gehe nicht.»

«Nun, dann fahr doch zu deinem Vater!»

«Und du?»

«Was?»

«Fährst du auch?»

«Nein.»

«Dann fahr ich auch nicht.»

«Willst du mir den ganzen Tag vor den Füßen sein?» fragte Malwa ruhig.

«Ich brauch dich gar nicht . . .», antwortete Jakow gekränkt, stand auf und ging.

Aber er hatte sich getäuscht, als er behauptete, er brauche sie nicht. Ohne sie wurde es ihm langweilig. Nach dem Gespräch mit ihr entstand bei ihm ein sonderbares Gefühl: ein verworrener Protest gegen den Vater, eine dumpfe Unzufriedenheit mit ihm. Gestern war das noch nicht gewesen, auch heute vor der Begegnung mit Malwa noch nicht . . . Jetzt dagegen schien es ihm, als wäre der Vater ihm im Wege, obgleich er sich doch dort fern im Meer, auf diesem dem Auge kaum wahrnehmbaren Streifen Sand befand. Später schien es ihm, daß Malwa sich vor dem Vater fürchtete. Wenn sie sich nämlich nicht fürchtete, käme er bei ihr ganz anders voran.

Er schlenderte durch den Betrieb und sah sich die Leute an. Im Schatten einer Baracke saß Serjoshka auf einer Tonne, klimperte auf einer Balalaika und sang unter komischen Grimassen:

«Sie, Herr Schutzmann, bitte drum,
Gehn Sie höflich mit mir um,

Führen Sie mich von hier weg,
Sonst fall ich noch in den Dreck.»

Er war von zwanzig ebenso zerlumpten Gesellen umringt, und alle rochen, wie alles hier, nach gesalzenem Fisch und Salpeter. Vier schmutzige häßliche Weiber saßen im Sand und tranken Tee, den sie sich aus einer großen blechernen Teekanne eingossen. Und ein Arbeiter, der trotz der frühen Stunde schon betrunken war, mühte sich, im Sande auf die Beine zu kommen, und fiel immer wieder hin. Irgendwo weinte winselnd eine Frau, die Klänge einer verstimmten Harmonika drangen herüber, und überall schimmerten Fischschuppen.

Um die Mittagszeit fand Jakow ein schattiges Plätzchen zwischen einem Haufen leerer Fässer, legte sich hin und schlief bis zum Abend; als er aufgewacht war, streifte er wieder durch den Betrieb und fühlte sich unbewußt irgendwohin gezogen.

Als er wohl zwei Stunden so umhergewandert war, fand er Malwa weit entfernt unter einer Gruppe junger Weiden. Sie lag auf der Seite, hielt ein zerfetztes Buch in den Händen und sah ihm lächelnd entgegen.

«Hier bist du also!» sagte er und setzte sich neben sie.

«Suchst du mich schon lange?» fragte sie ihn, dessen gewiß.

«Habe ich dich etwa gesucht?» rief Jakow und erkannte plötzlich, daß es sich so verhielt: er hatte sie gesucht. Verlegen schüttelte der Bursche den Kopf.

«Kannst du lesen?» fragte sie ihn.

«Ja, aber schlecht, hab schon alles vergessen . . .»

«Ich kann auch nur schlecht . . . Hast du es in der Schule gelernt?»

«Ja, in der Gemeindeschule.»

«Und ich hab es allein gelernt . . .»

«Wirklich?»

«Ja. Ich war in Astrachan Köchin bei einem Rechtsanwalt; sein Sohn hat mir das Lesen beigebracht.»

«Also doch nicht allein», erklärte Jakow.

Sie sah ihn an und fragte wieder: «Und liest du gern Bücher?»

«Ich? Nein ... wozu?»

«Aber ich, ich lese gern. Da hab ich mir von der Verwaltersfrau ein Buch ausgebeten.»

«Worüber?»

«Über den Gottesmann Alexej.»

Und nachdenklich erzählte sie ihm, wie der Jüngling, der Sohn reicher und angesehener Eltern, sie und sein glückliches Leben verließ und später bettelarm und zerlumpt zu ihnen zurückkehrte und bei den Hunden auf dem Hof lebte und ihnen bis an seinen Tod nicht sagte, wer er sei. Dann fragte sie leise: «Warum hat er das getan?»

«Wer kann das wissen?» antwortete Jakow gleichgültig.

Sanddünen, die von Wind und Wellen zusammengetragen waren, umgaben sie. Aus der Ferne klang hohler, dumpfer Lärm herüber – das waren die Arbeiter im Betrieb. Die Sonne war im Untergehn, auf dem Sand lag der rosige Widerschein ihrer Strahlen. Die dürftigen Weidenbüsche zitterten mit ihrem spärlichen Laub kaum merklich im leichten Seewind. Malwa schwieg, als horchte sie auf etwas.

«Warum bist du denn heute nicht dorthin gefahren, auf die Landzunge?»

«Was kümmert's dich?»

Jakow sah immer wieder mit lüsternen Blicken die Frau von der Seite an und überlegte, wie er ihr das Notwendige sagen sollte.

«Wenn ich allein bin und es so still ist ... dann möchte ich immer weinen ... oder singen. Nur kenne ich keine hübschen Lieder, und zu weinen schäme ich mich ...»

Er vernahm ihre leise freundliche Stimme, aber was sie sprach, berührte ihn innerlich gar nicht, sondern verlieh seinem Wunsch nur größere Heftigkeit.

«Weißt du was?» begann er dumpf, ihr etwas näher rückend, aber ohne sie anzusehen. «Hör mal, was ich dir sagen will ... ich bin doch ein junger Bursche ...»

«Und dumm, du-umm!» Voll Überzeugung dehnte Malwa das Wort und schüttelte den Kopf.

«Meinetwegen dumm!» rief Jakow ärgerlich. «Ist denn dazu

Verstand nötig? Dumm – na schön! Aber hör mal ... willst du mit mir ...»

«Nein!»

«Warum nicht?»

«Darum!»

«Du, mach keinen Unsinn ...» Er faßte sie vorsichtig an der Schulter. «Überleg doch ...»

«Mach, daß du wegkommst, Jaschka!» sagte sie rauh und schüttelte seine Hand ab. «Geh!»

Er stand auf und blickte um sich.

«Nun, wenn du so bist – ich pfeif drauf! Hier sind noch genug andere ... Meinst du, du bist besser als die anderen?»

«Du bist ein junger Hund», sagte sie ruhig, stand auf und schüttelte den Sand von ihrem Kleid.

Dann gingen sie nebeneinander zum Betrieb. Sie gingen langsam, weil ihre Füße im Sand einsanken.

Jakow versuchte sie in grober Weise zu überreden, seinem Wunsch nachzugeben; sie lächelte ruhig darüber und antwortete ihm mit spitzen Worten.

Als sie schon dicht bei den Werkbaracken waren, blieb er plötzlich stehen und packte sie an der Schulter.

«Du versuchst mich doch absichtlich zu reizen! Weshalb tust du das? Ich werde dir – paß auf!»

«Laß mich in Ruhe, sag ich!» Sie entwand sich seiner Hand und ging; da kam ihr um die Ecke einer Baracke Serjoshka entgegen, schüttelte seine Feuermähne und sagte unheildrohend: «Ihr seid spazierengegangen? Na gut!»

«Geht allesamt zum Teufel!» schrie Malwa böse.

Jakow dagegen blieb vor Serjoshka stehen und sah ihn finster an. Sie standen etwa zehn Schritt weit voneinander entfernt.

Serjoshka sah Jakow fest in die Augen. Nachdem sie so, wie zwei Böcke, die bereit sind, mit den Köpfen zusammenzukrachen, fast eine Minute gestanden hatten, gingen sie schweigend nach verschiedenen Seiten auseinander.

Das Meer war still und vom Sonnenuntergang gerötet. Über dem Werk lag dumpfer Lärm, und deutlich hob sich davon eine betrunkene Weiberstimme ab, die sinnlose Worte hysterisch hinausschrie:

«Ta-agarga, matagarga,
Matanitschka mein!
Betrunken, verprügelt,
Zerzaust!»

Und diese wie Kellerasseln ekelhaften Worte verbreiteten sich über das vom Geruch nach Salpeter und fauligen Fischen durchtränkte Werk – und beleidigten das Tönen der Wellen.

Das weite Meer schlummerte ruhig im zarten Glanz der Morgenröte und spiegelte die perlmutterfarbenen Wolken wider. Auf der Landzunge hantierten verschlafene Fischer und packten ihre Gerätschaften in ein Ruderboot.

Die graue Netzmasse glitt über den Sand in die Barkasse und häufte sich auf ihrem Boden.

Serjoshka, wie immer ohne Mütze und halbnackt, stand am Heck und trieb die Fischer mit vom Alkohol heiserer Stimme zur Eile an. Der Wind spielte mit den Fetzen seines Hemdes und seinen roten Haarbüscheln.

«Wassilij, wo sind die grünen Ruder?» schrie einer der Männer. Düster wie ein Oktobertag war Wassilij damit beschäftigt, das Netz in der Barkasse richtig hinzupacken. Serjoshka schaute ihm auf den gekrümmten Rücken und leckte sich die Lippen, ein Zeichen für seinen Wunsch, sich durch ein Gläschen zu stärken.

«Hast du Schnaps da?» fragte er.

«Ja», sagte Wassilij dumpf.

«Na, dann fahre ich nicht mit ... ich bleibe am trockenen Ende.»

«Fertig!» rief man von der Landzunge.

«Stoß ab! Vorwärts!» kommandierte Serjoshka und verließ die Barkasse.

«Fahrt los, ich bleibe hier. Gebt acht, fahrt recht weit hinaus, daß das Netz sich nicht verheddert! Und werft es gleichmäßig aus, macht keine Schlingen!»

Die Barkasse wurde ins Wasser gestoßen, die Fischer stiegen über die Bordwand hinein, griffen ein Ruder und hielten es in die Luft, bereit, es ins Wasser zu tauchen.

«Eins!»

Die Ruder fielen alle zugleich in die Wellen, und die Barkasse flog vorwärts über die schimmernde weite Wasserfläche.

«Zwei!» kommandierte der Steuermann, und wie die Füße einer Riesenschildkröte hoben sich die Ruder zum Bootsrand ... «Eins! ... Zwei!»

Bei dem trockenen Ende des Netzes waren fünf Mann am Ufer geblieben: Serjoshka, Wassilij und noch drei. Einer von diesen ließ sich im Sande nieder und sagte: «Ich schlaf noch etwas ...»

Die beiden andern folgten seinem Beispiel, und drei Körper in schmutzigen Lumpen rollten sich im Sande zusammen.

«Warum bist du Sonntag nicht gekommen?» fragte Wassilij, während er mit Serjoshka zur Hütte ging.

«Ich konnte nicht ...»

«Warst du betrunken?»

«Nein, ich habe auf deinen Sohn aufgepaßt und auf seine Stiefmutter», teilte Serjoshka in aller Ruhe mit.

«Auch eine Aufgabe!» lachte Wassilij säuerlich. «Sind sie etwa kleine Kinder?»

«Schlimmer als das ... Er ist ein Esel, und sie ist beschränkt ...»

«Malwa soll beschränkt sein?» fragte Wassilij, und seine Augen flammten vor Wut. «Seit wann denn?»

«Ihre Seele paßt nicht zum Körper, Bruder ...»

«Sie hat eine gemeine Seele.»

Serjoshka sah ihn von der Seite an und schnaubte verächtlich.

«Gemein? Ach, ihr ... stumpfschnäuzigen Erdwühler. Einen Dreck begreift ihr ... Für euch brauchen die Weiber nur fette Zitzen zu haben, nach ihrem Charakter fragt ihr nicht ... Und dabei steckt im Charakter das Beste des Menschen ... ein Weib ohne Charakter ist wie Brot ohne Salz. Kann dir eine Balalaika Vergnügen machen, die keine Saiten hat? Du Köter!»

«Zu was für Reden du dich bei deiner Trinkerei aufschwingst!» stichelte Wassilij.

Er hätte sehr gern gefragt, wo und wie Serjoshka Jakow und Malwa am Tage vorher gesehen habe, aber er genierte sich.

In die Hütte gekommen, goß er Serjoshka ein Teeglas Schnaps ein in der Hoffnung, daß Serjoshka nach solch einer Portion benebelt sein und ihm von sich aus über jene erzählen werde.

Aber Serjoshka trank es aus, krächzte und setzte sich, vollkommen klar geworden, in die Tür der Hütte, reckte sich und gähnte.

«Das ist, als ob man Feuer schluckt!» sagte er.

«Du hast aber auch einen Zug!» rief Wassilij, betroffen von der Schnelligkeit, mit der Serjoshka den Schnaps hinuntergegossen hatte.

«Das verstehe ich . . .», nickte der Barfüßige mit seinem roten Kopf, wischte sich den nassen Schnurrbart mit der Hand ab und begann schulmeisterhaft: «Das verstehe ich, Bruder! Ich mache alles schnell und geradezu. Ohne Umschweife, direkt drauflos, das ist es! Und wohin man gelangt, das ist ganz einerlei! Von der Erde kann einer immer nur auf die Erde springen.»

«Du wolltest in den Kaukasus gehen?» fragte Wassilij, sachte auf sein Ziel losgehend.

«Ich gehe, wenn ich Lust habe. Wenn ich Lust habe, geht es bei mir eins, zwei, und fertig! Entweder geht es nach Wunsch, oder ich schlage mir eine Beule in den Kopf . . . Sehr einfach!»

«Wirklich einfach! Du lebst, als hättest du keinen Kopf . . .»

Serjoshka sah Wassilij spöttisch von der Seite an.

«Aber du bist ein Gescheiter! Und wie oft hast du auf dem Amtsbezirk die Rute bekommen?»

Wassilij sah ihn an und widersprach nicht.

«Es ist doch gut, daß die Obrigkeit bei euch den Verstand mit Ruten von hinten nach vorn treibt . . . Ach du! Nun, was kannst du mit deinem Kopf schon anstellen? Und wohin wirst du mit ihm gelangen? Und was kannst du dir schon ausdenken? Na eben! Ich aber zwänge mich ohne Kopf gerade durch, und weiter nichts. Und sicherlich werde ich weiterkommen als du», prahlte der Landstreicher.

«Das – könnte schon sein!» lachte Wassilij. «Du kommst auch noch bis nach Sibirien ...»

Serjoshka brach aufrichtig in schallendes Gelächter aus. Wider Wassilijs Erwarten wurde er nicht betrunken, und das ärgerte ihn. Ihm noch ein Glas anzubieten, tat ihm leid, aber in nüchternem Zustand war bei Serjoshka nichts zu erreichen ... Doch der Landstreicher kam ihm selbst zu Hilfe.

«Warum fragst du denn gar nicht nach Malwa?»

«Was geht sie mich denn an?» sagte Wassilij gleichgültig gedehnt und erbebte in einem unbestimmten Vorgefühl.

«Sie ist doch Sonntag nicht hier gewesen ... Frag doch, wie sie den Tag verbracht hat ... Ich glaube, du bist eifersüchtig, alter Satan.»

«Von denen gibt es genug!» Wassilij winkte geringschätzig ab.

«... gibt es genug!» äffte Serjoshka ihn nach. «Ach, ihr Tölpel, ihr Bastschuhbauern, ob man euch Honig oder Teer gibt, ihr versteht doch nur Roggenteig daraus zu machen ...»

«Was lobst du sie dauernd? Willst du um sie werben? Ich habe sie schon längst satt», spottete Wassilij.

Serjoshka musterte ihn und schwieg eine Weile. Dann legte er die Hand auf Wassilijs Schulter und sagte mit Nachdruck: «Ich weiß, daß sie mit dir lebt. Ich habe dich daran nicht gehindert, es war nicht nötig ... Aber jetzt scharwenzelt dieser Jaschka, dein Sohn, um sie herum – prügle ihn grün und blau! Hörst du? Sonst verprügle ich ihn ... Du bist ein guter Kerl ... dumm wie ein Klotz ... Ich bin dir nicht im Wege gewesen, denke daran ...»

«Was? Du bist auch hinter ihr her?» fragte Wassilij dumpf.

«‹Auch›! Wenn ich das wüßte, würde ich euch alle nacheinander aus dem Wege räumen, und Schluß ... Aber so, wohin soll ich mit ihr?»

«Was mischst du dich denn dann ein?» fragte Wassilij argwöhnisch.

Serjoshka schien diese einfache Frage zu überraschen.

Er sah Wassilij mit großen Augen an und fing an zu lachen.

«Was mische ich mich ein? Ja – weiß der Teufel, weshalb ... Es ist eben so – sie ist ein Frauenzimmer mit Pfeffer ... sie gefällt mir ... Aber vielleicht tut sie mir auch leid ...»

Wassilij sah ihn mißtrauisch an, aber er hatte das Gefühl, daß Serjoshka sprach, wie ihm ums Herz war.

«Wenn sie ein unberührtes Mädchen wäre, dann könnte man meinetwegen mit ihr Mitleid haben. Aber so – ist es etwas verwunderlich!»

Serjoshka schwieg und sah zu, wie die Barkasse weit draußen auf dem Meer einen großen Bogen machte und den Bug der Küste zukehrte. Serjoshkas Blick war offen, der Ausdruck seines Gesichts war schlicht und gut.

Wassilij wurde bei seinem Anblick weicher.

«Darin hast du recht, sie ist ein prächtiges Weib ... Nur so wetterwendisch! ... Jaschka? Dem werde ich's geben! Solch ein junger Hund!»

«Er ist nicht nach meinem Geschmack», erklärte Serjoshka.

«Er sucht sich bei ihr einzuschmeicheln?» fragte Wassilij durch die Zähne und strich sich den Bart.

«Du wirst ja sehen, er will sich zwischen euch drängen», sagte Serjoshka mit Überzeugung.

In der Ferne flammte über dem Meer der rosige Fächer des Sonnenaufgangs auf. Durch das Rauschen der Wellen klang von der Barkasse der schwache Ruf herüber: «Zi-iehen!»

«Aufstehen, Jungens! He, ans Netz!» kommandierte Serjoshka.

Und bald darauf zogen sie alle fünf schon ihre Netzseite. Ein langes Seil spannte sich im Wasser straff wie eine Sehne bis zur Küste. Die Fischer hakten ihre Ziehriemen hinein und zogen so ächzend das Seil.

Das andere Ende des Netzes brachte das Ruderboot über die Wellen gleitend zum Ufer.

Prachtvoll, in blendender Helle stieg die Sonne über dem Meer empor.

«Wenn du Jakow siehst, sag ihm, daß er morgen kurz zu mir kommen soll», bat Wassilij Serjoshka.

«Schön.»

Die Barkasse stieß ans Ufer, die Fischer sprangen auf den Sand und zogen weiter an ihrem Netzende. Beide Gruppen näherten sich allmählich einander, so daß die auf dem Wasser hüpfenden Schwimmklötzchen des Netzes einen Halbkreis bildeten.

Am späten Abend desselben Tages, als die Arbeiter des Betriebes gegessen hatten, saß Malwa müde und in Gedanken versunken auf einem beschädigten umgekippten Boot und sah auf das in Dämmer gehüllte Meer hinaus. In der Ferne blitzte ein Licht; Malwa wußte, daß es das von Wassilij angezündete Feuer war. Einsam und wie verirrt in der Weite des dunklen Meeres flammte das Licht bald hell auf, bald erlosch es, als hätte es keine Kraft. Es stimmte Malwa traurig, nach diesem roten Pünktchen hinzusehen, das verloren in der Öde, im rastlosen Tosen der Wellen leise zitterte.

«Was sitzt du hier?» ertönte Serjoshkas Stimme hinter ihrem Rücken.

«Was kümmert's dich?» fragte sie, ohne ihn anzublicken.

«Es interessiert mich!» Er machte eine Pause und betrachtete sie, während er sich eine Zigarette drehte, sie anzündete und sich rittlings auf das Boot setzte. Dann sagte er freundlich: «Ein wunderliches Frauenzimmer bist du: bald läufst du von allen fort, bald wirfst du dich beinah jedem an den Hals.»

«Habe ich mich dir an den Hals geworfen?» fragte sie gleichgültig.

«Mir nicht, aber Jaschka.»

«Bist du neidisch?»

«Hm ... Wollen wir gerade und offen miteinander reden?» schlug Serjoshka vor, indem er ihr auf die Schulter klopfte. Sie saß seitlich von ihm, und er konnte ihr Gesicht nicht sehen, als sie ihm kurz antwortete: «Rede!»

«Wie steht's, gibst du Wassilij auf?»

Sie schwieg einen Augenblick. «Ich weiß nicht», antwortete sie dann. «Aber was geht dich das an?»

«Na – so ...»

«Ich bin jetzt böse auf ihn.»

«Weshalb?»

«Er hat mich geschlagen!»

«Nicht möglich! Das hat er getan? Und du? Hast du denn das zugelassen? Oh, oh!»

Serjoshka war erstaunt. Er versuchte von der Seite verstohlen in ihr Gesicht zu sehen und schmatzte spöttisch mit den Lippen.

«Wenn ich gewollt hätte, hätte ich es nicht zugelassen», entgegnete sie heftig.

«Also was hast du denn?»

«Ich wollte nicht.»

«So heiß liebst du deinen Kater?» spottete Serjoshka und hüllte sie in den Rauch seiner Zigarette. «Das sind ja Sachen! Und ich habe immer gedacht, daß du nicht zu diesen gehörst . . .»

«Keinen von euch liebe ich», sagte sie jetzt wieder gleichgültig und wehrte mit der Hand den Rauch ab.

«Das ist doch nicht wahr?»

«Warum sollte es nicht wahr sein?» fragte sie, und an ihrer Stimme erkannte Serjoshka, daß ihr wirklich nichts daran lag zu lügen.

«Aber wenn du ihn nicht liebst, wie kannst du ihm dann erlauben, dich zu schlagen?» fragte er ernsthaft.

«Weiß ich's? Warum bist du so aufdringlich?»

«Seltsam!» sagte Serjoshka kopfschüttelnd.

Darauf schwiegen beide lange.

Die Nacht brach herein. Von den Wolken, die sich langsam am Himmel bewegten, legten sich Schatten auf das Meer. Die Wellen tönten.

Das Licht auf der Landzunge bei Wassilij war erloschen, aber Malwa sah immer noch dorthin. Serjoshka dagegen sah sie an.

«Hör zu!» sagte er. «Weißt du überhaupt, was du willst?»

«Wenn ich es nur wüßte!» antwortete Malwa sehr leise mit einem tiefen Seufzer.

«Du weißt es also nicht? Das ist schlimm!» erklärte Serjoshka mit Überzeugung. «Ich weiß das immer!» Und mit einem leisen Unterton von Wehmut fügte er hinzu: «Nur möchte ich selten etwas.»

«Ich möchte immer etwas», begann Malwa versonnen. «Aber was, weiß ich nicht. Manchmal möchte ich mich in ein Boot setzen und weit, weit aufs Meer hinausfahren. Daß ich niemals mehr Menschen zu sehen bekäme! Und manchmal wieder möchte ich jeden Menschen so lange drehen, daß er wie ein Kreisel um mich herumtanzt. Und ich würde zusehen und lachen. Bald tun mir alle leid, am meisten aber tu ich mir selbst leid, bald möchte ich alles Volk erschlagen. Und nachher mich selbst ... einen schrecklichen Tod ... Einmal ist mir so schwer ums Herz, und ein andermal lustig ... Die Menschen sind alle wie Klötze.»

«Ein verkommenes Volk», stimmte Serjoshka bei. «Das ist es eben, ich sehe dich an und merke, du bist weder Katze noch Fisch, aber auch kein Vogel ... doch steckt all das in dir drin ... du bist nicht wie die andern Weiber.»

«Gott sei Dank», lachte Malwa.

Hinter einer Dünenreihe links von ihnen erschien der Mond und übergoß das Meer mit silbernem Schimmer. Groß und mild stieg er langsam am blauen Himmelsgewölbe empor, der helle Glanz der Sterne erbleichte und zerschmolz in seinem träumerisch gleichmäßigen Schein.

Malwa lächelte.

«Weißt du, manchmal stelle ich mir vor, wenn man die Baracke in der Nacht ansteckte – das gäbe ein Durcheinander!»

«Und was für eins!» rief Serjoshka begeistert. Plötzlich stieß er sie an die Schulter. «Weißt du was? ... ich sage dir was, wie wir einen lustigen Streich spielen! Willst du?»

«Nun?» fragte Malwa interessiert.

«Den Jaschka hast du doch – gründlich aufgestachelt?»

«Er ist Feuer und Flamme», lachte sie.

«Hetz ihn auf den Vater! Bei Gott, das gibt einen Spaß! ... Wie die Bären werden sie aufeinander losgehen ... Heiz dem Alten tüchtig ein, und diesem hier auch ... Und dann lassen wir sie beide aufeinander los ... was?»

Malwa drehte sich nach ihm um und sah ihm aufmerksam in das braunrote, fröhlich lachende Gesicht. Im Mondschein sah es weniger bunt aus als am Tage im Sonnenlicht. Weder Bosheit noch sonst etwas war darin zu bemerken, außer einem gutmütigen, etwas spitzbübischen Lächeln.

«Weshalb magst du sie nicht leiden?» fragte Malwa mißtrauisch.

«Ich? ... Wassilij ist ganz annehmbar, ein guter Kerl. Aber Jaschka ist ein Lump. Ich kann nun mal die Bauern allesamt nicht leiden ... Gesindel! Sie stellen sich wie die Waisenkinder, und dabei bekommen sie Brotgetreide und überhaupt alles! ... Sie haben ihren Semstwo, und der tut alles für sie ... Sie haben ihre Wirtschaft, Grund und Boden, Vieh ... Ich habe bei einem Semstwo-Arzt als Kutscher gedient und habe sie mir genau angesehen ... Nachher bin ich lange umhergestreift. Kam ich in ein Dorf und bat um Brot, schnapp! griffen sich mich. ‹Wer bist du? Was suchst du hier? Zeig deinen Paß ...› Wie oft haben sie mich verprügelt ... Entweder hielten sie mich für einen Pferdedieb oder auch einfach nur so ... Ins Kittchen haben sie mich gesteckt ... Sie barmen und stellen sich an, aber sie haben doch zu leben; sie haben doch einen Rückhalt: das Land. Und was bin ich gegen sie?»

«Bist du denn kein Bauer?» unterbrach ihn Malwa, die ihm aufmerksam zugehört hatte.

«Ich bin Kleinbürger!» verriet Serjoshka mit einigem Stolz. «Kleinbürger der Stadt Uglitsch!»

«Und ich stamme aus Pawlisch», sagte Malwa nachdenklich.

«Ich habe niemand, der für mich eintritt! Die Bauern, diese Teufel, die können leben. Sie haben den Semstwo hinter sich und dergleichen.»

«Der Semstwo – was ist das?» fragte Malwa.

«Was? Weiß der Teufel, was das ist. Für die Bauern ist das eingerichtet, ihre Verwaltung. Pfeif drauf! ... Sprich von der Sache, arrangier einen Zusammenstoß, ja? Weiter wird ja nichts dabei herauskommen, sie werden sich bloß prügeln! Wassilij hat dich doch geschlagen? Na, mag doch sein Sohn ihm die Schläge heimzahlen.»

«Meinst du?» lachte Malwa. «Das wäre gut ...»

«Überleg doch nur ... ist es nicht angenehm zuzusehen, wie die Leute deinetwegen einander die Knochen brechen? Nur, weil du ein paar Worte sagst? ... Du machst ein, zwei Zungenschläge, und fertig!»

Lange schilderte ihr Serjoshka hingerissen, wie reizvoll ihre Rolle wäre. Er spaßte und sprach zugleich im Ernst.

«Ach, wenn ich ein hübsches Weibsbild wäre! Wie würde ich alle Welt aufeinanderhetzen!» rief er zum Schluß, faßte sich mit den Händen an den Kopf, preßte ihn kräftig, kniff die Augen zusammen und sagte nichts mehr.

Der Mond stand schon hoch am Himmel, als sie sich trennten. Ohne sie wurde die Nacht noch schöner. Jetzt waren nur noch das feierliche, vom Mond versilberte grenzenlose Meer da und der sternenübersäte dunkelblaue Himmel. Es waren noch die Dünen mit Weidenbüschen zwischen ihnen und zwei schmutzige lange Gebäude auf dem Sande, die gewaltigen, schlecht zusammengeschlagenen Särgen glichen. Aber dies alles war klein und jämmerlich im Angesicht des Meeres, und die Sterne, die darauf herabschauten, hatten einen kalten Glanz.

Vater und Sohn saßen in der Hütte einander gegenüber und tranken Schnaps. Der Sohn hatte ihn mitgebracht, damit es nicht langweilig werde, und um den Vater zu begütigen. Serjoshka hatte Jakow gesagt, daß sein Vater Malwas wegen auf ihn böse sei und daß er gedroht habe, Malwa halbtot zu schlagen; daß Malwa von dieser Drohung wüßte und deshalb ihm, Jakow, nicht zu Willen sein wolle. Serjoshka machte sich über ihn lustig: «Heimzahlen wird er dir deine Streiche. Die Ohren zieht er dir einen Arschin lang! Komm ihm lieber nicht unter die Augen!»

Die Spötteleien des unangenehmen rothaarigen Menschen erweckten in Jakow heftige Erbitterung gegen den Vater. Zudem spielte Malwa die Unschlüssige, indem sie ihn bald neckisch, bald betrübt ansah und dadurch den Wunsch, sie zu besitzen, bis zum Schmerz verstärkte ...

Und so sah Jakow, als er zu seinem Vater kam, diesen als

Stein auf seinem Wege an, als Stein, den er weder überspringen noch umgehen konnte. Da Jakow aber vor seinem Vater durchaus keine Furcht empfand, sah er ihm selbstbewußt in seine finsteren, bösen Augen, als wollte er ihm sagen: Versuch nur, mich anzurühren!

Zweimal schon hatten sie ihre Gläser geleert, ohne etwas zu sagen, außer einigen unbedeutenden Worten über das Leben im Betrieb. Aug in Auge inmitten des Meeres häuften sie den Grimm in sich auf, und beide wußten, daß er bald auflodern und sie verbrennen werde.

Die Bastmatten der Hütte raschelten im Wind, die Rindenstücke klapperten, der rote Lappen an der Spitze der Stange plapperte irgend etwas. Alle diese Laute waren zaghaft und klangen wie fernes Geflüster, das unzusammenhängend, unentschlossen um etwas bat.

«Trinkt Serjoshka immer noch?» fragte Wassilij mürrisch.

«Ja, er ist jeden Abend betrunken», antwortete der Sohn und goß noch einmal Schnaps ein.

«Er richtet sich zugrunde ... Das kommt von dem freien Leben ohne ... Furcht! Und dir wird es ebenso gehen ...»

Jakow antwortete kurz: «Mir nicht!»

«Nicht?» sagte Wassilij und runzelte die Brauen. «Ich weiß, was ich sage ... Wie lange lebst du jetzt hier? Über zwei Monate, bald wirst du nach Hause zurück müssen, und nimmst du vielleicht viel Geld mit?» Ärgerlich goß er sich den Schnaps aus der Tasse in den Mund, umfaßte den Bart mit der Hand und zerrte daran so stark, daß sein Kopf hin und her geschüttelt wurde.

«In so kurzer Zeit kann man hier nicht viel verdienen», antwortete Jakow mit Bedacht.

«Wenn das der Fall ist, brauchst du dich hier nicht herumzutreiben, geh aufs Dorf!»

Jakow sagte nichts und lächelte.

«Was hast du zu grinsen?» rief Wassilij drohend, ergrimmt über die Ruhe seines Sohnes. «Dein Vater redet mit dir, und du lachst! Sieh dich vor, daß du dir nicht zu früh was herausnimmst! Daß ich dich nicht an die Kandare nehme ...»

Jakow goß sich Schnaps ein und trank ihn aus. Die groben Nörgeleien kränkten ihn, aber er nahm sich zusammen, da er nicht so sprechen mochte, wie er gern gewollt hätte, um den Vater nicht in Wut zu versetzen. Er hatte ein wenig Angst vor seinen Augen, die streng und hart funkelten.

Als Wassilij bemerkte, daß sein Sohn allein trank, ohne auch ihm einzuschenken, wurde er noch wütender.

«Dein Vater sagt dir, du sollst nach Hause gehn, und du lachst darüber? Am Sonnabend läßt du dir auszahlen, und marsch ins Dorf zurück! Hörst du?»

«Ich gehe nicht!» sagte Jakow fest und schüttelte halsstarrig den Kopf.

«Was soll das heißen?» brüllte Wassilij und erhob sich, die Hand auf die Tonne gestemmt. «Rede ich mit dir oder nicht? Was hast du Hund deinen Vater anzuknurren? Hast du vergessen, was ich mit dir tun kann? Hast du das vergessen?»

Seine Lippen zitterten, Krämpfe verzerrten sein Gesicht; die beiden Adern an den Schläfen schwollen an.

«Nichts habe ich vergessen», sagte Jakow halblaut, ohne den Vater anzusehen. «Aber hast du alles behalten? Denk mal nach!»

«Du hast mich nicht zu belehren! Ich schlage dich in Stücke . . .»

Jakow wich der Hand des Vaters aus, die dieser über seinen Kopf erhoben hatte, und erklärte mit zusammengebissenen Zähnen: «Rühr mich nicht an, wir sind hier nicht im Dorf!»

«Schweig! Ich bin überall dein Vater!»

«Hier kannst du mich nicht im Amtsbezirk durchpeitschen, hier gibt es keinen Amtsbezirk», lachte Jakow geradeheraus dem Vater ins Gesicht und stand ebenfalls langsam auf.

Wassilij, dessen Augen mit Blut unterliefen, reckte den Hals nach vorn, ballte die Fäuste und hauchte dem Sohn seinen heißen Branntweinatem ins Gesicht; Jakow lehnte seinen Oberkörper zurück und verfolgte wachsam und finsteren Blicks jede Bewegung des Vaters, bereit, die Schläge abzuwehren; er war äußerlich ruhig, aber ganz in Schweiß gebadet. Zwischen ihnen stand die Tonne, die ihnen als Tisch gedient hatte.

«Ich kann dich nicht auspeitschen?» fragte Wassilij heiser und krümmte den Rücken wie ein sprungbereiter Kater.

«Hier sind alle gleich ... Du bist ein Arbeiter, und ich auch.»

«So-o?!»

«Ja, was denkst du dir? Weshalb bist du über mich hergefallen? Glaubst du, ich begreife das nicht? Erst hast du selbst ...»

Wassilij brüllte auf und holte so schnell mit der Hand aus, das Jakow nicht rechtzeitig ausweichen konnte. Der Schlag traf ihn am Kopf; er schwankte und fletschte die Zähne gegen das vertierte Gesicht des Vaters, der schon wieder die Hand gehoben hatte.

«Sieh dich vor!» warnte er und ballte die Fäuste.

«Ich werde dir – mich vorsehen!»

«Laß das, sage ich!»

«Ha ... du! ... Du willst den Vater? ... den Vater? ... den Vater ...?»

Es wurde ihnen zu eng, Salzsäcke, die umgeworfene Tonne, der Sitzklotz kamen unter ihren Füßen durcheinander.

Mit den Fäusten die Schläge abwehrend, wich Jakow, bleich und schweißbedeckt, mit zusammengebissenen Zähnen und glühendem Wolfsblick langsam vor dem Vater zurück; dieser drang mit wütend schwingenden Fäusten auf ihn ein, blind in seinem Zorn und plötzlich seltsam zerzaust, wie ein rasender Keiler, dem sich die Borsten sträuben.

«Laß ab ... genug ... hör auf!» sagte Jakow drohend, aber ruhig, indem er aus der Tür der Hütte ins Freie trat.

Der Vater drang brüllend auf ihn ein, aber seine Schläge trafen nur die Fäuste des Sohnes.

«Siehst du wohl ... siehst du wohl ...», hänselte ihn Jakow im Bewußtsein seiner größeren Gewandtheit.

«Warte ... bleib stehn ...»

Aber Jakow sprang zur Seite und rannte zum Wasser.

Wassilij stürzte mit geneigtem Kopf und vorgestreckten Armen ihm nach, stolperte aber und fiel vornüber in den Sand. Er erhob sich schnell auf die Knie und hockte sich hin, die Hände auf den Sand gestemmt. Er war von der Balgerei vollkommen entkräftet und heulte jämmerlich im brennenden Gefühl der ungesühnten Kränkung, im bitteren Bewußtsein seiner Schwäche.

«Sei verflucht!» röchelte er, den Hals nach Jakow hinrekkend, und spie den Wutschaum von seinen zitternden Lippen.

Jakow lehnte sich ans Boot und beobachtete den Vater scharf, während er sich mit der Hand den getroffenen Kopf rieb. Der eine Ärmel seines Hemdes war abgerissen und hing nur an einem Faden, der Kragen war auch zerrissen, die schweißbedeckte weiße Brust glänzte in der Sonne wie mit Fett eingeschmiert. Er empfand jetzt Verachtung für den Vater; er hatte ihn immer für stärker gehalten; als er jetzt den Vater zerzaust und jämmerlich im Sande sitzen und mit den Fäusten drohen sah, lächelte er das nachsichtig kränkende Lächeln des Stärkeren.

«Verflucht seist du von mir in alle Ewigkeit!»

Wassilij hatte den Fluch so laut geschrien, daß Jakow sich unwillkürlich nach dem Meer umsah, als glaubte er, daß man dort im Betrieb den ohnmächtigen Schrei hören könnte.

Aber dort waren nur Wellen und Sonne. Da spie er zur Seite aus und sagte: «Schrei nur! ... Wen willst du damit ärgern? Nur dich selbst ... aber wenn es zwischen uns so weit gekommen ist, dann sage ich dir ...»

«Schweig! Mir aus den Augen! Fort!» schrie Wassilij.

«Ins Dorf gehe ich nicht ... ich bleibe den Winter über hier ...», sagte Jakow, während er unablässig die Bewegungen des Vaters verfolgte. «Ich habe es hier besser – das sehe ich doch, ich bin kein Dummkopf. Hier ist es leichter ... dort würdest du immer kommandieren, wie es dir einfiele, aber hier – probier es doch!»

Er zeigte dem Vater einen Vogel und lachte, nicht gerade laut, aber so, daß Wassilij von neuem in Wut geriet, auf die Füße sprang, ein Ruder ergriff und auf ihn losstürzte.

«Dem Vater? Dem Vater? Ich schlage dich tot ...», schrie er dabei heiser.

Aber als er blind vor Wut das Boot erreichte, war Jakow schon weit fort, er rannte, daß der abgerissene Hemdsärmel im Luftzug hinter ihm flatterte.

Wassilij schleuderte das Ruder nach ihm, aber es erreichte ihn nicht. Den Mann verließen wieder die Kräfte, und er kippte mit der Brust vornüber ins Boot, kratzte mit seinen Nägeln das Holz und sah dem Sohn nach. Der aber schrie ihm von ferne zu: «Du solltest dich schämen! Hast schon graue Haare und wirst eines Weibes wegen so wild ... Ach du! Aber ins Dorf gehe ich nicht zurück ... Geh selbst hin ... Hier hast du nichts zu suchen ...»

«Jaschka! Schweig!» brüllte Wassilij, um die Worte des anderen zu übertönen. «Ich schlage dich tot, Jaschka! ... Hau ab!»

Jakow ging, ohne sich zu beeilen, weiter.

Mit stumpfen, irren Blicken sah der Vater ihn dahingehen. Jetzt wurde er immer kürzer, als ob seine Beine im Sande versänken ... Er verschwand darin bis zum Gürtel ... bis an die Schultern ... bis über den Kopf. Er war nicht mehr zu sehen ... Aber nach einer Minute erschien ein Stück entfernt von der Stelle, wo er verschwunden war, zuerst wieder der Kopf, dann die Schultern, schließlich die ganze Gestalt, winzig geworden. Jetzt drehte er sich um, blickte zurück und rief etwas.

«Sei verflucht! Verflucht! Verflucht!» erwiderte Wassilij auf den Ruf des Sohnes. Jener machte eine geringschätzige Handbewegung und ging weiter ... und verschwand wieder hinter einer Düne.

Wassilij schaute noch lange in jene Richtung, bis ihm der Rücken von der unbequemen Haltung, in der er halb liegend am Boot lehnte, weh zu tun anfing. Ganz zerschlagen stellte er sich auf die Füße und wankte vor dumpfen Schmerzen in allen Knochen. Der Gürtel war ihm bis unter die Achseln hinaufgerutscht; mit steifen Fingern band er ihn auf, hielt ihn sich unter die Augen und warf ihn in den Sand. Darauf ging er zur Hütte, blieb unterwegs vor der Vertiefung im Sande stehen und dachte daran, daß er hier an dieser Stelle hingefallen war, sonst hätte er den Sohn gepackt. In der Hütte war alles durcheinandergeworfen. Wassilij sah sich suchend nach der Branntweinflasche um, fand sie zwischen den Bastsäcken und hob sie auf.

Der Pfropfen saß fest im Flaschenhals, der Schnaps war nicht ausgeflossen. Wassilij angelte den Pfropfen langsam heraus, steckte sich den Flaschenhals in den Mund und wollte trinken. Aber das Glas schlug gegen seine Zähne, und der Schnaps floß ihm aus dem Mund über den Bart und die Brust hinunter.

Wassilij brummte der Kopf, das Herz war ihm schwer, der Rücken schmerzte ihm.

«Ich bin doch alt!» sagte er laut und ließ sich am Hütteneingang im Sande nieder.

Vor ihm lag das Meer ... Die Wellen lachten, lärmend und spielerisch wie immer. Wassilij schaute lange auf das Wasser und erinnerte sich an die gierigen Worte seines Sohnes: «Wenn das alles Land wäre! Und Schwarzerde! Und man könnte es pflügen!»

Ein bitteres Gefühl ergriff ihn. Er rieb sich kräftig die Brust, blickte sich um und seufzte schwer. Der Kopf sank ihm tief herab, und sein Rücken wurde krumm, als hätte sich eine Last daraufgelegt. Erstickungsanfälle schnürten ihm die Kehle zu. Wassilij hustete, sah zum Himmel empor und bekreuzigte sich. Ein schwerer Gedanke bemächtigte sich seiner ... Dafür, daß er um einer Dirne willen seine Frau verlassen hatte, mit der er in ehrlicher Arbeit mehr als anderthalb Jahrzehnte zusammen gelebt hatte, dafür strafte Gott ihn jetzt mit der Auflehnung seines Sohnes. Ja, mein Gott, so ist es!

Sein Sohn hatte ihn beschimpft, seinem Herzen weh getan. Totgeschlagen müßte er mindestens werden dafür, daß er die Seele seines Vaters so gequält hatte. Und weshalb? Wegen eines gemeinen Frauenzimmers, das ein anstößiges Leben führte! ... Es war eine Sünde, daß er als älterer Mann sich mit ihr eingelassen und seine Frau und seinen Sohn vergessen hatte ...

Und nun hatte der Herr in seinem heiligen Zorn ihn gemahnt, er hatte durch den Sohn ihn ins Herz treffen lassen mit seiner gerechten Strafe ... Ja, mein Gott, so war es!

Wassilij saß zusammengekrümmt da, bekreuzigte sich und blinzelte häufig, um mit den Wimpern die Tränen zu vertreiben, die ihn blind machten.

Die Sonne sank ins Meer. Leise erlosch am Himmel die purpurne Abendröte. Aus der lautlosen Ferne blies ein warmer Wind in das tränennasse Gesicht des Mannes. In Reuegedanken vertieft saß er da, bis er schließlich einschlief.

Einen Tag nach dem Streit mit seinem Vater fuhr Jakow mit einer Abteilung Arbeiter auf einer Barke im Schlepp eines Dampfers dreißig Werst weit zum Störfang. Nach fünf Tagen kam er allein im Segelboot zum Betrieb zurück, Proviant zu holen. Er kam um die Mittagszeit, als die Arbeiter nach dem Essen ausruhten. Es war unerträglich heiß, der glühende Sand brannte an den Füßen, die Schuppen und Fischgräten stachen. Jakow schritt vorsichtig auf die Baracken zu und fluchte im stillen, daß er keine Stiefel angezogen hatte. Zum Boot zurückzukehren, war er zu faul, außerdem hatte er es eilig, etwas zu essen und Malwa wiederzusehen. Während der langweiligen Zeit auf dem Wasser hatte er oft an sie gedacht. Jetzt wollte er erfahren, ob sie seinen Vater gesehn und was er ihr gesagt hatte ... Vielleicht hatte er sie verprügelt? Das könnte nichts schaden, sie würde dann zahmer werden! Denn sie war doch wirklich schon zu herausfordernd und keck ...

Das Werk lag still und verlassen. Die Fenster der Baracken waren geöffnet, und diese großen Holzkästen schienen vor Hitze ebenfalls zu vergehen. Im Büro des Verwalters, das zwischen den Baracken versteckt lag, schrie ein Kind. Hinter einem Fässerhaufen waren leise Stimmen zu hören.

Jakow ging kühn darauf zu: er glaubte Malwa sprechen zu hören. Als er aber herangekommen war und einen Blick hinter die Tonnen geworfen hatte, trat er zurück und blieb mit finsterem Gesicht stehen.

Im Schatten der Tonnen lag, die Arme unter dem Kopf, der rote Serjoshka auf dem Rücken. Auf der einen Seite saß der Vater, auf der anderen Malwa neben ihm.

Jakow dachte: Weshalb ist der Vater hier? Er wird sich doch nicht von seinem ruhigen Posten hierher haben versetzen lassen, um Malwa näher zu sein und mich nicht an sie heranzulassen? Teufel auch! Wenn die Mutter von all diesem Treiben wüßte! ... Soll ich hingehn oder nicht?

«So!» sagte Serjoshka, «also du willst fort? Nun, meinetwegen! Geh und buddle in der Erde . . .»

Jakow zwinkerte erfreut.

«Ja, ich gehe», sagte der Vater.

Da trat Jakow forsch vor und grüßte: «Guten Tag, ehrenwerte Herrschaft!»

Der Vater sah ihn flüchtig an und wandte sich ab, Malwa zuckte mit keiner Wimper, Serjoshka aber zappelte mit dem Fuß und sagte mit tiefer Stimme: «Da ist aus fernen Landen unser geliebter Sohn Jaschka zurückgekehrt!» und fügte in gewöhnlichem Ton hinzu: «Zieht ihm wie einem Hammel das Fell über die Ohren zu einer Trommel . . .»

Malwa lachte leise.

«Heiß!» sagte Jakow und setzte sich. Wassilij aber warf erneut einen Blick auf ihn.

«Ich habe schon auf dich gewartet, Jakow», begann er.

Seine Stimme erschien Jakow leiser als sonst, und auch sein Gesicht sah anders aus.

«Ich muß Proviant holen . . .», erzählte er und bat Serjoshka um Tabak für eine Zigarette.

«Du bekommst von mir keinen Tabak, Dummkopf», sagte Serjoshka und rührte sich nicht.

«Ich geh nach Hause, Jakow», sagte Wassilij nachdrücklich, während er mit einem Finger im Sand bohrte.

«Wie, so plötzlich?» Der Sohn sah ihn unschuldig an.

«Nun, und du . . . willst du hierbleiben?»

«Ja, ich bleibe hier . . . Was sollen wir beide zu Hause?»

«Nun, ich sage nichts dazu . . . Wie du willst . . . Du bist kein Kind mehr! Aber denke daran, daß ich es nicht mehr lange machen werde. Am Leben bleiben werde ich ja vielleicht, aber wie ich arbeiten soll, das weiß ich noch nicht . . . Ich bin die Landarbeit nicht mehr gewohnt, glaub ich . . . Denk daran, daß deine Mutter noch da ist.»

Das Sprechen fiel ihm wohl schwer: es war, als blieben ihm die Worte zwischen den Zähnen stecken. Er strich sich den Bart, seine Hand zitterte.

Malwa sah ihn unverwandt an. Serjoshka hatte das eine

Auge zugekniffen, das andere weit aufgerissen und starrte Jakow ins Gesicht. Jakow war hocherfreut, aber aus Furcht, sich zu verraten, schwieg er und sah auf seine Füße nieder.

«Vergiß die Mutter nicht ... Denk daran, du bist der einzige. Sie hat nur dich», redete Wassilij.

«Wozu das?» sagte Jakow zusammenzuckend. «Ich weiß.»

«Schön, wenn du es weißt!» sagte der Vater und sah ihn mißtrauisch an. «Ich sage nur, vergiß sie nicht, sage ich.»

Wassilij holte einmal tief Luft. Einige Minuten schwiegen alle vier. Dann sagte Malwa: «Es wird bald wieder zur Arbeit läuten ...»

«Nun, ich gehe!» erklärte Wassilij und stand auf. Die anderen erhoben sich ebenfalls.

«Leb wohl, Sergej ... Wenn du zufällig mal an die Wolga kommst, vielleicht besuchst du mich? ... Im Dorf Maslo, Kreis Simbirsk, Amtsbezirk Nikolo-Lykowskij ...»

«Gut», sagte Serjoshka, ihm die Hand schüttelnd, und während er sie in seiner muskulösen, mit rotem Haarwuchs bedeckten Tatze behielt, warf er einen lächelnden Blick in Wassilijs bekümmertes, ernstes Gesicht.

«Lykowo-Nikolskoje ist ein großes Dorf ... es ist weit und breit bekannt, und wir sind vier Werst von da ab», erläuterte Wassilij.

«Schon gut ... ich besuche dich mal – wenn es sich trifft ...»

«Leb wohl!»

«Leb wohl, du lieber Kerl!»

«Leb wohl, Malwa!» sagte Wassilij dumpf, ohne sie anzusehen.

Sie wischte sich ohne Hast die Lippen mit dem Ärmel ab, legte ihre weißen Arme auf seine Schultern und küßte ihn schweigend und ernst dreimal auf Wangen und Mund.

Er wurde verlegen und brummte etwas Unverständliches. Jakow senkte den Kopf, um sein spöttisches Lächeln zu verbergen. Serjoshka sah gen Himmel und gähnte leise.

«Du wirst es heiß haben beim Gehen», sagte er.

«Das macht nichts ... Nun leb wohl, Jakow!»

«Leb wohl!»

Sie standen einander gegenüber und wußten nicht, was sie tun sollten. Das traurige Leb wohl!, das in diesen Augenblicken so häufig und einförmig ertönt war, weckte in Jakows Herzen eine warme Empfindung für den Vater; aber er wußte nicht, wie er sie ausdrücken sollte: ob er den Vater umarmen sollte, wie Malwa es getan, oder ihm die Hand drücken wie Serjoshka. Wassilij kränkte die Unschlüssigkeit, die sich in des Sohnes Haltung und Gesicht ausdrückte, und außerdem empfand er etwas wie Scham vor Jakow. Dieses Gefühl war durch die Erinnerung an die Szene auf der Landzunge und durch Malwas Küsse in ihm geweckt worden.

«Also denk an deine Mutter», sagte Wassilij schließlich.

«Ja, schon gut!» rief Jakow und lächelte warm. «Sei unbesorgt, ich werde schon!» Und er nickte.

«Na ... das wäre alles! Laßt es euch gut gehen, der Herr stehe euch bei ... behaltet mich in gutem Andenken ... Also den Kochtopf habe ich im Sand unter dem Heck am grünen Boot eingescharrt, Serjoshka!»

«Wozu braucht er den Kochtopf?» fragte Jakow schnell.

«Er bekommt meine Stelle ... dort auf der Landzunge!» erklärte Wassilij.

Jakow sah Serjoshka an, warf einen Blick auf Malwa und senkte den Kopf, um den frohen Glanz in seinen Augen zu verbergen.

«Also lebt wohl, Freunde ... ich gehe!»

Wassilij verbeugte sich vor ihnen und ging. Malwa folgte ihm.

«Ich begleite dich ein Stückchen ...»

Serjoshka legte sich in den Sand und packte Jakow, der gerade Malwa nach wollte, am Bein.

«Halt! Wohin?»

«Warte! ... Laß mich!» Damit wollte Jakow sich losreißen. Aber Serjoshka ergriff auch sein anderes Bein.

«Bleib bei mir sitzen ...»

«Nu-un! Was machst du für Unsinn?»

«Ich mache keinen Unsinn, setz dich nur!»

Jakow setzte sich mit zusammengebissenen Zähnen.

«Was willst du von mir?»

«Warte! Sei mal still, ich denke nach und sag es dir dann . . .»

Er sah den Burschen mit seinen frechen Augen drohend von oben bis unten an, und Jakow fügte sich ihm.

Malwa und Wassilij gingen eine Zeitlang schweigend nebeneinander her. Sie sah zuweilen von der Seite sein Gesicht an, und ihre Augen funkelten eigenartig. Wassilij hatte die Stirn finster in Falten gezogen und schwieg. Ihre Füße versanken im Sand, sie kamen nur langsam vorwärts.

«Wasja!»

«Was?»

Er sah sie an und wandte sich sofort ab.

«Weißt du, ich habe dich absichtlich mit Jakow verzankt. Ihr hättet auch ohne Zank hier leben können», sagte sie ruhig und gelassen.

«Warum hast du denn das getan?» fragte Wassilij nach einer kleinen Weile.

«Ich weiß nicht – nur so!» Sie zuckte lachend die Achseln.

«Da hast du was Schönes angerichtet! Ach du!» sagte er vorwurfsvoll in bösem Ton.

Sie antwortete nicht.

«Du verdirbst mir den Burschen, gänzlich verdirbst du ihn mir. Oh, eine Hexe bist du, eine wahrhaftige Hexe . . . Du fürchtest nicht einmal Gott. Du hast keine Scham . . . Was tust du?»

«Was muß man denn tun?» fragte sie ihn. Halb Unruhe, halb Ärger klangen aus ihrer Frage.

«Was? Ach du!» rief Wassilij, in heftiger Wut gegen sie aufbrausend. Er hätte sie leidenschaftlich gern geschlagen, sie zu Boden geworfen und in den Sand getrampelt, mit den Stiefeln ihre Brust und ihr Gesicht getroffen. Er ballte die Faust und sah sich um.

Dort bei den Fässern sah er Jakow und Serjoshka sitzen, und ihre Gesichter waren ihm zugekehrt.

«Geh weg, geh! Ich möchte dich in Stücke schlagen . . .»

Fast flüsternd warf er ihr Schimpfworte ins Gesicht. Seine Augen waren blutunterlaufen, sein Bart zitterte, und seine Hände streckten sich unwillkürlich nach ihren Haaren, die unter dem Kopftuch hervorquollen.

Sie aber sah ihn mit ihren grünen Augen ruhig an.

«Totschlagen müßte ich dich, du Straßendirne! Warte nur . . .! Du kommst auch noch mal dran! Dir werden sie noch den Schädel einschlagen!»

Sie lächelte, schwieg eine Weile, holte dann tief Luft und sagte kurz: «Genug! . . . Leb wohl!»

Damit wandte sie sich jäh um und ging zurück.

Wassilij knurrte noch etwas hinter ihr her und knirschte mit den Zähnen. Malwa aber bemühte sich, beim Gehen in Wassilijs tiefe Fußtapfen im Sand zu treten, und verwischte mit ihrem Fuß jedesmal sorgfältig hinter sich die Spur. So ging sie langsam bis zu den Fässern, wo Serjoshka sie mit der Frage empfing: «Na, hast du ihn verabschiedet?»

Sie nickte und setzte sich neben ihn. Jakow sah sie an und lächelte zärtlich; dabei bewegte er seine Lippen, als flüsterte er etwas, das nur er hörte.

«Nun, hast du ihn verabschiedet, ist dir weh ums Herz?» fragte Serjoshka noch einmal mit den Worten eines Liedes.

«Wann gehst du dorthin nach der Landzunge?» fragte sie dagegen und wies mit dem Kopf zum Meer hin.

«Heute abend.»

«Ich komme mit . . .»

«Großartig! . . . So was gefällt mir!»

«Ich komme auch!» erklärte Jakow entschlossen.

«Wer hat dich gebeten?» fragte Serjoshka mit zusammengekniffenen Augen.

Da ertönte der zitternde Klang einer gesprungenen Glocke, das Zeichen für den Arbeitsbeginn. Die Glockenschläge tönten schnell hintereinander und erstarben im fröhlichen Rauschen der Wellen.

«Sie wird mich bitten!» sagte Jakow und sah Malwa herausfordernd an.

«Ich? Wozu brauche ich dich?» wunderte sie sich.

«Wir wollen offen reden, Jaschka . . .», sagte Sergej hart und stand auf. «Wenn du ihr nachstellst, schlage ich dich kurz und klein! Und rührst du sie mit einem Finger an, schlage ich dich wie eine Fliege tot. Ich haue dir über den Schädel – und du bist gewesen! Bei mir geht das ganz einfach!»

Sein Gesicht, seine ganze Gestalt und die nervigen Hände, die nach Jakows Kehle strebten, gaben deutlich zu verstehen, wie einfach das alles für ihn sei.

Jakow trat einen Schritt zurück und sagte gepreßt: «Aber sie hat doch selbst . . .»

«Kusch, und die Sache ist erledigt! Was bist du denn? Du Hund bekommst keinen Hammel zu essen; sei dankbar, wenn du die Knochen abnagen darfst. Nun? Was machst du noch für Glotzaugen?»

Jakow warf einen Blick auf Malwa. Ihre grünen Augen lachten ihm beleidigend und demütigend ins Gesicht, und sie schmiegte sich so zärtlich mit der Hüfte an Serjoshka, daß Jakow der Schweiß ausbrach.

Sie gingen Seite an Seite fort, und als sie ein Stück weg waren, brachen beide in lautes Lachen aus. Jakow drückte den rechten Fuß fest in den Sand und blieb wie erstarrt in dieser angespannten Haltung stehen.

In der Ferne bewegte sich eine kleine dunkle menschliche Gestalt über die kahlen gelben Dünenwellen. Rechts von ihr glänzte das heitere gewaltige Meer in der Sonne, und links dehnte sich bis an den Horizont die einförmige, trostlose Sandwüste . . . Jakow betrachtete den einsamen Menschen, blinzelte verlegen und gekränkt und rieb sich mit beiden Händen kräftig die Brust.

Im Werk wurde flott gearbeitet.

Jakow hörte Malwa mit ihrer klangvollen, tiefen Stimme laut rufen: «Wer hat mein Messer genommen?»

Die Wellen rauschten, die Sonne strahlte, das Meer lachte . . .

1897

Aus Langerweile

Dichte graue Rauchwolken ausstoßend, entschwand der Personenzug wie ein ungeheures Reptil im gelben Getreidemeer der endlosen Steppe. Mit dem Rauch der Lokomotive in der glühend heißen Luft verlor sich auch der bösartige Lärm, der einige Minuten lang das gleichmütige Schweigen der weiten und öden Ebene unterbrochen hatte, in deren Mitte die kleine Eisenbahnstation in ihrer Vereinsamung ein wehmütiges Gefühl erweckte.

Als sich das dumpfe, aber belebende Getöse des Zuges zerstreut hatte und unter der klaren Kuppel des wolkenlosen Himmels verstummt war, herrschte rings um die Station von neuem drückende Stille.

Goldgelb war die Steppe – grellblau der Himmel. Beides von unermeßlicher Weite; dazwischen lagen wie ein störender Pinselstrich inmitten eines melancholischen, von einem phantasielosen Künstler mit Fleiß geschaffenen Gemäldes die braunen Bauten der Station.

Täglich um zwölf Uhr mittags und um vier Uhr nachmittags treffen die Züge aus der Steppe ein und halten zwei Minuten. Diese vier Minuten bilden die hauptsächlichste, ja die einzige Abwechslung auf der Station: Sie sind es, die den Angestellten die Eindrücke aus der Welt vermitteln.

Jeder Zug bringt eine Menge verschiedenartigster Menschen in verschiedenster Kleidung mit. Nur für einen Moment erscheinen sie; an den Fenstern der Wagen huschen ihre müden, ungeduldigen und gleichgültigen Gesichter vorüber – ein Glockenton, Pfiffe – und mit Getöse werden sie durch die weite Steppe in die Städte davongetragen, wo das Leben brodelt.

Für die Stationsbeamten ist es interessant, diese Gesichter zu sehen, sie teilen einander die Eindrücke mit, die sie in der Eile aufgefangen haben. Ringsum liegt die schweigsame Steppe, über ihnen der teilnahmslose Himmel und in ihren Herzen ein dunkler Neid gegen diese Menschen, die Tag für Tag an ihnen vorbei irgendwohin streben, während sie zurückbleiben, eingeschlossen in dieser Öde, wie außerhalb des Lebens lebend.

Und nachdem sie den Zug abgefertigt haben, stehen sie auf dem Bahnsteig, und ihre Augen begleiten das schwarze Band, das im goldnen Getreidemeer verschwindet – und schweigen unter dem Eindruck des Lebens, das an ihnen vorübergeflogen ist.

Sie sind fast alle da: der Stationsvorsteher, ein gutmütiger korpulenter Blonder mit langem Kosakenschnurrbart; sein Gehilfe, ein junger Mann mit roten Haaren und kleinem Spitzbart; der Stationswächter Luka, klein, flink und schlau, und einer der beiden Weichensteller – Gomosow, ein schweigsamer stämmiger Bauer mit breitem Bart.

Auf der Bank neben der Tür sitzt die Frau des Stationsvorstehers, eine kleine dicke Person, die stark unter der Hitze leidet. Auf ihren Knien schläft ein Kind, dessen Gesicht ebenso aufgedunsen und rot ist wie das der Mutter.

Der Zug verschwindet in einer Senkung, es sieht aus, als ob er in die Erde gekrochen wäre.

Dann sagt der Stationsvorsteher zu seiner Frau gewandt: «Nun, Sonja, ist der Samowar fertig?»

«Natürlich», antwortet sie träge und leise.

«Luka, du fegst den Damm und den Bahnsteig ... sieh mal, was sie da alles herausgeworfen haben ...»

«Ich weiß, Matwej Jegorowitsch ...»

«Nun ... was ist? Wollen wir Tee trinken, Nikolai Petrowitsch?»

«Versteht sich», antwortet der Gehilfe.

Nach der Durchfahrt des Mittagszuges fragt Matwej Jegorowitsch seine Frau: «Nun, Sonja, ist das Mittagessen fertig?»

Dann gibt er Luka den immer gleichlautenden Befehl und fordert den Gehilfen auf, der bei ihnen beköstigt wird: «Nun also? Wollen wir Mittag essen?»

Und der Gehilfe antwortet ihm folgerichtig: «Versteht sich ...»

Sie gehen hinein ins Zimmer, wo viele Blumen und wenig Möbel stehen, wo es nach Küche und nach Windeln riecht, und dort am Tisch reden sie über das, was an ihnen vorbeigehuscht ist.

«Haben Sie die Brünette in der zweiten Klasse bemerkt, Nikolai Petrowitsch? Ein giftiges Weib!»

«Nicht übel, doch geschmacklos gekleidet», antwortet der Gehilfe.

Er spricht immer kurz und überzeugt, da er sich für einen Menschen hält, der das Leben kennt und Bildung hat. Er hat das Gymnasium besucht und besitzt ein in schwarzen Kaliko gebundenes Heft, in das er Aussprüche berühmter Männer einträgt, die er aus Zeitungsfeuilletons und Büchern, die zufällig in seine Hände geraten, abschreibt. Der Stationsvorsteher erkennt seine Autorität, soweit sie sich nicht auf den Dienst bezieht, in allen Dingen an und hört ihm aufmerksam zu. Besonders gefallen ihm die Weisheiten aus dem Heftchen, die Nikolai Petrowitsch vermerkt hat und von denen er immer aufrichtig entzückt ist. Die Bemerkung des Gehilfen über das Kleid der Brünetten veranlaßt Matwej Jegorowitsch zu der Frage: «Steht denn Brünetten die gelbe Farbe nicht?»

«Ich spreche vom Schnitt und nicht von der Farbe», erklärt Nikolai Petrowitsch, während er sich aus einer Glasschale sorgsam Konfitüre auf seinen kleinen Teller nimmt.

«Der Schnitt, das ist eine andere Sache!» stimmt ihm der Stationsvorsteher zu.

In das Gespräch greift seine Frau ein, weil sie dieses Thema berührt und ihr verständlich ist. Doch da der Verstand dieser Leute wenig geübt ist, zieht sich die Unterhaltung langsam hin und erregt ihre Empfindungen nur selten.

Zum Fenster aber schaut die Steppe mit ihrem bezaubernden Schweigen herein und der Himmel in seiner erhabenen wunderbaren Ruhe.

Fast alle Stunden kommen Güterzüge durch; das Begleitpersonal ist ihnen längst bekannt. Alle diese Schaffner sind wie

Schlafwandelnde, erdrückt von der Langenweile der Fahrten durch die Steppe. Manchmal erzählen sie übrigens von Ereignissen auf der Strecke: Da und da war jemand überfahren worden; oder sie berichten über die neuesten Dienstangelegenheiten: Dieser war bestraft, jener versetzt worden. Diese Neuigkeiten werden nicht besprochen – sie werden genossen, wie Feinschmecker eine schmackhafte und seltene Speise genießen.

Die Sonne senkt sich langsam zum Rand der Steppe, und wenn sie die Erde fast berührt, wird sie purpurrot. Ein rötlicher Glanz legt sich über die Steppe, der ein schwermütiges Gefühl erweckt, eine undeutliche Sehnsucht nach der Ferne, fort aus dieser Einöde. Dann berührt die Sonne die Erde und verschwindet träge in ihr, oder hinter ihr. Wenn sie versunken ist, spielen die grellen Farben der Abendröte noch lange am Himmel, doch sie verblassen immer mehr, und die Dämmerung bricht warm und schweigend herein. Die Sterne blitzen auf und erzittern wie erschrocken über die Langeweile auf der Erde.

In der Dämmerung zieht sich die Steppe gleichsam zusammen: Von allen Seiten kriechen die nächtlichen Schatten lautlos an die Station heran. Und dann kommt die Nacht – schwarz und düster.

Auf der Station werden die Lichter angezündet; greller und höher als alle anderen das grünliche Licht des Zeichentelegrafen. Um ihn herrscht Finsternis und Schweigen.

Von Zeit zu Zeit ertönt ein Glockensignal – die Ankündigung eines Zuges; der eilige Ton der Glocke entschwebt in die Steppe und verhallt schnell.

Bald nach dem Glockenzeichen taucht aus der Ferne ein blitzendes rotes Licht auf, und die Stille der Steppe erdröhnt von dem dumpfen Getöse des Zuges, der sich der einsamen, von Finsternis umgebenen Station nähert.

Die untere Schicht der kleinen Gesellschaft auf der Station lebt etwas anders als die Aristokratie. Der Wächter Luka kämpft beständig mit dem Wunsch, zu seiner Frau und seinem Bruder ins Dorf zu laufen, das sieben Werst von der Station entfernt liegt. Dort hat er eine Wirtschaft, wie er Gomosow erzählt, wenn er den schweigsamen und gesetzten Weichensteller bittet, für ihn den Dienst auf der Station zu übernehmen.

Bei dem Wort «Wirtschaft» seufzt Gomosow jedesmal tief auf und sagt zu Luka: «Nun, was schon, geh. Eine Wirtschaft verlangt Aufsicht, das ist richtig . . .»

Der andere Weichensteller, Afanassij Jagodka, ein alter Soldat mit einem roten runden Gesicht und borstigen grauen Haaren, ein spottlustiger, boshafter Mann, glaubt Luka nicht.

«Eine Wirtschaft!» ruft er spöttisch lachend. «Eine Frau! . . . Ich weiß schon, was das ist . . . deine Frau ist wohl eine Witwe, ist es nicht so? Oder eine Soldatenfrau?»

«Ach, du Vogelgouverneur!» antwortet Luka verächtlich.

Er nennt Jagodka so, weil der alte Soldat Vögel leidenschaftlich liebt. Sein Bahnwärterhäuschen ist innen und außen mit Käfigen und Vogelhecken behängt; drinnen und draußen ertönt den ganzen Tag unermüdliches Vogelgezwitscher. Die vom Soldaten gefangenen Wachteln rufen beständig ihr eintöniges «Potpolot», die Stare führen lange Reden, verschiedenfarbige kleine Vögel zwitschern, pfeifen, singen ununterbrochen und erhellen das einsame Leben des Soldaten. In seiner ganzen freien Zeit beschäftigt er sich mit ihnen, geht freundlich und sorgsam mit ihnen um und zeigt für seine Kameraden kein Interesse. Luka nennt er eine Natter und Gomosow Kazap* und schämt sich nicht, ihnen ins Gesicht zu sagen, daß sie beide Schürzenjäger seien und daß man sie dafür prügeln müßte.

Luka achtet nur wenig auf seine Worte, doch wenn es dem Soldaten gelingt, ihn in Wut zu bringen, schimpft Luka lange und bissig: «Du von den Mäusen angenagter Kommißhengst! Was kannst du schon begreifen, du verabschiedeter Dudelsackpfeifer? Du hast dein ganzes Leben lang Frösche unter der Kanone weggejagt und den Regimentskohl bewacht . . . kannst du überhaupt mitreden? Geh zu deinen Wachteln, du Vogelkommandeur!»

Jagodka hört sich ruhig das Geschimpfe des Wächters an

* geringschätzige Bezeichnung für einen Großrussen

und geht zum Stationsvorsteher, um sich über ihn zu beschweren; der aber schreit auf ihn ein, daß man ihm mit solchen Kleinigkeiten nicht kommen solle, und jagt den Soldaten fort. Dann begegnet Jagodka Luka und beginnt, ihn nun selber zu beschimpfen – ohne in Hitze zu geraten, ruhig, mit so schwerwiegenden und gemeinen Worten, daß Luka ausspuckt und weggeht.

Gomosow antwortete auf die Beschuldigungen des Soldaten mit Seufzern und verlegenen Rechtfertigungen.

«Was soll man schon machen? Mit dem kannst du nichts anfangen ... Natürlich ... das ist eine Ungezogenheit ... Im übrigen aber, richte nicht, damit du nicht gerichtet werdest ...»

Eines Tages entgegnete der Soldat hämisch lachend: «Was wiederholst du das immer: Richte nicht, richte nicht ... Wenn niemand gerichtet würde, hätte man über nichts zu reden ...»

Außer der Frau des Stationsvorstehers lebte noch ein zweites weibliches Wesen auf der Station, die Köchin. Sie hieß Arina, mochte vierzig Jahre zählen und war sehr häßlich: untersetzt, mit Hängebrüsten, immer schmutzig und abgerissen. Sie hatte einen watschelnden Gang, und in ihrem pockennarbigen Gesicht glänzten ein paar schmale, erschrockene kleine Augen, die von Fältchen umgeben waren. Es lag etwas Sklavisches, Eingeschüchtertes in ihrer ungelenken Figur, ihre dicken Lippen waren ständig in einer Art verzogen, als wollte sie alle Menschen um Verzeihung bitten und sich ihnen zu Füßen werfen, ohne daß sie dabei zu weinen wagte. Gomosow lebte bereits acht Monate auf der Station, ohne Arina Aufmerksamkeit zu schenken; wenn er ihr begegnete, sagte er guten Tag! und sie antwortete ihm ebenso, höchstens, daß sie zwei, drei Redensarten wechselten, worauf jeder seiner Wege ging. Eines Tages jedoch kam Gomosow in die Küche des Stationsvorstehers und schlug Arina vor, ihm Hemden zu nähen. Sie ging darauf ein, nähte ihm die Hemden und brachte sie aus irgendeinem Grund selbst zu ihm.

«Nun, danke schön!» sagte Gomosow. «Drei Hemden zu zehn Kopeken das Stück macht dreißig Kopeken, die du zu bekommen hast ... Stimmt das?»

«Es wird schon stimmen», antwortete Arina.

Gomosow versank in Nachdenken und schwieg lange.

«Aus welchem Gouvernement stammst du?» fragte er schließlich die Frau, die die ganze Zeit seinen Bart betrachtet hatte.

«Aus dem Rjasanschen», sagte sie.

«Recht weit her! Wie bist du denn hierhergekommen?»

«Einfach so ... ich bin allein ... und einsam ...»

«Das kann einen auch noch weiter treiben», seufzte Gomosow.

Und wieder schwiegen sie.

«Ich bin auch allein», sagte Gomosow. «Ich stamme aus der Nishni Nowgoroder Gegend aus dem Sergatschewskijschen Kreis. Auch ich stehe allein, ganz allein. Ich hatte eine Wirtschaft, eine Frau hatte ich auch ... und zwei Kinder. Die Frau starb an der Cholera, und die Kinder einfach so ... Und mich – hat der Kummer zugrunde gerichtet. Jaja ... Dann versuchte ich wieder hochzukommen – aber es ging nicht, die Maschine versagte, sie wollte nicht mehr. Und da verließ ich alles und ging davon ... Schon das dritte Jahr schlage ich mich herum.»

«Es ist schlimm, wenn man kein eignes Nest hat», sagte Arina leise.

«Und wie! ... Bist du Witwe?»

«Jungfer ...»

«Ach wo!» sagte Gomosow, der dies aufrichtig anzweifelte.

«Bei Gott, ich bin Jungfer», beteuerte Arina.

«Warum hast du nicht geheiratet?»

«Wer nimmt mich schon? Ich habe doch nichts ... Wem bin ich denn nütze? Und häßlich bin ich auch ...»

«Jaja ...», sagte Gomosow nachdenklich und strich seinen Bart, wobei er sie neugierig betrachtete. Dann fragte er sie, wieviel Lohn sie erhalte.

«Zweieinhalb Rubel ...»

«So ... Also du bekommst dreißig Kopeken von mir? Komm doch heute abend und hol sie dir ... so gegen zehn Uhr, was? Ich gebe sie dir dann ... wir wollen Tee trinken und etwas plaudern aus Langerweile ... Wir sind beide einsam ... komm!»

«Ich werde kommen», sagte sie einfach und ging.

Sie kam pünktlich um zehn Uhr abends zu ihm und verließ ihn erst beim Morgengrauen.

Gomosow lud sie nicht mehr ein und gab ihr auch die dreißig Kopeken nicht. Sie erschien von selbst bei ihm, stumpfsinnig und unterwürfig, sie kam herein und stand schweigend vor ihm. Er lag auf dem Bett, betrachtete sie und sagte, indem er näher zur Wand rückte: «Setz dich.»

Als sie Platz genommen hatte, erklärte er ihr: «Hör mal, du – halt es nur ja geheim. Daß niemand was merkt! Sonst kann es mir schlecht gehen ... Ich bin nicht mehr jung, du auch nicht ... Hast du verstanden?»

Sie nickte.

Als er sie hinausbegleitete, gab er ihr seine Sachen zum Flikken mit und erinnerte sie: «Daß nur keine Seele dahinterkommt!»

So lebten sie miteinander und hielten ihre Beziehungen vor allen geheim.

Arina stahl sich in den Nächten zu ihm, fast auf allen vieren kriechend! Er empfing sie herablassend, mit der Miene des Gebieters und sagte manchmal mit völliger Offenheit: «Bist du aber häßlich!»

Sie schwieg und lächelte nur mit einem blassen, schuldbewußten Lächeln, und wenn sie ihn verließ, nahm sie fast immer eine Arbeit mit, die er ihr aufgegeben hatte.

Sie sahen sich nicht oft. Bisweilen jedoch sagte Gomosow, wenn er sie irgendwo auf der Station traf, halblaut zu ihr: «Komm heute ...»

Und sie erschien bei ihm so unterwürfig, mit einem so ernsten Ausdruck im pockennarbigen Gesicht, als ob sie gekommen wäre, eine Pflicht zu erfüllen, deren Wichtigkeit sie zu begreifen begann.

Wenn sie dann nach Hause ging, lag schon wieder der gewohnte starre Ausdruck des Schuldbewußtseins und des Schreckens auf ihrem Gesicht.

Manchmal blieb sie irgendwo in einem Winkel oder hinter einem Baum stehen und schaute lange in die Steppe. Dort herrschte die Nacht, und ihr strenges Schweigen ließ ihr Herz erschauern.

Eines Tages veranstaltete der Stationsvorstand, nachdem der Abendzug abgefertigt worden war, das Teetrinken im Garten vor den Wohnungsfenstern von Matwej Jegorowitsch im dichten Schatten der Pappeln.

An heißen Tagen pflegten sie das oft zu tun. Es brachte eine gewisse Abwechslung in ihr monotones Leben.

Sie tranken Tee und schwiegen, da das Gespräch über die Eindrücke, die sie von dem Zug empfangen hatten, erschöpft war.

«Es ist heute noch heißer als gestern», sagte Matwej Jegorowitsch, während er seiner Frau mit der einen Hand das leere Glas reichte und sich mit der anderen den Schweiß vom Gesicht wischte.

Die Frau nahm das Glas und erklärte: «Dir ist nur aus Langerweile heißer ...»

«Hm, mag sein, daß es so ist ... in solchem Falle wäre eine Kartenpartie angebracht ... Aber ... wir sind nur drei ...»

Nikolai Petrowitsch zuckte die Achseln, kniff die Augen zusammen und sagte bestimmt: «Nach Schopenhauer ist das Kartenspiel der Bankrott allen Denkens.»

«Sehr gut!» sagte Matwej Jegorowitsch bewegt. «Ja, Bankrott des Denkens ... Wer hat das gesagt?»

«Schopenhauer, ein Deutscher, ein Philosoph ...»

«Philoso-oph? Hm ...»

«Sind diese Philosophen an der Universität angestellt?» fragte Sofja Iwanowna neugierig.

«Ja, wie soll ich Ihnen das erklären? Das ist kein Rang, sondern sozusagen eine angeborene Fähigkeit ... Philosoph kann jeder sein, der mit der Gewohnheit zu denken geboren ist und in allem nach dem Anfang und dem Ende sucht. Gewiß gibt es auch an den Universitäten Philosophen ... aber sie können auch einfach so irgendwo leben ... Sogar bei der Eisenbahn dienen.»

«Und verdienen die viel, die bei den Universitäten angestellt sind?»

«Das hängt vom Verstand ab . . .»

«Aber wenn wir einen vierten Mann hätten, könnten wir eine schöne Partie Wint spielen», sagte mit einem Seufzer Matwej Jegorowitsch.

Das Gespräch brach ab.

Am blauen Himmel singen die Lerchen, in den Pappeln hüpfen die Grasmücken von Ast zu Ast und pfeifen leise. Im Zimmer weint das Kind.

«Ist Arina dort?» fragt Matwej Jegorowitsch.

«Natürlich», antwortet seine Frau kurz.

«Ein originelles Weibsbild ist diese Arina; haben Sie gemerkt, Nikolai Petrowitsch . . .»

«Originalität – ist das erste Merkmal von Banalität», sagt wie zu sich selber Nikolai Petrowitsch und setzt eine nachdenkliche und grübelnde Miene auf.

«Wie war das?» fragt der Vorsteher lebhaft.

Und als Nikolai Petrowitsch den Ausspruch mit Überzeugung wiederholt, blinzelt er vergnügt mit den Augen, während Sofja Iwanowna mit matter Stimme sagt: «Wie gut Sie alles behalten, was sie gelesen haben . . . Ich erinnere mich, wenn ich etwas gelesen habe, am nächsten Tage an nichts mehr, und wenn man mich totschlagen würde. Da habe ich neulich in der ‹Niwa› etwas so Interessantes, so Unterhaltendes gelesen – und nicht ein Wort habe ich behalten!»

«Alles Gewohnheit», erklärt Nikolai Petrowitsch kurz.

«Nein, das ist noch besser, als das von . . . wie hieß er doch? Schopenhauer», sagt lächelnd Matwej Jegorowitsch. «Es besagt, daß alles Neue rasch veraltet.»

«Und umgekehrt, denn ein Dichter hat gesagt: ‹Die Weisheit des Lebens ist sparsam: alles Neue wird aus Altem zusammengenäht!›»

«Teufel noch mal! Wie das alles bei Ihnen herauskommt, wie durch ein Sieb geschüttet!»

Matwej Jegorowitsch lacht zufrieden, seine Frau lächelt freundlich mit, und Nikolai Petrowitsch bemüht sich vergeblich zu verbergen, daß er sich geschmeichelt fühlt.

«Wer hat das von der Banalität gesagt?»

«Barjatinskij, ein Dichter.»

«Und das andere?»

«Auch ein Dichter – Fofanow.»

«Schlaue Leute!» lobt Matwej Jegorowitsch und wiederholt den Spruch mit singender Stimme und mit einem zufriedenen Lächeln auf dem Gesicht.

Die Langeweile spielt gleichsam mit ihnen, befreit sie für einen Augenblick aus ihrer klammernden Umarmung, um sie von neuem zu umfangen. Dann schweigen sie wieder, atmen schwer vor Hitze, die durch den Tee noch gesteigert wird.

In der Steppe ist nur Sonne.

«Ach so, ich sprach über Arina», erinnert sich Matwej Jegorowitsch. «Ein eigenartiges Frauenzimmer, wenn ich sie ansehe, staune ich. Sie ist wie auf den Kopf gefallen: sie lacht nicht, singt nicht, spricht wenig ... wie ein Klotz. Im übrigen arbeitet sie sehr gut, und, wissen Sie, sie gibt sich so viel mit der kleinen Lelja ab, ist so achtsam mit dem Kind ...»

Er spricht leise, da er nicht will, daß Arina seine Worte durch das Fenster hört. Er weiß, daß man Dienstboten nicht loben darf, wenn man nicht will, daß sie hochmütig werden. Seine Frau unterbricht ihn mit einem vielsagenden Stirnrunzeln: «Nun laß schon ... du weißt nicht alles von ihr!»

«Sklave der Liebe!
Ich bin so schwach
Im Kampf mit
Meinem Dämon!»

singt Nikolai Petrowitsch leise im Rezitativ vor sich hin und schlägt dabei mit dem Löffel den Takt auf den Tisch. Er lächelt.

«Was, was ist da? Sie ... Nun, nun, da schwindelt ihr doch beide!»

Und Matwej Jegorowitsch lacht laut auf. Seine Wangen zittern, und von seiner Stirn rinnen schnell Schweißtropfen.

«Das ist gar nicht zum Lachen!» unterbricht ihn die Frau. «Erstens hat sie für das Kind zu sorgen; zweitens – siehst du, was mit dem Brot los ist? Übersäuert und verbrannt ... und warum?»

«Jaja, das Brot! Es ist wirklich nicht gut... man muß ihr einen Verweis erteilen! Aber weiß Gott, das... das hätte ich nicht erwartet! Sie ist doch ein Mehlkloß! Ach, hol's der Teufel! Aber er, wer ist es? Lukaschka? Ich werde ihn lächerlich machen, diesen alten Teufel! Oder ist es Jagodka? So ein Pinsel!»

«Gomosow», sagt Nikolai Petrowitsch kurz.

«Wa-as, so ein gesetzter Bauer? Aber ihr wollt mir wohl... etwas aufbinden?»

Matwej Jegorowitsch interessiert diese außerordentlich komische Geschichte sehr. Bald lacht er mit tränenfeuchten Augen, bald spricht er ernsthaft von der Notwendigkeit, den Verliebten einen strengen Verweis zu erteilen, dann stellt er sich die zärtlichen Gespräche zwischen ihnen vor und lacht aufs neue dröhnend.

Schließlich ist er in Begeisterung geraten. Da macht Nikolai Petrowitsch ein ernstes Gesicht, und Sofja Iwanowna unterbricht ihren Mann schroff.

«Ach, diese Teufel! Na, über euch werde ich noch lachen! Ist das interessant...» Matwej Jegorowitsch kann sich gar nicht beruhigen.

Luka erscheint und meldet: «Der Telegraf...»

«Ich komme. Gib das Signal für den Zug zweiundvierzig.» Er begibt sich schnell mit dem Gehilfen zur Station, wo Luka mit kurzen Glockenschlägen das Signal gibt. Nikolai Petrowitsch setzt sich an den Apparat und fragt bei der Nachbarstation an: «Kann ich den Zug Nummer zweiundvierzig abfahren lassen?» und sein Vorgesetzter geht im Büro auf und ab, lächelt und sagt: «Wollen wir die beiden Teufel mal zum besten haben? Nur aus Langerweile, um ein wenig zu lachen...»

«Das ist erlaubt!» stimmt Nikolai Petrowitsch ihm zu, während er mit dem Schlüssel am Apparat hantiert.

Er weiß, daß ein Philosoph sich lakonisch äußert.

Bald bot sich ihnen eine Gelegenheit zum Lachen.

Eines Nachts kam Gomosow zu Arina in den Keller, wo sie

sich auf sein Geheiß mit Erlaubnis der Vorsteherin zwischen allerlei Wirtschaftsgerümpel ein Bett hergerichtet hatte. Es war dort feucht und kühl, und die zerbrochenen Stühle, Zuber, Bretter und sonstiges Gerümpel nahmen in der Dunkelheit erschreckende Formen an; wenn Arina allein war, fürchtete sie sich so, daß sie fast nicht schlief, mit offenen Augen auf ihrem Strohsack lag und die ihr geläufigen Gebete flüsterte.

Gomosow kam, drückte und knutschte sie lange schweigend; als er müde wurde, schlief er ein. Doch bald weckte ihn Arina mit aufgeregtem Geflüster: «Timofej Petrowitsch! Timofej Petrowitsch!»

«Was ist los?» fragte Gomosow halb verschlafen und mißmutig.

«Man hat uns eingeschlossen!»

«Wieso?» fragte er und sprang auf.

«Jemand kam und ... schloß ab ...»

«Du lügst!» flüsterte er erschrocken und zornig und stieß sie von sich.

«Sieh selbst nach», sagte sie unterwürfig.

Er erhob sich und ging zur Tür, wobei er an alles anstieß, was ihm in den Weg kam, rüttelte an der Tür, schwieg und sagte dann finster: «Das war der Soldat ...»

Hinter der Tür ertönte triumphierendes Lachen.

«Laß mich heraus!» bat Gomosow laut.

«Was?» ertönte die Stimme des Soldaten.

«Herauslassen sollst du mich ...»

«Morgen früh lassen wir dich heraus», sagte der Soldat und entfernte sich.

«Ich habe Dienst, du Teufel!» schrie Gomosow ärgerlich und bittend zugleich.

«Den Dienst übernehme ich ... Bleib du nur sitzen!»

Und der Soldat ging fort.

«Ach, dieser Hund!» flüsterte der Weichensteller ergrimmt. «Warte nur ... du kannst mich ja nicht einsperren ... es gibt ja einen Vorgesetzten ... Was wirst du ihm sagen, wenn er dich fragt: ‹Wo ist Gomosow?› Was wirst du ihm dann antworten ...?»

«Am Ende hat der Stationsvorsteher es ihm selber befohlen», sagte leise und hoffnungslos Arina.

«Der Vorsteher?» wiederholte Gomosow erschrocken. «Warum sollte er das?» Und nachdem er eine Weile geschwiegen hatte, schrie er sie an: «Du lügst!»

Sie antwortete mit einem tiefen Seufzer.

«Was wird nur daraus werden?» fragte der Weichensteller, während er sich auf einen Kübel neben der Tür setzte. «Welche Schande für mich! Und an allem bist nur du schuld, du teuflische Mißgeburt. Ach du!»

Er drohte mit der geballten Faust in die Richtung, aus der er ihren schweren Atem vernahm. Sie schwieg.

Feuchte Dunkelheit umgab sie – Dunkelheit, die erfüllt war mit dem Geruch von Sauerkohl und Schimmel und noch irgendeinem anderen scharfen, der in die Nase stieg. Durch die Türritzen drang Mondlicht. Draußen dröhnte ein abfahrender Güterzug.

«Was schweigst du, du Gespenst?» sagte Gomosow voller Zorn und Verachtung. «Was soll jetzt aus mir werden? Hast was Schönes angerichtet – und schweigst? Denk nach, du Teufel, was sollen wir jetzt anfangen? Wo soll ich mich vor Scham verbergen? Ach, du mein Gott! Warum mußte ich mich auch mit so einer einlassen!»

«Ich werde um Verzeihung bitten», erklärte Arina mit leiser Stimme.

«Nun, und?»

«Vielleicht verzeihen sie ...»

«Was habe ich davon? Wenn sie dir auch verzeihen, an mir bleibt es doch hängen, oder nicht? Werden sie denn nicht über mich lachen?»

Er schwieg und begann sie dann aufs neue mit Vorwürfen und Schimpfworten zu überhäufen. Aber die Zeit verging mit grausamer Langsamkeit. Endlich bat die Frau mit bebender Stimme: «Verzeih mir, Timofej Petrowitsch!»

«Mit einem Zaunpfahl über den Schädel müßte man dir verzeihen!»

Und wieder trat düsteres, niederdrückendes Schweigen ein,

voll dumpfen Schmerzes für zwei in der Finsternis eingeschlossene Menschen.

«Mein Gott, wenn es doch bald hell würde!» klagte wehmütig Arina.

«Schweig du ... sonst werde ich dir heimleuchten!» drohte ihr Gomosow und begann abermals mit schweren Vorwürfen. Dann folgte wieder die Folter der Stille und des Schweigens. Und die Zeit dehnte sich grausam, je näher die Dämmerung schien, als ob jede Minute zögerte zu schwinden, um sich an der lächerlichen Lage dieser beiden Menschen zu ergötzen.

Gomosow schlief zuletzt ein und wurde durch den Hahn geweckt, der neben dem Keller krähte.

«He, du Hexe! Schläfst du?» fragte er dumpf.

«Nein», antwortete Arina mit einem schweren Seufzer.

«Schlaf lieber!» schlug der Weichensteller ihr ironisch vor. «Ach du ...»

«Timofej Petrowitsch», rief Arina fast wimmernd, «sei nicht böse auf mich! Hab doch Mitleid mit mir! Um Christi willen bitte ich dich – hab Mitleid! Ich bin doch allein, ganz allein und einsam! Und du hast mir doch ... du mein Lieber ... du hast mir doch ...»

«Heul nicht – mach dich vor den Menschen nicht lächerlich», unterbrach Gomosow streng das hysterische Flüstern der Frau, das ihn etwas weicher gestimmt hatte. «Schweig schon ... wenn wir nun einmal so blöd ...»

Und wieder begannen sie stumm zu warten, Minute um Minute. Doch die Minuten vergingen und brachten ihnen nichts. Endlich drangen Sonnenstrahlen durch die Türritzen und durchschnitten mit glänzenden Fäden das Dunkel im Keller. Bald wurden Schritte in der Nähe vernehmbar. Jemand trat an die Tür, stand eine Weile da und entfernte sich wieder.

«Quälgeister!» brüllte Gomosow und spuckte aus.

Abermals begann das Warten, wortloses, angespanntes Warten.

«Mein Gott ... erbarme dich ...», flüsterte Arina.

Dann war es, als ob jemand leise an den Keller heranschlich ... Das Schloß klirrte, und die strenge Stimme des Vorstehers rief: «Gomosow, nimm Arina an die Hand und komm heraus – nun, schnell!»

«Komm!» sagte Gomosow halblaut. Arina trat zu ihm und senkte den Kopf.

Die Tür wurde geöffnet, vor ihnen stand der Stationsvorsteher. Er verneigte sich und sagte: «Gratuliere zur gesetzlichen Eheschließung! Wenn ich bitten darf! Musik!»

Gomosow schritt über die Schwelle und blieb betäubt vom Ausbruch eines unsinnigen Lärms stehen. Hinter der Tür standen Luka, Jagodka und Nikolai Petrowitsch.

Luka schlug mit der Faust auf einen Eimer und grölte mit meckerndem Tenor; der Soldat blies auf seinem Signalhorn, und Nikolai Petrowitsch fuchtelte mit dem Arm in der Luft herum, blies die Backen auf und ahmte eine Trompete nach: «Wumtata, wumtata!»

Der Eimer klirrte, das Signalhorn heulte und brüllte. Matwej Jegorowitsch hielt sich vor Lachen die Seiten. Auch sein Gehilfe lachte beim Anblick Gomosows, der ganz verwirrt, mit grauem Gesicht und verlegenem Lächeln auf den zitternden Lippen vor ihnen stand ... Hinter ihm Arina, unbeweglich, wie versteinert und mit tief auf die Brust gesenktem Kopf.

«Süße Worte sagt Arina
Ihrem Liebsten Timofej!»

sang Luka und schnitt Gomosow widerliche Grimassen. Der Soldat näherte sich Gomosow, setzte ihm sein Horn ans Ohr und blies und blies.

«Nun geht ... nun ... reich ihr den Arm!» schrie der Stationsvorsteher und lachte sich halbtot. Auf der Treppe saß seine Frau, schwankte von einer Seite auf die andere und kreischte: «Motja ... genug ... Ach! Ich sterbe!»

«Für das süße Wiedersehn
Will ich gerne leiden.»

sang Nikolai Petrowitsch dicht unter Gomosows Nase.

«Ein Hurra den Neuvermählten!» kommandierte Matwej Jegorowitsch, als Gomosow vorwärtsschritt. Und alle vier brüllten einmütig hurra, wobei der Soldat mit seinem Baß aus vollem Halse schrie.

Arina ging hinter Gomosow her, den Kopf erhoben, mit offenem Mund, während ihre Arme schlaff herabhingen. Ihre Augen blickten stumpf geradeaus, ohne zu sehen.

«Motja, befiehl ihnen, sich zu küssen! Hahaha!»

«Küßt euch!» schrie Nikolai Petrowitsch, und Matwej Jegorowitsch mußte sich an den Baum lehnen, da er sich vor Lachen nicht mehr auf den Füßen halten konnte. Und der Eimer dröhnte, das Signalhorn schmetterte, heulte und höhnte immer weiter, während Luka tänzelnd sang:

«Ach Arina, ach Arina,
Hast 'nen guten Brei gekocht!»

Und Nikolai Petrowitsch trompetete: «Wumtata, wumtata!»

Gomosow ging zum Arbeiterhaus hinüber und verschwand in der Tür. Arina blieb von den besessenen Menschen umgeben auf dem Hof zurück. Sie brüllten, lachten, pfiffen ihr in die Ohren und sprangen in einem Anfall von grenzenloser Ausgelassenheit um sie herum. Sie stand mit unbeweglichem Gesicht, zerzaust, schmutzig, kläglich und lächerlich vor ihnen.

«Der junge Ehemann ist ausgerückt, und ... sie ist geblieben», schrie Matwej Jegorowitsch seiner Frau zu, indem er auf Arina zeigte, und krümmte sich vor Lachen.

Arina wandte den Kopf nach ihm um und ging am Arbeiterhaus vorbei – in die Steppe. Pfeifen, Schreien und Lachen begleiteten sie.

«Genug damit! Hört auf!» rief Sofja Iwanowna. «Gebt ihr Zeit, zu sich zu kommen! Das Mittagessen muß gekocht werden!»

Arina aber ging in die Steppe, wo jenseits der Bahnlinie ein Streifen mit borstigem Getreide stand. Sie ging langsam wie ein Mensch, der tief in Gedanken versunken ist.

«Wie war das, wie war das?» fragte Matwej Jegorowitsch die andern, die sich kleine Einzelheiten im Verhalten der «Neuvermählten» erzählten. Alle lachten. Nikolai Petrowitsch fand selbst hier Gelegenheit, einen weisen Spruch anzubringen.

«Lachen ist nicht strafbar,
Wenn das Leben heiter ist!»

sagte er zu Sofja Iwanowna und fügte nachdrücklich hinzu: «Aber zuviel lachen ist schädlich!»

Gelacht wurde an diesem Tage auf der Station viel, aber schlecht gegessen, weil Arina nicht zum Kochen erschienen war und die Stationsvorsteherin selber das Mittagessen zubereiten mußte. Aber auch das schlechte Essen vermochte die gute Stimmung nicht zu stören. Gomosow verließ das Arbeiterhaus nicht, bevor er den Dienst antreten mußte, aber als er heraustrat, wurde er ins Büro des Vorstehers gerufen, wo ihn Nikolai Petrowitsch unter dem Gelächter von Matwej Jegorowitsch und Luka zu befragen begann, wie er seine Schöne «verführt» habe.

«Wirklich originell – das ist ein Sündenfall ersten Ranges», sagte Nikolai Petrowitsch zum Vorsteher.

«Ein Sündenfall ist es schon», erwiderte finster lächelnd der gesetzte Weichensteller.

Er begriff, wenn er über Arina so sprach, daß man sich über sie lustig machte, würde man weniger über ihn selber lachen. Und er erzählte: «Anfangs hat sie mir immer mit den Augen gewinkt.»

«Mit den Augen gewinkt? Hahaha! Stellen Sie sich das doch nur vor, Nikolai Petrowitsch, die mit ihrer Fratze . . . hat ihm zugeblinzelt . . . allerliebst!»

«Also sie winkt mir, und ich sehe es und denke für mich: So siehst du aus! Und dann sagt sie zu mir: ‹Wenn du willst, nähe ich dir deine Hemden!›»

«Doch ‹nicht aufs Nähen kam's hier an› . . .», bemerkte Nikolai Petrowitsch und erklärte dem Vorsteher: «Wissen Sie, das ist aus Nekrassows ‹Die Reiche und die Arme›. Weiter, Timofej!»

Und Timofej fuhr fort zu erzählen, anfangs gezwungen, dann allmählich von seinen Lügen hingerissen, die, wie er sah, ihm von Nutzen waren.

Doch die Frau, von der er sprach, lag währenddessen in der Steppe. Sie war weit in das Getreidemeer hineingegangen, sank dort schwer auf die Erde nieder und lag lange unbeweglich da. Als die Sonne ihren Rücken so heiß durchglüht hatte, daß sie ihre sengenden Strahlen nicht mehr ertragen konnte, drehte sie sich um und bedeckte ihr Gesicht mit beiden Händen, um den Himmel nicht sehen zu müssen, diesen allzu hellen Himmel mit der grell leuchtenden Sonne.

Die reifen Getreideähren umrauschten die Frau, die von ihrer Schande niedergeschmettert war, und unermüdlich, geschäftig zirpten unzählige Grillen. Es war heiß. Sie versuchte sich an Gebete zu erinnern, und konnte es nicht: Vor ihren Augen drehten sich lachende Fratzen, und in ihren Ohren dröhnte Lukas Tenor, heulte das Horn und gellte Gelächter. Dies alles oder die Hitze beengte ihre Brust, sie öffnete ihre Jacke und setzte ihren Körper den Strahlen der Sonne aus in Erwartung, daß ihr das Atmen leichter würde. Und während die Sonne ihre Haut sengte, bohrte in ihrer Brust ein Schmerz wie Sodbrennen. Tief aufseufzend flüsterte sie von Zeit zu Zeit: «Herrgott . . . erbarm dich!»

Als Antwort hörte sie das trockene Rascheln der Ähren und das Zirpen der Grillen. Sie hob den Kopf über das wogende Getreide und sah das goldige Farbenspiel, den schwarzen Schornstein des Wasserturms in der Schlucht fern von der Station und die Dächer des Stationsgebäudes. Sonst war in der endlosen gelben Ebene, über der sich die blaue Himmelskuppel wölbte, nichts zu sehen, und es schien Arina, als wäre sie allein mitten auf der Erde, und niemand würde kommen, die Last der Einsamkeit mit ihr zu teilen – niemand, nie . . .

Am Abend hörte sie Stimmen rufen: «Ari-ina! Arischka, zum Teufel auch!»

Die eine Stimme gehörte Luka, die andre dem Soldaten. Sie

wollte die dritte hören, doch er rief sie nicht, da begann sie zu weinen, und ein Strom von Tränen rann über die pockennarbigen Wangen auf ihre Brust. So weinte sie und preßte ihre nackte Brust an die trockene warme Erde, den Schmerz zu betäuben, der sie immer heftiger quälte. Sie weinte und schwieg und unterdrückte ihre Seufzer, als ob sie fürchtete, jemand könnte sie hören und ihr das Weinen verbieten.

Als die Nacht hereinbrach, stand sie auf und ging langsam zur Station.

Am Stationsgebäude angekommen, lehnte sie sich mit dem Rücken an die Kellerwand, blieb lange dort stehen und schaute auf die Steppe. Es kamen und gingen die Güterzüge; sie hörte, wie der Soldat den Schaffnern von ihrer Schande erzählte und wie sie lachten. Weit in die öde Steppe, wo kaum hörbar die Zieselmäuse pfiffen, wurde dieses Lachen hinausgetragen.

«Herr, erbarme dich ...», seufzte die Frau und drückte sich dicht an die Wand. Doch diese Seufzer erleichterten die Last nicht, die ihr Herz beschwerte.

Gegen Morgen schlich sie sich vorsichtig auf den Boden des Stationsgebäudes und erhängte sich dort mit der Leine, die sie zum Wäschetrocknen benutzt hatte.

Durch den Verwesungsgeruch aufmerksam geworden, fand man Arina nach zwei Tagen. Erst erschraken alle, dann begannen sie zu erörtern, wer an dieser Geschichte schuld sei. Nikolai Petrowitsch bewies unwiderleglich, daß es Gomosow sei. Da gab der Stationsvorsteher dem Weichensteller eins in die Fresse und befahl ihm unter Drohungen zu schweigen.

Die Behörden erschienen, und eine Untersuchung wurde durchgeführt. Es stellte sich heraus, daß Arina an Melancholie gelitten hatte ... Die Arbeiter des Bahnmeisters erhielten den Auftrag, sie in die Steppe zu bringen und dort zu begraben. Als das ausgeführt war, herrschte erneut Ruhe und Ordnung auf der Station.

Und wieder begannen ihre Bewohner täglich vier Minuten lang zu leben und vergingen vor Langerweile und Einsamkeit, vor Müßiggang und Hitze, und mit Neid verfolgten ihre Augen die Züge, die an ihnen vorüberflogen.

Im Winter aber, wenn heulend und tobend die Schneestürme durch die Steppe brausen und unter wildem Tosen die kleine Station mit Schnee bedecken, ist das Leben ihrer Bewohner noch langweiliger.

1897

Sechsundzwanzig und eine

Poem

Wir waren sechsundzwanzig Mann – sechsundzwanzig lebende Maschinen, eingesperrt in einen feuchten Keller, wo wir von morgens bis abends Teig kneteten, Brezeln und kleine runde Kringel formten. Das Fenster führte auf das mit grünlich schimmernden Ziegelsteinen ausgelegte Fensterloch und war mit einem dichten Eisennetz vergittert; durch die mit Mehlstaub bedeckten Scheiben konnte das Sonnenlicht nicht bis zu uns dringen. Unser Brotherr hatte das Fenster mit diesem Eisennetz versehen lassen, damit wir ja keinem Bettler oder einem unserer hungernden arbeitslosen Kameraden ein Stück von seinem Brot zukommen lassen konnten – unser Brotherr nannte uns Gauner und gab uns zum Mittag statt Fleisch übelriechendes Geschlinge.

Es war ein niederdrückendes, beengtes Leben in diesem steinernen Kasten unter der niedrigen, schweren, mit Ruß und Spinnweben überzogenen Decke. Schwer und beklommen war uns zumute zwischen diesen mit Schmutzflecken und Schimmel bedeckten Wänden ... Unausgeschlafen standen wir um fünf Uhr morgens auf und setzten uns bereits um sechs Uhr stumpfsinnig und gleichgültig an den Tisch, um Kringel zu formen aus dem Teig, den unsere Kameraden vorbereitet hatten, während wir noch schliefen. Den ganzen Tag, vom frühen Morgen bis zehn Uhr abends, saßen die einen von uns am Tisch und rollten den geschmeidigen Teig mit den Händen zu Kringeln, wobei sie sich hin und her wiegten, um nicht steif zu werden, während die andern Mehl und Wasser zu Teig kneteten. Und den ganzen Tag summte das Wasser trübsinnig und traurig im Kessel, in dem die Kringel gekocht wurden, scharrte der Schieber des Bäckers eilig und böse im Backofen auf und ab, während er die glitschigen gekochten Teigstücke auf die heißen Ziegelsteine warf. Vom Morgen bis zum Abend brannte das Holz auf einer Seite des Backofens, und der rote Widerschein des Feuers zitterte an der Wand der Backstube, als wollte es uns schweigend auslachen. Der riesige Ofen glich dem mißgestalteten Kopf eines sagenhaften Ungeheuers, das gleichsam aus dem Boden hervorlugte, uns mit der Glut seines vom grellen Licht erfüllten weitgeöffneten Rachens anfauchte und mit den beiden schwarzen Vertiefungen der Abzuglöcher in der Stirn auf unsere nicht endende Arbeit blickte. Diese beiden tiefen Höhlungen waren wie Augen, mitleidlose, gleichgültige Augen eines Ungeheuers: immer blickten sie uns an mit dem gleichen finsteren Blick, als seien sie müde, auf Sklaven zu schauen, von denen sie nichts Menschliches erwarten konnten, die sie verachteten mit der kalten Geringschätzung der Weisheit.

Tag für Tag formten wir Kringel – im Mehlstaub, im Schmutz, den wir an unseren Füßen vom Hof hereinschleppten, in stickiger, übelriechender Luft – und netzten sie mit unserm Schweiß; mit bitterem Haß verabscheuten wir unsere Arbeit, wir aßen niemals, was aus unseren Händen hervorging, und zogen Schwarzbrot den Kringeln vor. Wir saßen an einem langen Tisch einander gegenüber – neun zu neun –, bewegten im Verlauf vieler langer Stunden mechanisch unsere Arme und Finger und waren so gewöhnt an unsere Arbeit, daß wir auf unsere Bewegungen nicht mehr achtgaben. Auch hatten wir uns gegenseitig bis zum Überdruß betrachtet, jeder kannte sämtliche Falten im Gesicht seines Kameraden. Es gab nichts, worüber wir hätten reden können, daran hatten wir uns gewöhnt und schwiegen die ganze Zeit – wenn wir nicht schimpften: es gibt immer Gründe, einen Menschen zu beschimpfen, und besonders einen Kameraden. Doch auch das taten wir nur selten. Was kann sich schon ein Mensch zuschulden kommen lassen, der halbtot ist – der einem Götzenbild gleicht, weil die schwere Arbeit seine Gefühle erstickt hat? Das Schweigen ist nur für diejenigen furchtbar und qualvoll, die schon alles gesagt und nichts mehr zu sagen haben; für Menschen, die noch nicht zu reden begonnen haben, ist das Schweigen einfach und leicht zu ertragen ... Zuweilen sangen wir, und unser Gesang begann so: Mitten in der Arbeit seufzte plötzlich jemand schwer auf wie ein müder Gaul und begann leise eines jener langgezogenen Lieder zu singen, deren klagende, einschmeichelnde Melodie stets den Druck erleichtert, der auf der Seele des Sängers ruht. Einer von uns singt, und wir lauschen anfangs schweigend seinem einsamen Lied, das unter der schweren Decke des Kellers verhallt und erlischt wie ein kleines Steppenfeuer in einer feuchten Herbstnacht, wenn der graue Himmel wie ein Bleidach über der Erde hängt. Dann gesellt sich ein zweiter Sänger dazu – da schweben bereits zwei Stimmen leise und schwermütig durch die dumpfe Schwüle unseres engen Kellerlochs. Und plötzlich greifen noch einige Stimmen das Lied auf – es schwillt gleich einer gewaltigen Woge an, wird stärker, lauter, scheint die feuchten schweren Mauern unseres steinernen Kerkers zu sprengen.

Es singen alle sechsundzwanzig, die kräftigen, längst eingesungenen Stimmen erfüllen die Werkstatt. Sie wird dem Lied zu eng; es stößt sich an den steinernen Wänden, weint, stöhnt und belebt die Herzen durch einen leisen prickelnden Schmerz, reißt alte Wunden auf und weckt Sehnsucht ... Die Sänger seufzen tief und schwer; dann und wann bricht einer unerwartet ab und hört lange dem Gesang seiner Kameraden zu, um seine Stimme von neuem in die Wogen des allgemeinen Gesanges einfließen zu lassen. Ein anderer stößt ein wehmütiges Ach! aus und singt mit geschlossenen Augen – die volle, breite Welle von Tönen stellt sich ihm vielleicht als ein in die Ferne führender, von hellem Sonnenschein beleuchteter breiter Weg dar, auf dem er sich selber gehen sieht.

Die Flamme im Ofen flackert, immer noch scharrt der Schieber des Bäckers über die Ziegel, summt das Wasser im Kessel, zittert, lautlos uns auslachend, der Widerschein des Feuers an der Wand ... Wir aber singen uns mit fremden Worten frei von unserm dumpfen Schmerz, von der schweren Sehnsucht lebendiger Menschen, die der Sonne beraubt sind, von dem Gram der Sklaven. So lebten wir sechsundzwanzig im Keller des großen steinernen Hauses, und unser Leben war so schwer, als wären die drei Geschosse dieses Hauses auf unseren Schultern erbaut.

Doch außer den Liedern hatten wir noch etwas Gutes, das wir liebten und das uns vielleicht die Sonne ersetzte. Im ersten Stock war eine Werkstatt für Goldstickerei, und dort lebte unter den vielen Näherinnen das sechzehnjährige Stubenmädchen Tanja. Jeden Morgen schmiegte sich an das kleine Fenster in der Tür, die nach dem Flur führte, ein rosiges Gesichtchen mit fröhlichen blauen Augen, und eine helle einschmeichelnde Stimme rief uns zu: «Ihr kleinen Sträflinge, schenkt mir Kringelchen!»

Nach diesem hellen Ton wandten wir uns alle um und blickten wohlwollend und froh auf das klare, reine Mädchengesicht, das uns anmutig zulächelte. Das am Fensterglas plattgedrückte Näschen und die glänzenden kleinen weißen Zähne zwischen den rosigen Lippen, lächelnd geöffnet, waren ein erfreulicher Anblick für uns. Wir stießen einander, drängten zur Tür, um sie zu öffnen – und schon tritt sie ein, munter und lieb, und steht da, ihre Schürze hinhaltend, den Kopf ein wenig zur Seite geneigt, steht vor uns und lächelt immerfort. Der lange dicke kastanienbraune Zopf hängt ihr über die Schulter auf die Brust herab, und wir schmutzigen, finsteren, häßlichen Menschen schauen zu ihr herauf, da die Türschwelle vier Stufen hoch ist – wir schauen sie an mit erhobenen Köpfen, begrüßen sie mit: «Guten Morgen!» und sagen ihr irgendwelche ausgesuchte Worte, die wir nur für sie zu finden wissen. Im Gespräch mit ihr werden unsere Stimmen weicher, die Scherze beschwingter. Wir haben für sie immer etwas Besonderes. Der Bäcker holt eine Schippe voll der knusprigsten bräunlichen Kringel aus dem Ofen und wirft sie geschickt in Tanjas Schürze.

«Sieh zu, daß du nicht vom Meister erwischt wirst!» warnen wir sie.

Sie lacht schelmisch und ruft uns vergnügt zu: «Lebt wohl, kleine Sträflinge!» und verschwindet flink wie ein Mäuschen.

Das war alles ... Aber noch lange, nachdem sie gegangen ist, unterhalten wir uns angeregt über sie – und sagen immer dasselbe, was wir gestern und vorgestern gesagt haben, weil sie und wir und alles ringsum geblieben ist, wie es gestern und vorgestern war ... Es ist schwer und quälend, wenn ein Mensch dahinleben muß, ohne daß um ihn her sich das geringste verändert; und wenn das seine Seele nicht vollends tötet, so wird er, je länger er lebt, die Starrheit der Umgebung um so qualvoller empfinden ... Wir sprachen von Frauen immer so, daß unsere groben, schamlosen Reden uns manchmal selber anwiderten, und das war verständlich, weil die Frauen, die wir kannten, vielleicht andere Reden nicht wert waren. Doch über Tanja sprachen wir nie schlecht; niemals hatte einer von uns sich erlaubt, sie auch nur mit der Hand zu berühren, niemals hörte sie einen losen Scherz von uns. Es kann sein, daß es nur deshalb so war, weil sie nicht lange bei uns blieb, vor unseren Augen aufleuchtete wie ein Stern, der vom Himmel fällt – und verschwand; vielleicht aber auch deshalb, weil sie so klein und so hübsch war: alles Schöne erweckt Achtung, sogar bei groben Menschen. Und dann – obwohl uns unsere Sträflingsarbeit zu stumpfsinnigen Ochsen gemacht hatte, blieben wir doch immer Menschen, die wie alle nicht leben können, ohne etwas zu verehren. Wir hatten niemand, der besser sein konnte als sie, und niemand außer ihr schenkte uns, die wir im Keller hausten, Beachtung – niemand, obwohl im Hause Dutzende Menschen lebten. Und endlich – und das war wohl die Hauptsache –, wir zählten sie zu uns gehörig als etwas, das einzig und allein durch unsere Kringel existierte: Wir hatten es uns zur Pflicht gemacht, ihr heiße Kringel zu geben, und das wurde uns zum täglichen Opfer, das wir unserem Idol darbrachten, das wurde fast zu einem heiligen Brauch, der uns mit jedem Tag fester an sie kettete. Außer Kringeln gaben wir Tanja auch noch viele Ratschläge – sich wärmer anzuziehen, nicht schnell die Treppen hinaufzulaufen, keine schweren Holzbündel zu tragen. Sie hörte unsere Ratschläge lächelnd an, antwortete darauf mit einem Lachen und befolgte sie nie, doch wir waren nicht gekränkt darüber: Wir wollten ihr ja nur zeigen, daß wir uns um sie kümmerten.

Oft wandte sie sich mit einer Bitte an uns: die schwere Kellertür zu öffnen, Holz zu spalten – mit Freuden, ja sogar mit einem gewissen Stolz taten wir dies und alles andere, was sie wünschte.

Als aber einer von uns sie bat, ihm sein einziges Hemd zu flicken, lachte sie verächtlich auf und sagte: «Was nicht noch! Ich bin doch nicht . . .»

Wir lachten den sonderbaren Kauz aus und baten Tanja nie mehr um etwas. Wir liebten sie – damit ist alles gesagt. Der Mensch will seine Liebe immer irgend jemand zuwenden, obwohl er ihn damit manchmal bedrückt, manchmal sogar besudelt, er kann das Leben eines Nächsten damit vergiften, weil seiner Liebe die Achtung fehlt. Wir mußten Tanja lieben, weil wir sonst niemand hatten, den wir lieben konnten.

Zuweilen begann einer von uns plötzlich Betrachtungen anzustellen: «Warum verwöhnen wir das Mädchen eigentlich so? Was ist schon an ihr dran? Wie? Wir bringen uns ja bald um mit ihr!»

Dem, der es wagte, solche Reden zu führen, geboten wir schnell und grob Einhalt – wir mußten irgend etwas lieben: Wir hatten dieses Etwas gefunden, und was wir alle sechsundzwanzig liebten, mußte für jeden unantastbar sein wie ein Heiligtum. Wer in dieser Frage gegen uns stand, war unser Feind. Wir lieben vielleicht nicht immer das wahrhaft Gute, aber es waren unser sechsundzwanzig, und darum wollten wir, daß das, was uns teuer war, auch allen anderen heilig sein sollte.

Die Liebe ist nicht weniger schwer zu tragen als der Haß . . . und deshalb behaupten wohl einige stolze Naturen, daß unser Haß schmeichelhafter sei als unsre Liebe . . . Aber wenn das der Fall ist, warum meiden sie uns dann nicht?

Außer der Kringelbäckerei hatte unser Brotherr noch eine Brötchenbäckerei; sie befand sich in demselben Hause, von unserer Höhle nur durch eine Wand getrennt, aber die Brötchenbäcker – es waren vier – hielten sich abseits von uns; da sie ihre Arbeit für sauberer ansahen als unsere, hielten sie sich für etwas Besseres. Sie kamen nicht in unsere Backstube und lachten geringschätzig über uns, wenn sie uns auf dem Hof begegneten. Wir gingen auch nicht zu ihnen: Unser Brotherr hatte das, aus Furcht, wir könnten Milchbrötchen stehlen, verboten. Wir mochten die Brötchenbäcker nicht, weil wir sie beneideten: Ihre Arbeit war leichter, sie bekamen mehr Lohn als wir und wurden besser beköstigt, sie hatten eine geräumige helle Backstube und waren alle so sauber und gesund – geradezu widerlich. Wir sahen alle gelb und grau aus; drei von uns hatten Syphilis, einige die Krätze, einer war vom Rheuma ganz krumm. Die Bäcker trugen an Feiertagen und in der Freizeit Jacketts und knarrende Stiefel, zwei von ihnen besaßen Ziehharmonikas, und alle gingen im Stadtpark spazieren – wir dagegen trugen schmutzige, zerfetzte Kleidung und Schuhe oder Bastschuhe an den Füßen, uns ließ die Polizei nicht in den Stadtpark. Wie konnten wir da die Brötchenbäcker lieben?

Eines Tages erfuhren wir, daß ihr Meister sich dem Suff ergeben, der Brotherr ihn entlassen und schon einen andern eingestellt hatte – einen Soldaten, der eine Weste aus Atlasseide und eine goldene Uhrkette trug. Wir waren begierig, einen solchen Stutzer zu sehen, und liefen in der Hoffnung, ihn zu erblicken, einer nach dem andern auf den Hof.

Aber er kam selber in unsere Backstube. Mit einem Fußtritt stieß er die Tür auf, ließ sie offen, stellte sich auf die Schwelle, lächelte und rief uns zu: «Gott zum Gruß! Guten Tag, Jungens!»

Frostkalte Luft drang in einer Dunstwolke durch die Tür herein und wogte um seine Füße, er aber stand auf der Schwelle und sah von oben auf uns herab, unter seinem flott aufgezwirbelten blonden Schnurrbart blitzten große gelbe Zähne. Die Weste war tatsächlich von besonderer Art – blau, mit gestickten Blumen und eigenartig schimmernd, die Knöpfe waren aus irgendwelchen roten Steinen. Auch die Uhrkette war da ...

Er war hübsch, dieser Soldat, hochgewachsen, gesund, rotbackig – und die großen hellen Augen blickten gutmütig, freundlich und klar. Auf dem Kopf hatte er eine steifgestärkte weiße Mütze, und unter der sauberen Schürze, die nicht den kleinsten Fleck aufwies, guckten die blankgewichsten modischen Stiefel hervor.

Unser Bäcker bat respektvoll, die Tür zu schließen; er tat es, ohne sich zu beeilen, und begann uns dann über unseren Brotherrn auszufragen. Wir beeilten uns, um die Wette zu versichern, daß unser Brotherr ein durchtriebener Gauner, ein Spitzbube, ein Bösewicht und ein Peiniger sei, und sagten alles, was man sagen konnte und mußte – es ist unmöglich, das hier aufzuzählen. Der Soldat hörte zu, bewegte den Schnurrbart und sah uns mit weichem und klarem Blick an.

«Mädchen habt ihr hier eine Menge», sagte er plötzlich.

Einige von uns lachten ehrerbietig, andere verzogen ihre Fratzen zu einem lüsternen Lächeln, einer erklärte dem Soldaten, daß es neun Stück wären.

«Haltet ihr euch ran?» fragte der Soldat, uns zublinzelnd.

Wieder lachten wir, nicht sehr laut und ein wenig verlegen ... Viele von uns wären dem Soldaten wohl gern auch als ein solcher Draufgänger erschienen, wie er war, doch keiner von uns vermochte das, kein einziger. Einer gestand das, indem er leise sagte: «Ach wo, wie könnten wir ...»

«Hm, ja, für euch ist das schwer», sagte der Soldat überzeugt, indem er uns aufmerksam musterte. «Ihr seid irgendwie ... nicht das Richtige ... Ihr habt keine Haltung ... kein Ansehen – ich meine das Äußere! Die Frau aber liebt das Äußere des Menschen! Sie will, daß der Körper gesund ... alles an ihm ordentlich ist! Und schätzt außerdem die Kraft ... solch einen Arm – da!»

Der Soldat zog die rechte Hand aus der Tasche und zeigte uns den bis zum Ellenbogen nackten Arm mit dem hochgestreiften Hemdsärmel. Es war ein weißer, starker, mit goldschimmerndem Flaum bedeckter Arm.

«Das Bein, die Brust – alles muß straff sein ... und dann – man muß gut gekleidet sein ... wie es die Schönheit verlangt ... Mich zum Beispiel – lieben die Weiber. Ich rufe sie nicht, locke sie nicht, sie fliegen mir von selbst an den Hals, fünf auf einmal ...»

Er setzte sich auf einen Mehlsack und erzählte uns lange, wie sehr ihn die Weiber liebten und wie tapfer er mit ihnen umgehe. Dann ging er, und als die Tür sich quietschend hinter ihm geschlossen hatte, schwiegen wir lange und dachten über ihn und seine Reden nach. Dann begannen wir plötzlich alle auf einmal zu sprechen, und es zeigte sich, daß er uns allen gefallen hatte. So ein einfacher, netter Mann – kommt, setzt sich und erzählt. Zu uns kam niemand, niemand unterhielt sich so freundschaftlich mit uns. Und wir redeten immerzu von ihm und seinen künftigen Erfolgen bei den Goldstickerinnen, die, wenn sie uns auf dem Hof trafen, entweder beleidigt die Lippen zusammenkniffen und uns auswichen oder geradewegs auf uns zugingen, als ob wir uns gar nicht auf ihrem Wege befänden. Aber wir konnten uns nicht satt sehen an ihnen, auch auf dem Hof, wenn sie an unseren Fenstern vorübergingen – im Winter mit irgendwelchen eigenartigen kleinen Hüten und Pelzjacken und im Sommer in Hüten mit Blumen und bunten Sonnenschirmen in den Händen. Dafür redeten wir unter uns von diesen Mädchen in einer Weise, daß sie vor Scham und Empörung außer sich geraten wären, wenn sie uns gehört hätten.

«Daß er bloß nicht Tanjuschka ... verdirbt!» sagte plötzlich besorgt der Bäcker.

Wir schwiegen alle betroffen. Tanja hatten wir irgendwie vergessen; es war, als hätte die hübsche große Gestalt des Soldaten sie verdeckt. Dann begann ein lauter Streit: Die einen sagten, daß Tanja das nicht tun würde, andere behaupteten, daß sie dem Soldaten nicht widerstehen würde, die dritten endlich schlugen vor, ihm die Rippen zu brechen, wenn er mit Tanja anbändeln sollte. Schließlich beschlossen wir, den Soldaten und Tanja zu beobachten und das Mädchen zu warnen, daß sie sich vor ihm in acht nehme ... Damit endete der Streit.

Ein Monat war vergangen; der Soldat backte seine Brötchen, trieb sich mit den Goldstickerinnen herum und kam oft zu uns in die Backstube, erzählte aber nicht mehr von seinen Erfolgen bei den Mädchen, sondern drehte beständig seinen Schnurrbart und leckte sich lüstern die Lippen.

Tanja kam jeden Tag zu uns Kringel holen und war wie immer munter, lieb und freundlich. Wir versuchten mit ihr über den Soldaten zu sprechen. Sie nannte ihn «glotzäugiges Kalb» und gab ihm noch andere komische Beinamen – das beruhigte uns. Wir waren stolz auf unser Mädchen, besonders da wir sahen, wie die Goldstickerinnen sich beim Soldaten einzuschmeicheln suchten; irgendwie empfanden wir Tanjas Verhalten zum Soldaten als etwas Erhebendes; so begannen wir unter ihrem Einfluß, uns selbst geringschätziger zu ihm zu verhalten. Sie aber gewannen wir noch lieber; noch freudiger und herzlicher empfingen wir sie morgens. Doch eines Tages kam der Soldat ein wenig angeheitert zu uns, setzte sich und begann zu lachen, und als wir ihn fragten, worüber er lache, erzählte er: «Zwei haben sich meinetwegen geprügelt ... Lidka und Gruschka ... Haben die sich zu-ugerichtet! Haha! An den Haaren haben sie einander gepackt, ja sogar im Hausflur auf dem Fußboden, immer eine auf die andere, hahaha! Die Fratzen haben sie sich zerkratzt ... Die Kleider zerrissen, zum Totlachen! Warum die Weiber sich nicht vernünftig prügeln können? Warum kratzen sie sich? He?»

Er saß auf der Bank, so gesund, so sauber und vergnügt, saß da und lachte immerzu. Wir schwiegen. Er war uns diesmal aus irgendeinem Grunde unangenehm.

«Nein, was habe ich doch für Glück bei den Weibern, wie? Zum Totlachen. Ein Blick – und es ist soweit! Teufel auch!»

Er hob seine weißen, mit schimmerndem Flaum bedeckten Hände und ließ sie mit lautem Klatschen auf die Knie zurückfallen. Und er sah uns mit so erstaunten freundlichen Blicken an, als ob er selber nicht begreifen könnte, warum er solch ein Glück bei den Weibern hatte. Sein volles, rotbackiges Gesicht glänzte vor Selbstzufriedenheit und Glück, und immer wieder leckte er sich lüstern lächelnd die Lippen.

Unser Bäcker kratzte heftig und ärgerlich mit dem Schieber im Backofen und sagte plötzlich spöttisch: «Kleine Tannen fällen ist nicht schwer, aber fälle dir mal eine Kiefer ...»

«Das heißt – sagst du mir das?» fragte der Soldat.

«Natürlich dir ...»

«Was meinst du damit?»

«Nichts ... Es ist mir nur so herausgefahren!»

«Nein, warte mal! Worum geht's? Was für eine Kiefer?»

Unser Bäcker antwortete nicht, sondern arbeitete schnell mit dem Schieber am Ofen weiter; er schob die gekochten Kringel hinein, zog die fertigen heraus und warf sie geräuschvoll auf den Fußboden zu den Lehrjungen, die sie auf Bastschnüre reihten. Er tat, als hätte er den Soldaten und das Gespräch mit ihm vergessen. Doch der Soldat wurde plötzlich unruhig. Er erhob sich und ging auf den Ofen zu, wobei er riskierte, mit der Brust auf den Schieberstiel zu stoßen, der in der Luft hin und her fuhr.

«Nein, sag mir – wer ist sie? Du hast mich beleidigt ... Mir kann keine widerstehen ... Und du sagst mir so kränkende Worte ...»

In der Tat, er schien aufrichtig beleidigt zu sein. Offenbar hatte er außer dem Talent, Frauen zu verführen, nichts, was seine Selbstachtung begründete. Mag sein, daß außer dieser Begabung nichts Lebensvolles in ihm war, und nur sie erlaubte ihm, sich als lebender Mensch zu fühlen.

Es gibt Menschen, die irgendein seelisches oder körperliches Gebrechen für das Wichtigste und Beste halten, was sie besitzen. Ihr ganzes Leben lang beschäftigen sie sich damit, es wird zu ihrem Lebensinhalt. Wohl leiden sie unter diesem Gebrechen, doch sie hegen und pflegen es; sie klagen anderen ihr Leid, lenken damit die Aufmerksamkeit ihrer Mitmenschen auf sich und ernten Mitleid. Sonst haben sie nichts aufzuweisen. Nähme man ihnen diese Krankheit, heilte man sie, so würden sie unglücklich werden, weil sie ihres einzigen Lebensinhaltes beraubt wären – ihr Leben würde seinen Sinn verlieren und leer werden. Das Leben manches Menschen ist so armselig, daß er sich unwillkürlich gezwungen fühlt, seine Fehler zu schätzen, in ihnen zu leben: Ja, man kann sagen, daß die Menschen häufig aus Langeweile lasterhaft sind.

Der Soldat war beleidigt, er ging auf unsern Bäcker los und schrie ihn an: «Nun, sag mir – wer ist es?»

Plötzlich wandte sich der Bäcker ihm zu: «Soll ich es sagen?»

«Nun?»

«Kennst du Tanja?»

«Na und?»

«Versuch's doch mal bei ihr!»
«Ich?»
«Ja – du!»
«Die? Kleinigkeit für mich!»
«Wir werden sehen!»
«Wirst sehen! Haha!»
«Sie wird dir . . .»
«Einen Monat Zeit!»
«Ach, du Prahlhans!»
«Zwei Wochen! Ich werde euch schon zeigen, was sie für eine ist, die Tanjka! Pah!»
«Nun mach aber, daß du wegkommst . . . du störst hier!»
«Zwei Wochen – und es ist geschehen! Ach, du . . .»
«Scher dich weg, sag ich!»

Unser Bäcker wurde plötzlich wütend und holte mit dem Schieber aus. Der Soldat wich erstaunt vor ihm zurück, sah uns schweigend an und sagte dann leise und unheilverkündend: «Nun gut!» und verließ uns.

Während des Streites hatten wir geschwiegen und interessiert zugehört. Doch als der Soldat gegangen war, erhob sich ein lebhaftes, lautes Gerede und Lärmen.

Einer rief dem Bäcker zu: «Eine schöne Sache hast du angezettelt, Pawel!»

«Kümmre dich um deine Arbeit!» antwortete der Bäcker wütend.

Wir fühlten, daß wir die empfindliche Seite des Soldaten getroffen hatten und daß Tanja Gefahr drohte. Wir fühlten das, während wir von einer brennenden, angenehmen Neugier erfaßt wurden. Was würde geschehen? Würde Tanja dem Soldaten gegenüber standhaft bleiben? Und fast alle riefen überzeugt: «Tanjka? Sie bleibt standhaft! So einfach kriegt er sie nicht rum!»

Leidenschaftlich wünschten wir, die Standhaftigkeit unseres Engels zu prüfen; angestrengt bewiesen wir einander, daß unser Engel ein starker Engel sei und aus diesem Kampf als Sieger hervorgehen werde. Ja, es schien uns schließlich, daß wir den Soldaten noch zu wenig aufgehetzt hatten, daß er den

Streit vergessen würde, wenn wir seinen Ehrgeiz nicht noch gründlicher anfachten. Von diesem Tage an begannen wir in einer eigentümlichen, nervösen Spannung zu leben – so hatten wir noch nie gelebt. Tagelang stritten wir uns, sprachen irgendwie geistreicher, begannen mehr und gewählter zu reden. Es schien uns, als spielten wir ein Spiel mit dem Teufel, und der Einsatz auf unserer Seite war Tanja. Als wir von den Brötchenbäckern erfuhren, daß der Soldat «unserer Tanjka den Hof zu machen begann», befiel uns ein wohliges Gruseln, und das Leben wurde so interessant, daß wir nicht einmal merkten, wie unser Brotherr unsere Aufregung ausnutzte und unsere Arbeit um vierzehn Pud Teig am Tage erhöhte. Die Arbeit schien uns gar nicht zu ermüden. Der Name Tanja wich den ganzen Tag nicht aus unserem Gespräch. Jeden Morgen erwarteten wir sie mit besonderer Ungeduld. Zuweilen stellten wir uns vor, daß sie bei uns eintreten könnte – nicht mehr unsere Tanja von früher, sondern eine ganz andere.

Wir sagten ihr aber nichts von dem Streit vor ein paar Tagen. Wir fragten sie auch nichts und verhielten uns ebenso herzlich und freundlich wie früher zu ihr. Aber schon hatte sich in unsere Beziehungen zu Tanja etwas Neues und Fremdes eingeschlichen – und dieses Neue war eine gespannte Neugier, scharf und kalt wie ein Stahlmesser ...

«Brüder, heute läuft die Frist ab», sagte eines Morgens der Bäcker, als er an seine Arbeit ging.

Wir wußten das nur zu gut, auch ohne daß er uns daran erinnerte, und doch zuckten wir zusammen.

«Schaut sie nur an – gleich wird sie kommen!» schlug der Bäcker vor.

Einer rief bedauernd: «Als ob man einem das ansehen könnte!»

Und wieder entbrannte zwischen uns ein lauter, lebhafter Streit. Heute würden wir endlich erfahren, wie rein und dem Schmutz unzugänglich das Gefäß war, in das wir unser Bestes hineingelegt hatten. An diesem Morgen fühlten wir plötzlich und zum erstenmal, daß wir mit hohem Einsatz spielten und daß diese Reinheitsprobe, die wir unserem Engel stellten, ihn für uns vernichten könnte. Wir hatten all diese Tage gehört, daß der Soldat Tanja beharrlich und aufdringlich verfolgte, doch aus irgendeinem Grunde hatte niemand von uns sie gefragt, wie sie sich zu ihm verhielt. Nach wie vor kam sie pünktlich jeden Morgen, ihre Kringel zu holen, und war wie immer.

Auch an diesem Tage hörten wir bald ihre Stimme: «Ihr kleinen Sträflinge, ich bin's!»

Wir beeilten uns, sie hereinzulassen, und als sie eintrat, begegneten wir ihr ganz gegen unsere Gewohnheit mit Schweigen. Alle Augen sahen sie an, wir wußten nicht, worüber wir mit ihr sprechen, wonach wir sie fragen sollten. Wir standen als ein finsterer, schweigender Haufen vor ihr. Sie war anscheinend erstaunt über diesen ungewohnten Empfang, und plötzlich sahen wir, daß sie erblaßte, unruhig und verlegen wurde. Mit gepreßter Stimme fragte sie: «Was ist denn mit euch?»

«Und was ist mit dir?» warf ihr der Bäcker, ohne die Augen von ihr zu lassen, finster entgegen.

«Mit mir? Wieso?»

«Na, schon gut . . .»

«Nun gebt mir doch endlich Kringel . . .»

Nie zuvor hatte sie uns zur Eile gemahnt.

«Wirst schon noch zurechtkommen», sagte der Bäcker, ohne sich zu bewegen und den Blick von ihrem Gesicht zu wenden.

Da drehte sie sich plötzlich um und verschwand.

Der Bäcker ergriff seinen Schieber und sagte ruhig, während er sich zum Ofen drehte: «Also – es ist soweit! . . . Ach, dieser Soldat! . . . Solch ein Schuft!»

Wie eine Hammelherde gingen wir einander stoßend zum Tisch, setzten uns schweigend und begannen träge zu arbeiten. Bald sagte jemand: «Vielleicht ist es doch noch . . .»

«Nun, nun! Erzähl nichts!» schrie ihn der Bäcker an.

Wir wußten alle, daß er ein kluger Mensch war, klüger als wir. Seinen Verweis nahmen wir als Ausdruck seiner Überzeugung hin, daß der Soldat gesiegt hatte. Uns war traurig und unruhig zumute.

Um zwölf Uhr, während der Mittagszeit, kam der Soldat. Er war wie immer sauber und stutzerhaft angezogen und blickte uns wie immer gerade in die Augen. Uns aber war es peinlich, ihn anzusehen.

«Nun, ehrenwerte Herren, wenn Sie wollen, zeige ich Ihnen das Draufgängertum eines Soldaten», sagte er stolz lachend. «Geht in den Flur und guckt durch die Ritzen ... Verstanden?»

Wir gingen hinaus und drängten uns einer über den andern, drückten uns an die Ritzen in der Bretterwand des Flures, der zum Hof führte. Wir brauchten nicht lange zu warten ... Bald eilte hastig, mit besorgter Miene über die Pfützen von aufgetautem Schnee springend, Tanja über den Hof. Sie verschwand hinter der Tür, die zum Keller führte. Dann folgte ihr ohne Eile und pfeifend der Soldat. Er hatte die Hände in den Taschen vergraben, sein Schnurrbart bewegte sich.

Es regnete, und wir sahen, wie die Regentropfen in die Pfützen fielen, deren Oberfläche sich kräuselte. Es war ein feuchter, grauer, sehr unfreundlicher Tag. Auf den Dächern lag noch Schnee, aber auf der Erde erschienen schon dunkle Schmutzflecken. Auch der Schnee auf den Dächern war von einem braunen Schmutzanflug bedeckt. Langsam und traurig rieselte der Regen. Wir froren, und das Warten war nicht angenehm.

Als erster kam der Soldat aus dem Keller; er ging langsam über den Hof, die Hände in den Taschen, den Schnurrbart bewegend wie immer.

Dann – kam auch Tanja. Ihre Augen ... ja, ihre Augen strahlten vor Freude und Glück, ihre Lippen lächelten. Sie ging wie im Traum, schwankend, mit unsicheren Schritten.

Das konnten wir nicht ruhig ertragen, wir stürzten alle auf einmal zur Tür, rannten auf den Hof und begannen zu pfeifen, schrien sie böse, durchdringend und wild an.

Sie fuhr zusammen, als sie uns sah, und blieb wie angewurzelt im Schmutz stehen. Wir umringten sie, beschimpften sie schadenfroh, ohne Unterlaß, mit unflätigen Worten und riefen ihr die schamlosesten Dinge zu.

Wir taten das nicht laut und beeilten uns nicht, da wir sahen, daß sie von uns umzingelt war und nicht entkommen konnte: Wir konnten sie verhöhnen, soviel wir wollten. Ich weiß nicht, warum, aber wir schlugen sie nicht. Sie stand mitten unter uns, drehte den Kopf bald hierhin, bald dorthin und hörte unsere Beleidigungen an. Wir aber bewarfen sie immer mehr mit dem Schmutz und Gift unserer Worte.

Alle Farbe war aus ihrem Gesicht gewichen. Ihre blauen Augen, die vor einer Minute noch so glücklich gestrahlt hatten, waren weit geöffnet, ihr Atem ging schwer, und die Lippen zuckten.

Wir aber hatten sie umzingelt und nahmen Rache an ihr, denn sie hatte uns beraubt. Sie gehörte uns, wir hatten ihr unser Bestes gegeben, und obwohl dieses Beste nur Brocken von Bettlern waren, so waren wir doch sechsundzwanzig, und sie war eine, und darum war keine Pein, die wir ihr antaten, stark genug, ihre Schuld zu vergelten! Wie haben wir sie geschmäht... Sie schwieg, sah uns nur immer mit verstörten Blicken an und zitterte wie im Fieber.

Wir lachten, heulten, brüllten ... irgendwoher waren noch Leute herbeigelaufen... Einer von uns packte sie am Ärmel...

Plötzlich blitzten ihre Augen auf: Sie hob, ohne sich zu beeilen, die Hände zum Kopf empor, ordnete ihr Haar und sagte laut, aber ruhig uns ins Gesicht: «Ach, ihr elenden Sträflinge!»

Und ging einfach auf uns los, als wären wir gar nicht da und versperrten ihr nicht den Weg. Deshalb stand ihr schließlich auch wirklich keiner von uns im Wege.

Als sie unseren Kreis verlassen hatte, sagte sie noch einmal, ohne sich nach uns umzuwenden, ebenso laut, stolz und verächtlich: «Ach, ihr Gesindel ... ihr Pack!» und ging davon, aufrecht, schön und stolz.

Wir aber blieben mitten im Hof stehen, in Schmutz und Regen unter dem grauen, sonnenlosen Himmel...

Dann gingen wir schweigend zurück in unsere feuchte steinerne Höhle. Wie früher blickte auch jetzt nie die Sonne in unser Fenster, und Tanja kam nie mehr wieder!

1899

Das Mädchen

Eines Abends lag ich, müde von der Arbeit, auf der Erde an der Mauer eines großen Steinhauses, eines traurigen alten Gebäudes; die roten Strahlen der untergehenden Sonne legten die tiefen Risse und den verkrusteten Schmutz an seinen Wänden bloß.

Im Inneren dieses Hauses hasteten – wie Ratten in einem dunklen Keller – halbverhungerte schmutzige Menschen umher, deren Körper nur notdürftig mit Lumpen bekleidet und deren dunkle Seelen ebenso nackt und schmutzig waren wie ihre Körper.

Aus den Fenstern dieses Hauses drang, langsam und dick wie grauer Rauch über einer Brandstätte, das monotone Summen des Lebens, das in ihm flackerte. Ich hörte dieses mir seit langem bekannte, aufgeregte und verzagte Summen und nickte ein, da ich keinerlei neue Laute zu hören erwartete.

Aber dann erklang irgendwo in der Nähe, hinter einem Haufen leerer Fässer und zerbrochener Kisten hervor, eine leise, zärtliche Stimme:

«Schlaf, Liebling mein! Schlaf ein, Kindchen, schlaf ein!
Schlaf, schlaf, schlaf,
Schlaf, Mädchen mein . . .»

Ich hatte bis dahin nicht gehört, daß die Mütter in diesem Haus ihre Kinder so liebevoll in den Schlaf wiegten. Ich stand leise auf und schaute hinter die Fässer. In einer der Kisten saß ein kleines Mädchen. Es hielt den blonden Krauskopf tief geneigt, schaukelte langsam hin und her und summte nachdenklich vor sich hin:

«Mach schon zu die Äuglein dein,
Schlummer ein, schlummer ein . . .»

In den kleinen, schmutzigen Händen des Mädchens lag ein hölzerner, in einen roten Lappen gewickelter Löffelstiel, den es mit großen traurigen Augen anblickte.

Es waren hübsche, klare, weiche und keineswegs kindlich traurige Augen. Als ich ihren Ausdruck sah, vergaß ich den Schmutz auf dem Gesicht und an des Mädchens Händen.

Über ihm wogten – gleich Wolken von Ruß und Asche – Schreie, Schimpfen, das Lachen von Betrunkenen und Weinen in der Luft, ringsum auf der schmutzigen Erde war alles vernichtet, zerbrochen, und die Strahlen der Abendsonne, die die Trümmer der Kisten und Fässer mit rotem Licht übergossen, verliehen ihnen eine sonderbare, unheildrohende Ähnlichkeit mit den Resten eines großen, von der schweren und rauhen Hand der Armut zerstörten Organismus.

Ich machte eine unbedachte Bewegung; das Mädchen sah auf, erblickte mich, und seine Augen verengten sich mißtrauisch; es schrumpfte, wie eine Maus beim Anblick einer Katze, ängstlich in sich zusammen.

Ich schaute lächelnd in ihr schmuddliges, trauriges, schüchternes Gesicht; ihre Lippen waren fest aufeinandergepreßt, und ihre schmalen Augenbrauen zuckten.

Sie stand schließlich auf, strich sachlich das zerrissene, einst rosa Kleid zurecht, steckte ihre Puppe in die Tasche und fragte mich mit klingender, klarer Stimme:

«Was starrst du?»

Sie mochte elf Jahre alt sein; schmal und mager, musterte sie mich aufmerksam, und ihre Augenbrauen zitterten fortwährend.

«Nun», fuhr sie nach einer Pause fort, «was willst du von mir?»

«Nichts, spiel nur, ich geh schon . . .», entgegnete ich.

Da tat sie einen Schritt auf mich zu, verzog geringschätzig das Gesicht und sagte laut und deutlich: «Komm mit . . . für fünfzehn Kopeken . . .»

Ich verstand nicht gleich und zuckte nur, wie ich mich noch

erinnere, im Vorgefühl von etwas Abscheulichem zusammen.

Sie trat unmittelbar auf mich zu, schmiegte die Schulter an meine Seite und fuhr, das Gesicht abgewandt, so daß ich es nicht sehen konnte, mit dumpfer, gelangweilter Stimme fort: «Also gehen wir, oder was ist? Ich habe keine Lust, mir jemand auf der Straße zu suchen. Ich bin auch nicht danach angezogen: Mutters Liebhaber hat mein Kleid vertrunken. Los, komm schon!»

Ich stieß sie wortlos, aber sanft zurück, während sie mir mit einem mißtrauisch befremdeten Blick in die Augen sah; sie verzog sonderbar die Lippen und wiederholte, mit weit geöffneten Augen irgendwohin nach oben blickend, gedämpft und mit gelangweilter Stimme: «Hab dich nicht so! Du glaubst wohl, ich werde schreien, weil ich noch klein bin? Keine Angst, das hab ich früher getan ... während ich jetzt ...»

Sie vollendete nicht und spie gleichgültig aus. Ich ließ sie stehen und ging; ich trug in meinem Herzen ein böses Entsetzen und den traurigen Blick der klaren Kinderaugen mit mir davon.

1905

Die Mordwinin

An den Sonnabenden, wenn auf den sieben Kirchtürmen der Stadt zum Abendgottesdienst geläutet wurde, antworteten den fröhlichen Stimmen der Glocken die heiseren Fabriksirenen im Tal mit verdrießlichem Geheul, und einige Minuten lang schwebten die beiden Reihen dieser so seltsam verschiedenen Töne, miteinander ringend, in der Luft, die einen freundlich und einladend, die anderen unwillig und die Menschen auseinandertreibend.

Und jedesmal, wenn der Schlosser Pawel Makow am Sonnabend aus dem Fabriktor trat, fühlte er einen qualvollen Zwiespalt und Beschämung in seinem Herzen. Zögernd begab er sich nach Hause, und es machte ihm nichts aus, wenn ihn die Arbeitskameraden überholten. Beim Gehen zupfte er an seinem Spitzbart und blickte schuldbewußt nach dem Berg, der mit Grün überzogen und mit einer Reihe üppiger Gärten bekränzt war. Hinter dem dunklen Wall der Obstbäume sahen graue Giebel, Dachfenster, Schornsteine hervor, hoben sich Starkästen hoch in den Himmel, und noch höher als sie ragte der vom Blitz getroffene schwarze Wipfel einer Kiefer auf. An ihrem Fuß stand das Haus des Schusters Wasjagin. Dort erwarteten ihn Frau, Tochter und Schwiegervater.

«Bom – bom . . .», klingt es eindringlich von oben. Und von unten, aus dem Tal, dringt an sein Ohr das mürrische Geheul: «U-u-u-ut . . .»

Pawel steckt die Hände in die Hosentaschen und geht mit vorgebeugtem Oberkörper langsam die mit großen Steinen gepflasterte Straße hoch, während seine Kameraden den Weg abkürzen und wie schwarze Ziegen die durch die Gärten führenden Seitenwege hinaufspringen.

Der Gießer Mischa Serdjukow ruft von oben herunter: «Pawel – kommst du?»

«Weiß noch nicht, Bruder, vielleicht ...», antwortet Pawel, steht still und sieht zu, wie die Arbeiter stolpernd den steilen abschüssigen Berg bezwingen. Lachen und Pfeifen ertönen, alle freuen sich auf den freien Tag; die schmutzigen Gesichter glänzen, herausfordernd blitzen die weißen Zähne.

An einem Weidenzaun knackt es, die Gemüsebäuerin Iwanicha überschüttet die Fabrikarbeiter wie gewöhnlich mit näselnden Schimpfworten, und die Sonne, die hinter dem Fluß im fernen fürstlichen Forst untergeht, verwandelt die Lumpen der bösen Alten in Purpur und ihre grauen Haare in Gold.

Von unten riecht es brandig, es riecht nach Öl und sumpfiger Feuchtigkeit, auf dem Berg aber ist die Luft von dem würzigen Geruch nach jungen Gurken, nach Dill und schwarzen Johannisbeeren erfüllt. In der Kathedrale läuten jetzt kleine und große Glocken, und das Geschimpfe der Greisin wird von ihrem fröhlichen Geplapper übertönt.

Ja-a, denkt Makow mit finsterer Miene. Ich sollte mich schämen, einen so schwachen Charakter zu haben, wirklich!

Nun ist er oben und blickt hinunter: Fünf Schornsteine ragen wie die schlammbedeckten gespreizten Finger eines dort unten in den Sümpfen ertrunkenen Ungeheuers empor.

Der mit morastigen Inseln übersäte launische schmale Fluß ist ganz von rotem Licht übergossen; auch in dem niederen Tannengehölz des Moores leuchten rote Flecke auf: Die Abendsonne spiegelt sich in dem rostbraunen Wasser zwischen den Erdhaufen.

Es ist schade um die Sonnenstrahlen – der Sumpf wird durch sie nicht schöner, sie versinken spurlos in dem schmutzigen, fauligen Wasser der Tümpel.

Ich muß gehen! befiehlt sich Makow selbst. Und doch bleibt er nachdenklich noch ein, zwei Minuten stehen.

Am Haustor begrüßt ihn der hagere, kahlköpfige, einäugige Wasjagin. Um die unförmige Höhle zu verdecken, die einst sein rechtes Auge beherbergt hatte, trägt er auf der Straße immer eine dunkle Schutzbrille, weshalb man ihm im Ort den

Spitznamen «Glotzäugiger Waljok» gegeben hat. Unter der Hakennase wachsen Waljok harte, graue Borsten, denen er an Feiertagen das Aussehen eines Schnurrbartes gibt, indem er sie mit irgend etwas bekleistert, wovon sich seine Lippen zusammenziehen und eine Form annehmen, als pustete er in einem fort heißes Essen kalt.

Aber im Augenblick ist sein Mund zu einem liebenswürdigen Lächeln geöffnet; er flüstert dem Schwiegersohn zu: «Wie ist's mit dem Sonnabendlichen?»

Pawel steckt ihm ein Zwanzigkopekenstück zu und tritt in den kleinen grasbewachsenen Hof. In der Ecke ist unter einer Eberesche der Abendbrottisch gedeckt; unter dem Tisch liegt der alte Hund Tschurkin und beißt sich die Kletten aus dem Schwanz, auf den Treppenstufen sitzt breitbeinig die Frau, während sich das dreijährige Töchterchen Olja im zertretenen Gras wälzt. Als sie den Vater erblickt, streckt sie ihm ihre schmutzigen Händchen mit gespreizten Fingern entgegen und singt: «Papa-pa! Papa-pa da!»

«Du kommst ja so spät?» fragt die Frau und sieht ihn argwöhnisch an. «Die andern sind schon alle vorbei . . .»

Unbemerkt stößt er einen Seufzer aus. Immer das alte Lied. Er gibt der Kleinen einen Nasenstüber und wirft einen schuldbewußten Blick auf den aufgetriebenen Leib seiner Frau.

«Nun mach und wasch dich!» sagt sie.

Er geht, und ein Hagel von Scheltworten folgt ihm: «Hast du Vater wieder Geld für Schnaps gegeben? Tausendmal habe ich dich gebeten, das sein zu lassen! Aber natürlich, was machst du dir schon daraus, wenn ich was sage . . . Ich bin ja keine von den Genossinnen, ich treibe mich nachts nicht in Versammlungen herum wie eure verhurten Weiber . . .»

Pawel wäscht sich und schmiert sich soviel Seifenschaum wie möglich in die Ohren, um diese längst bekannten Reden nicht zu hören, die ihn, gleich Hobelspänen trocken raschelnd, umschwirren. Ihm ist, als machte sich die Frau mit einem stumpfen Hobel an seinem Herzen zu schaffen.

Er ruft sich die ersten Tage der Bekanntschaft mit ihr ins Gedächtnis zurück, die nächtlichen Spaziergänge durch die

Straßen der Stadt, die kalten, mondhellen Nächte, die Rodelfahrten den Berg hinunter, die Theaterbesuche oben auf der Galerie und die herrlichen Minuten im Kino ... wie schön war es, im Dunkeln eng aneinandergeschmiegt zu sitzen und vor sich das stumme Spiel der Schatten zu sehen, je nachdem rührselig oder urkomisch.

Es war damals eine schwere Zeit gewesen: Er war gerade aus dem Gefängnis entlassen worden und mußte erkennen, daß alles in Scherben lag, alles in den Schmutz getreten war; die, die einst so begeistert geklatscht hatten, pfiffen nun feindselig all das aus, was vorher ihren Beifall hervorgerufen hatte ...

Die krausköpfige, grauäugige Olgunka krabbelt zu seinen Füßen herum und singt: «Pa Olja liebhaben, Pa Püppchen kaufen, Pferdchen kaufen, morgen kaufen ...»

Von den Fingern schüttelt er dem Töchterchen ein paar Wassertropfen ins Gesicht – das Kind lacht laut auf und rollt von ihm weg.

«Laß doch das, Dascha, schimpf nicht immer!» redet er seiner Frau gut zu.

Olgunka hebt mit Mühe Tschurkins schweren alten Kopf hoch und befiehlt ihm: «Guck mal her! Nun guck doch mal her!»

Der Hund schüttelt unwillig den Kopf – er hat schon genug geguckt! Er reißt das Maul weit auf und stößt ein kurzes Geheul aus.

«Wenn der Mann solch ein Schlauberger ist, daß ihm die Genossen näherstehen als die Familie ...», hobelt die Frau unentwegt an seinem Herzen weiter.

Pawel steht mitten im Hof; durch das offene Tor ist die unendliche Weite des Waldes zu sehen. Einmal hat er mit Dascha auf der Bank am Abhang gesessen, seinen Blick über diesen Wald gleiten lassen und gesagt: «Das soll ein Leben werden für uns!»

Es ist nur, weil sie jetzt schwanger ist, tröstet er sich und nimmt sein Kind auf den Arm.

Schweigend setzt er sich an den Tisch, das Mädchen klettert ihm auf den Schoß, fährt mit ihren Fingerchen in seinen feuchten Bartlocken herum und plappert: «Olja, morgen Papa, Mama weit weg! Droschke fahren . . .»

«Hör auf, Olka! Den ganzen Tag höre ich das nun schon!» herrscht die Mutter die Kleine an.

Pawel hat nicht übel Lust, der Frau mit dem Stiel seines großen Löffels einen Schlag gegen die Stirn zu versetzen, einen solchen Schlag, daß es über den ganzen Hof schallt, daß dieses kraftvolle Klatschen noch auf der Straße zu hören ist. Aber er beherrscht sich, runzelt die Stirn und ruft sich vorwurfsvoll ins Gedächtnis: Als aufgeklärter Mensch . . .

Dann kommt der Schwiegervater, setzt sich an den Tisch, öffnet verzückt die dünnen Lippen in seinem knochigen Gesicht und zieht eine halbe Flasche Schnaps aus der Tasche.

«Es geht schon los!» sagt Dascha und faucht wie eine Katze.

Makow läßt den Kopf sinken, um sein Lächeln zu verbergen; die Antwort Waljoks weiß er schon im voraus. Wer nicht anfängt, wird auch nicht fertig! – Und so lautet sie auch. Und dann sieht es so komisch aus, wenn das eine Auge des Alten verfolgt, wie der Schnaps aus der Flasche gluckert.

Nachdem er getrunken hat, schnalzt er genießerisch mit der Zunge. Tschurkin blickt ihn zudringlich an, aber der Schuster sagt zu ihm: «Du bekommst nichts. Wenn ich dir Wodka gebe, wirst du ausgeschimpft!»

Auch diese Worte wußte Pawel schon vorher. Hier ist ihm alles durch und durch bekannt.

Die Frau keift: «Den ganzen Tag rackert man sich ab, näht, kocht, wäscht, und dieses Weibsbild von nebenan steht ewig am Zaun und kreischt; und die Gurken stehlen sie einem . . .»

Dascha ist eine große volle Frau mit einem runden Gesicht und einer schönen glatten weißen Stirn. Dazu hat sie kleine spitze Ohren, die sich manchmal recht anmutig bewegen.

Aber im Augenblick sieht sie nicht sehr schön aus. Ihr ungekämmter Kopf scheint riesig, die wirren, von Schweiß und Staub verklebten Haare fallen ihr über die Stirn und die Ohren, die Nase ist aufgebläht und schnauft ärgerlich, ihre großen roten Lippen sind vor Wut förmlich angeschwollen. Wenn ihr eine Haarsträhne in den Mund kommt, schiebt sie sie mit dem

Löffelstiel beiseite. Die dreckige Bluse ist unter dem Arm aufgerissen und über der Brust nicht richtig zugeknöpft. An den rosigen, vollen, bis zum Ellbogen entblößten Armen ziehen sich dunkle Schmutzstreifen hin, und an dem markanten Kinn hängt ein rötlicher Tropfen Kwaß.

Sich waschen und sich die Haare kämmen kann doch nicht soviel Zeit kosten, geht es Pawel durch den Kopf. Frisieren wird sie sich erst morgen nach dem Essen – und die gelb und grün gestreifte Bluse und den lila Rock anziehen. Der Rock spannt sich über ihrem Leib, so daß die Knopfstiefel und sogar ein Stück von den schwarzen Strümpfen mit gelben Tupfen zu sehen sein werden, die sie so gern hat und die ihr soviel Freude gemacht haben, als sie sie kaufte.

Am Abend wird sie dann in ihrem Zustand an seiner Seite die Hauptstraße entlanggehen, mit zusammengepreßten Lippen und hochmütig gerunzelten Brauen. Das alles verleiht ihr das Aussehen einer Ladeninhaberin, und wenn ihnen Kameraden begegnen, wird es Pawel scheinen, als ob spöttische, kränkende Funken in deren Augen aufblitzten.

Ihm wird heiß, als hätte ihn ein unsichtbares Ungeheuer in seine widerwärtige, feste, die Luft abschnürende Umklammerung genommen; er möchte an etwas denken – laut daran denken. «Heute mittag hat Kuliga, der aus dem Büro, von den französischen Elektrotechnikern erzählt ...»

Die Frau ißt schneller, der Schwiegervater langsamer. Seine Lippen zucken, und auf dem Gesicht malt sich ein dunkles Lachen.

«Das ist eine Organisation!» sagt Pawel nachdenklich.

«Nun, und wie ist es in Deutschland?» fragt Waljok scheinheilig und hebt das Auge zum Himmel.

«Dort steht es gut; da arbeitet der Parteiapparat wie eine Maschine.»

«Gott sei Lob und Dank!» sagt der Alte. «Ich habe mir schon Sorgen gemacht: Ob bei ihnen auch alles in Ordnung ist, bei den Deutschen!» Waljoks Stimme geht in Kreischen über, und Pawel wird verlegen. Er weiß, welche Worte sogleich zwischen den dunklen wackligen Zähnen herauskommen werden.

Jetzt hat der Alte die Backen aufgeblasen, den Kopf zur Seite gedreht wie eine Krähe und fängt mit schnarrender Stimme an, das Auge auf das Gesicht des Schwiegersohnes gerichtet, sein giftiges Lied zu singen: «Ist also alles großartig in Deutschland? Und wie sieht es im Geldbeutel aus?»

Er lacht laut und springt auf seinem Stuhl hoch.

Olgunka lacht gleichfalls, sie klatscht in die Händchen und läßt dabei ihren Löffel unter den Tisch fallen; die Mutter gibt ihr einen Klaps ins Genick und schreit: «Aufheben, Mistgör!»

Das Kind fängt leise und kläglich an zu weinen. Der Vater drückt es an sich und sieht sich um. Es dämmert bereits, es ist die Stunde, in der Tag und Nacht aufeinanderstoßen und zu einem trüben Grau zusammenfließen. Irgendwo singen junge Burschen, aufdringlich erklingt eine Ziehharmonika, und die Worte des Schwiegervaters umflattern Pawel gleich Fledermäusen: «Nein, ihr tätet besser daran, an eure Taschen zu denken als an Deutschland, meine ich! Habt geheiratet, also seht gefälligst erst auf euren Beutel! Wer sich Kinder anschafft, muß auch für ein starkes Vaterland sorgen, und das baut sich auf einem vollen Beutel auf, jawohl!»

Makow schaukelt die schlaftrunkene Kleine und denkt über seinen Schwiegervater nach: Vor vier Jahren hat er Waljok ganz anders gekannt, er erinnert sich, wie der Schuster auf einem Meeting in der Ziegelei mit Tränen in den Augen ausrief: «Genossen! Leid tut ihr mir – aber es hilft alles nichts! Vorwärts müssen wir, mutig vorwärts! Wir haben uns zurückgehalten, haben gelebt, wie wir sollen – um euretwillen haben wir das ertragen, jetzt müßt ihr euch opfern, für eure Kinder.»

Und einmal hatte der Schuster zu ihm gesagt: «Wenn ich dich so ansehe und reden höre, bedaure ich, daß ich keinen Sohn habe, sondern eine Tochter! Ach, wenn ich solch einen Jungen hätte . . .»

Aber seit der Zeit, da die städtischen Patrioten Waljok das rechte Auge ausschlugen, hatte er eine scharfe Kehrtwendung gemacht.

Er ist nicht der einzige, der sich gewandelt hat, denkt Pawel bekümmert.

Seine Frau räumt mit heftigen Bewegungen den Tisch ab; die Teller klappern, Löffel fallen hinunter, und sie fährt ihn an: «Heb doch auf! Du weißt doch, daß ich mich schlecht bücken kann!»

«Nein, die Politik überlaßt den anderen Ländern, kümmert euch lieber um eure Familie!»

Das Kind ist eingeschlafen, und Makow trägt es ins Haus; die Stufen knarren, und im gleichen Ton keift die Frau: «Wenn bloß diese Dummheiten nicht wären . . .»

«Ja, ja, ja!» hämmert die hölzerne Stimme des Schwiegervaters.

Hinter den schwarzen Bäumen steigt die rötliche Scheibe des Mondes auf. Pawel Makow sitzt neben seiner Frau auf den Stufen der Vortreppe; er streicht ihr über das Haar und sagt fast flüsternd zu ihr: «Wenn sie mich ins Gefängnis stecken sollten, werden die Genossen dir helfen . . .»

«Darauf kann ich lange warten!» zischt sie.

«Wir müssen uns alle organisieren, das ist unerläßlich.»

«Organisiere dich nur. – Und warum hast du geheiratet?»

In ihm kreisen die Gedanken, die ihm teuer sind; er vernimmt die mißbilligenden Einwände Daschas nicht, und sie hört nicht auf ihn.

«Komm mir nicht immer mit deinem Quatsch! Früher hast du bis zu hundert Rubel im Monat nach Hause gebracht, und was ist jetzt?»

«Das ist nicht meine Schuld, die allgemeinen Verhältnisse . . .»

«Kümmere dich nicht um die Verhältnisse! Laß die Genossen und arbeite!»

Sie möchte freundlich mit ihm reden, Worte finden, die ihn überzeugen, aber sie ist müde von ihrer Tagesarbeit und will ins Bett. Das vierte Jahr schon ziehen sich die Gespräche hin, ohne daß sie etwas geändert hätten. Pawel tut ihr leid, sie hat Angst um ihn, er ist fast noch ebenso gutmütig und dumm, wie er war, als sie ihn kennenlernte, und ebenso eigensinnig. Sie weiß, daß sie gegen diesen Eigensinn nicht ankann, und die Angst um sich und das Kind wird von Jahr zu Jahr größer.

Auch das Mitleid mit ihrem Mann nimmt ständig zu und bedrückt sie, aber sie findet die Worte nicht, all das auszusprechen, was ihr auf der Seele liegt, und gerät stets nur aufs neue in Wut.

Er sieht zu, wie der Schatten der Eberesche langsam über den Hof an seine Füße herankriecht, wie sich zahllose spitze Finger zitternd und gierig nach ihm ausstrecken, und verliert sich immer weiter in Gedanken an die Zukunft. «Siehst du, in Frankreich haben sie schon . . .», beginnt er geheimnisvoll.

«Hör auf!» unterbricht sie ihn mürrisch, wirft den Kopf hoch und schreit beinahe mit belegter Stimme: «Wir erleben es nicht – und die Kinder . . .»

Er schweigt, aus fernen lichten Höhen auf den kleinen Hof, in die Enge seiner Armseligkeit hinabgeworfen.

Sie möchte losheulen, aber ihre Wut läßt die Tränen nicht fließen; es würgt sie nur in der Kehle, als sie schwerfällig aufsteht und zu ihm sagt: «Ich gehe schlafen. Und du gehst wohl noch zu den Genossen?»

«Ja», antwortet er nach einer Weile.

Sie geht davon und brummt laut vor sich hin: «Wenn sie euch verfluchten Hunde bloß bald einsperren möchten – dann hätte die Sache wenigstens ein Ende! Vielleicht würdet ihr dann klüger werden.»

Der Mond steht schon hoch, die Schatten sind kürzer geworden. Hunde bellen.

Das liederliche Weibsbild Fenjka Lukowiza grölt irgendwo in den Gärten mit schluchzender trunkener Stimme:

«Die Wolga fuhr mein Schatz hinab,
Da fand der schlechte Kerl sein Grab . . .»

Manchmal nahmen solche Unterhaltungen auch ein stürmisches Ende. Dascha fing an zu schreien, erstickte beinahe vor Wut, fuchtelte mit den Armen, und ihre großen Brüste unter der speckigen Bluse gerieten in ungestüme Bewegung. In solchen Augenblicken war es Pawel zuwider, sie anzusehen. Schweigend schüttelte er die groben, kränkenden Worte von sich ab und dachte nur immer wieder verständnislos: Wie konnte ich mich so täuschen?

Und nach einem dieser Auftritte geschah dann das, was seine Seele in Zwiespalt brachte, was ihn nun schon länger als ein Jahr quälte, dessen er sich schämte und was er dennoch nicht lassen konnte.

Als er an einem Sonnabend nur wenig Geld mit nach Hause brachte, geriet die Frau außer sich. Sie schleuderte es auf den Fußboden und brüllte ihn an.

«Schweig!» befahl er ihr schließlich, aus der Fassung gebracht, streng.

Daraufhin drängte sie ihn zur Tür und schrie wie besessen: «Hinaus, du Bettler! Das Haus gehört dem Vater, es gehört mir. Hergelaufener Lump, im Gefängnis ist dein Platz! Fort mit dir!»

Er kannte den Grund ihres Wutanfalls – es war Zeit, Kohl einzustampfen, aber es war kein Geld da, welchen zu kaufen. Zornentbrannt, nicht mehr Herr seiner Sinne, rannte er davon und saß lange Zeit irgendwo in den Gärten, um über diese Kränkung und seinen Schmerz hinwegzukommen. Dann ging er in die Stadt, wo er in einer schmutzigen Kneipe Schnaps trank. Schließlich fand er sich im «Dompark» wieder, einer kümmerlichen Anlage bei einer niedrigen Kirche mit fünf Kuppeln.

Es war windig; ein Seil wurde gegen die Glocken geweht und entlockte dem Metall so etwas wie leise Seufzer. In den rings um die Kirche stehenden Laternen zitterte das Licht, und über den Kreuzen auf dem Dach jagten graue Wolkenfetzen dahin. Sie ließen am Himmel kalte, blaue Löcher entstehen, und es schien, als kämen die pfeifenden Windstöße von dort, aus diesen Fenstern.

Ab und zu schaute der Mond zaghaft zwischen den Wolken hervor, aber sie warfen sich sofort wieder auf ihn – wie eine graue Schar Bettler auf ein hingeworfenes Geldstück – und zerrieben ihn mit ihrer feuchten Schwere zu einem jämmerlichen trüben Fleck. Wie eine böse Kinderfrau an der Wiege eines ihr verhaßten Kindes rüttelte der Sturm an der Erde.

Makow saß auf einer Bank und hielt sich den vom Schnaps benommenen Kopf. Zusammenhanglos grübelte er über die schlechten Streiche nach, die das Leben einem spielte: Je mehr der Mensch danach strebt, Gutes zu tun, desto mehr Schlechtes widerfährt ihm.

Jemand setzte sich neben ihn, und er hob den Kopf. Natürlich, es war ein Fräulein, es konnte ja gar nicht anders sein. Wer außer einem Dieb oder einer Dirne würde sich zu einem Mann setzen, der sich in einer stürmischen Nacht allein an einem solchen Ort befand?

Sie sprachen über irgend etwas und spazierten dann lange durch die Straßen. In seinem Rausch erzählte ihr Pawel den ganzen Weg über von seiner unglücklichen Ehe, davon, daß er in seiner Frau nicht das Wesen gefunden habe, das ihn verstehe und dem er sagen könne, was sein Herz bewegt.

«Das ist sehr oft so», sagte sie.

«Oft?» fragte Pawel. «Woher weißt du das?»

«Sie beklagen sich so oft...»

Pawel warf einen Blick auf ihr Gesicht – er las darin nichts Besonderes, es war das gewöhnliche Gesicht eines Straßenmädchens.

Seine Frau fiel ihm ein, und böse dachte er: Warte! Jetzt gehe ich mit der...

Als er in ihrer Wohnung war, sprach er wieder über das Leben und über seine Gedanken. Dann legte er sich hin und schlief ein, bevor sie zu ihm kam.

Am Morgen trank er verlegen mit ihr Tee, bemüht, dem Mädchen nicht in die Augen zu sehen. Als er sich zum Gehen anschickte, wollte er ihr fünfunddreißig Kopeken geben, alles Geld, das er bei sich hatte.

Sie schob jedoch ruhig seine Hand beiseite und sagte klar und deutlich: «Wofür? Das ist nicht nötig.»

Diese Geste mißfiel ihm, und auch ihre Worte berührten ihn unangenehm. «Nein, bitte, nehmen Sie doch!»

«Nun gut!» willigte sie ein und nahm zwanzig Kopeken. Aber sie zog dabei die Schultern hoch und wiederholte: «Nur – wofür denn...»

Jetzt wird sie mich auffordern wiederzukommen, dachte Pawel, als er sich den Mantel anzog. Wird sagen, wie sie heißt und wann sie zu Hause ist...

Aber sie sah irgendwohin auf den Boden, vor seine Füße, und bemerkte nachdenklich: «Sie haben gestern so schön gesprochen ... über unsereinen, über die Frauen ...»

Diese Worte schmeichelten ihm und löschten für eine Minute das Gefühl der Verachtung aus, das sie in ihm erweckte. «Es sollte mich freuen, wenn ... Ich war betrunken – ich trinke sonst nicht ...», sagte er mit einem schuldbewußten Lächeln. «Leben Sie wohl.»

Stumm reichte sie ihm die Hand.

Auf der Straße überlegte er: Sie hat mich nicht zum Wiederkommen aufgefordert. Geld wollte sie auch nicht nehmen – wie kommt das? – Es war ihm nicht erinnerlich, was er gesagt hatte, und auch ihres Gesichtes konnte er sich nur schwach entsinnen. Halb vergnügt und halb mit Bedauern dachte er, als er sich seinem Hause näherte: Wenn ich ihr einmal begegne, werde ich sie gar nicht wiedererkennen ...

Es nieselte, sein Mantel wurde naß und schwer, der Kopf schmerzte ihm, und er hatte nur den einen Wunsch, sich schlafen zu legen.

Seine Frau empfing ihn, ohne ein Wort zu sagen, ja, sie blickte ihn nicht einmal an. Lange saß er in einem Winkel und beobachtete, wie sie mit ihren starken Armen Teig knetete, wie die verführerisch schönen Grübchen an ihren Ellenbogen bald auftauchten, bald wieder verschwanden. Sie war eine starke, kräftige Frau.

Um ein Gespräch anzufangen, fragte er sie: «Wo ist denn Olja?»

«Wo! Anständige Menschen haben heute Feiertag! In der Kirche ist sie mit Großvater!»

Friedfertig antwortete er: «Ich begreife das nicht: Warum schleppt man ein dreijähriges Kind in die stickige Kirche, noch dazu bei diesem Wetter ...» Aber er unterbrach sich, denn ihm fiel ein, daß er bei ähnlichen Anlässen dieselben Worte seiner Frau schon mehrmals zur Antwort gegeben hatte.

Der Teig quatschte noch lauter unter ihren Händen, und der Tisch knarrte.

Soll ich ihr sagen: So weit hast du mich gebracht! Sieh, auf solchen Weg stößt du mich! Soll ich?

Etwas wallte in ihm auf; er trat an sie heran und legte die Hand auf ihre runde Schulter.

«Faß mich nicht an!» schrie sie und stieß seine Hand fort. Dabei schoß ihr vor Zorn das Blut ins Gesicht, und auch ihr Hals lief rot an. «Scher dich zum Teufel, sonst kriegst du eine gelangt!» Sie richtete sich auf und strich sich mit den von Teig und Mehl verklebten Händen über die Haare – sie sahen danach ganz grau aus.

In der Tür erschien Waljok mit Olja auf dem Arm. «Gott hat Gnade erwiesen ...», rief er aus, nahm die Brille ab, und sein Auge sprühte Funken.

«Pap-Pap!» plapperte das kleine Mädchen.

Pawel wollte sie nehmen, erinnerte sich aber, wo er in der Nacht gewesen war. Er ließ verdrossen den Kopf sinken und ging, sich die Hände zu waschen.

Den ganzen Tag über fauchte die Frau, und der Schwiegervater machte sich unermüdlich über ihn lustig: «Na, Herr Sozialpolitiker, wollen Sie keinen Kuchen essen? Essen Sie, bis zum Sieg der Arbeiterklasse, da alle Bettler Kuchen haben werden, ist es noch lange hin!»

«Sie sollten mich nicht aufziehen!» gab Pawel widerwillig zur Antwort. «Dabei kommt doch nichts heraus ...»

«Richtig!» pflichtete Waljok bei. «Nichts kommt dabei heraus ...» Aber nach einigen Minuten fing er von neuem an: «Ihre Stiefel habe ich ausgebessert ... haben Sie gesehen?»

«Ja.»

«Sind Sie zufrieden?»

«Danke.»

«Darja, pökle das ‹Danke› ein, damit ich es essen kann, wenn wir nichts anderes mehr haben!»

An die Fensterscheiben prasselte der Regen, auf dem Boden tobte der Wind und klapperte mit irgend etwas. Über dem Dach knarrte die Kiefer, irgendwo klappte eine offenstehende

Gartenpforte, ein Türriegel quietschte, und das Regenwasser gluckste in die Tonne. In der Stube war es schummrig; es roch nach gerösteten Zwiebeln, Leder und Pech.

Makow sah, daß die Kleine fühlte, was für eine Stimmung herrschte. Sie blickte alle mit ängstlich fragenden Augen an, verzog das Gesicht und war dem Weinen nahe.

Was wird nur aus ihr werden? dachte er schuldbewußt, als er das Kind beobachtete.

«Komm her, Mädel!» rief er und streckte die Arme aus.

Als Olja auf ihn zulief, hielt die Mutter sie fest und schrie: «Untersteh dich!»

Olja fing an zu weinen und drückte das Gesichtchen in ihren Schoß, aber die Mutter sprang auf und stieß sie in eine Ecke. «Geh, leg dich schlafen! Ich will dich nicht sehen . . .»

Pawel erhob sich auch. Sein Gesicht brannte, über den Rükken lief ihm jedoch ein kalter Schauer.

«Wenn du», rief er, vor sie hintretend, «noch einmal wagst . . .»

Seine Frau hielt ihm das Gesicht hin und forderte ihn mit einem schmerz- und haßerfüllten Flüstern auf: «Schlag zu! Schlag doch zu!»

Der Schwiegervater ergriff einen Leisten, sprang damit herum und brüllte: «Das ist die So-li-da-ri-tät! Das ist sie!»

Pawel stieß seine Frau zurück, griff nach seiner Mütze und stürzte hinaus. Er lief durch den Regen und dachte verzweifelt: Wenn er nicht geschrien hätte, ich hätte sie . . .

Ihm entgegen strömten Bäche schmutzigen Wassers und umspülten seine Füße, und der Wind peitschte ihm kalten, stechenden Herbstregen ins Gesicht.

Und nun ist er wieder bei diesem Mädchen – sitzt am Tisch, hat das nasse Jackett auf den Fußboden geworfen, fuchtelt mit der einen Hand in der Luft herum, reibt sich mit der anderen den Hals und spricht hastig: «Ich bin ja kein Tier! Ich sehe ein, sie kann nicht dafür . . .»

Das Mädchen wirbelt wie ein Kreisel, der von unsichtbaren Schlägen angetrieben wird, in der Stube herum, sie stellt den

Samowar auf, bricht über dem Knie Späne klein, raschelt mit Holzkohlen, und in einem fort wehen wie zwei graue Flügel die Enden des Tuches hinter ihr her, das sie sich um die bloßen Schultern gelegt hat.

«Sehen Sie, ich bin zu Ihnen gekommen ... Ich habe ja meine Kameraden, aber ihnen davon zu erzählen, schäme ich mich, obwohl auch sie sicherlich solche Tage kennen, an denen alle im Hause sich gegenseitig quälen. Warum? Sagen Sie – warum?»

«Ich weiß nicht», hörte er sie leise antworten.

«Dieses verfluchte Leben geht uns allen an die Nieren, es frißt an unserem Herzen, und schließlich fängt auch die Seele einmal an zu schmerzen, wird krank von all der Wut, die wir in uns hineinfressen ...»

Das Mädchen trat an ihn heran, befühlte vorsichtig seinen Ärmel und sagte blinzelnd: «Sie sind naß, und ich habe nichts, was ich Ihnen geben könnte. Was machen wir da nur?»

«Lassen Sie doch!» bat er und faßte nach ihrer Hand.

Sie entzog ihm sacht ihre Finger und fuhr besorgt fort: «Sie können sich erkälten, krank werden! Jemand, der arbeiten muß, kann sich das nicht leisten!» Sie ging in den Flur, kehrte aber sogleich wieder zurück, ein buntes Stück Zeug in der Hand, das sie über dem Samowar anwärmte. Ruhig redete sie ihrem Gast zu: «Ziehen Sie das solange an ... Es ist zwar nichts für Männer, aber trocken ...» Sie warf das Kleidungsstück auf den Tisch und ging wieder hinaus.

Makow sah ihr nach, und gleichsam benommen, überlegte er: Schicksal? Was für ein Unsinn – Schicksal! Irgendwohin geht man eben. Und ihr ist es gleich. – Trotzdem krochen, schlängelten sich von irgendwoher bittere Vorwürfe in sein Hirn, als flüsterte der Schwiegervater ihm mit seinen dünnen Lippen zu: Du bist in Bedrängnis? Und was ist mit den Genossen, hm? Warum bist du in dieser schweren Stunde nicht zu ihnen gelaufen? Zu ihnen hättest du gehen müssen! Schämst dich wohl, was? – Er strich sich energisch über seine kurzgeschnittenen Haare und lächelte verlegen.

«Nun, was ist?» fragte das Mädchen sachlich durch den Türspalt.

Die nassen Kleider klebten an seinem Körper und riefen ein unangenehmes Frösteln hervor. Pawel zog sie schnell aus und wickelte sich in das lange Frauengewand.

«So ist es recht», sagte das Mädchen, als es wieder hereinkam.

«Komisch, was?» fragte er.

«Komisch», gab sie zu, aber auf ihrem Gesicht zeigte sich auch nicht die Spur eines Lächelns.

Zum erstenmal betrachtete Pawel sie nun eingehend, ungeniert. Sie war untersetzt, klein, hatte vorstehende Backenknochen und schmale, fast unsichtbare Augen.

«Also komisch, und Sie lachen nicht einmal!» sagte er und blickte sich um.

Ein Bett, ein Tisch, zwei Stühle, ein Spind und an der Tür ein großer Ofen nahmen den ganzen Raum der kleinen Stube ein. In der vorderen Ecke hing ein kleines Heiligenbild, über dem ein Palmzweig und eine Papierblume befestigt waren; von den verrußten Wänden blickten bunte Drucke herab, sie raschelten leise, weil Schaben auf ihnen herumkrochen. Aus den Fugen an den Wänden quoll Werg, und die Scheiben des kleinen quadratischen Fensters waren vor Alter trübe und blind.

Das Mädchen beugte sich über den Samowar und schwieg.

Pawel fühlte sich unbehaglich und dachte feindselig: Klug scheint sie nicht zu sein. Dann fragte er: «Ist das die Küche?»

«Ja.»

«Wohnt noch jemand hier im Hause?»

Sie stellte den brodelnden Samowar auf den Tisch, schnitt ein großes Stück Schwarzbrot ab, goß den Tee ein und sagte leise und ebenso eintönig, wie draußen der Regen rauschte: «Zwei alte Fräuleins wohnen noch hier, aber sie kochen fast nie zu Hause, sie gehen immer zu reichen Bekannten und essen dort; sie übernachten auch meist woanders. – Außer Brot habe ich nichts – entschuldigen Sie bitte!»

«Ich bin nicht hungrig», sagte Pawel, der sich immer unbehaglicher fühlte. Weshalb war er nur hergekommen? – Und plötzlich fragte er sie, für ihn selbst überraschend, streng und nachdrücklich: «Sind Sie registriert?»

«Wo?»

«Bei der Polizei!»

Ruhig erwiderte sie: «Wie sollte ich nicht registriert sein? Ich bin sowohl als Köchin als auch als Stubenmädchen eingetragen. Ich habe doch den ganzen Tag nichts zu tun.»

Pawel fühlte, daß hier ein Mißverständnis vorlag, daß hier etwas nicht stimmte. «Das meine ich nicht...»

Jetzt hatte sie begriffen. Ihr Gesicht mit den breiten Backenknochen verdunkelte sich, und ihre Augen schlossen sich ganz. «Ach», murmelte sie, «ja-a... Weil ich gestern da in den Anlagen war... Nein, damit befasse ich mich nicht.»

Er glaubte ihr nicht. Er rückte vom Tisch ab, lächelte und sah sie an. Es kam ihm komisch vor, daß sie ihr Gewerbe verleugnete, komisch, und sie tat ihm leid.

Die schräggestellten Augen des Mädchens öffneten sich plötzlich weit – sie waren blau, schimmerten warm, hellten das grobe Gesicht angenehm auf und ließen es ein wenig schöner erscheinen.

«Gestern, nun, gestern abend», erklärte sie, wobei sie vom Brot kleine Stückchen abzupfte und Kügelchen daraus formte, «war auch ich völlig verzweifelt und lief durch die Straßen. Vielleicht wäre ich sogar ins Wasser gegangen, aber da saßen plötzlich Sie. Das ist ein Mann, dachte ich, der auch Kummer hat! Und so setzte ich mich zu Ihnen. Sie fingen gleich an zu sprechen, und ich merkte, daß Sie ganz außer sich waren. Mir schien, als hätten Sie auch etwas Schlimmes im Sinn... Es passiert ja fast jeden Tag, daß sich einer erschießt oder aufhängt.»

Er hörte ihr zu, wußte nicht, ob er ihr glauben sollte, und dachte: Lief durch die Straßen, setzte mich zu Ihnen – hört sich dürftig an. Langweilig ist sie.

Inzwischen fuhr das Mädchen mit eintöniger Stimme und kargen Worten in ihrer Erzählung fort. Sie sei Mordwinin, stamme aus einer wohlhabenden Familie und habe in einer Pfarrschule das Lesen und Schreiben gelernt. Dann aber sei ihr Haus abgebrannt, der Vater habe sich nach Sibirien begeben, um dort Land zu erwerben, sei aber verschollen. Sie selbst habe man, erzählte sie weiter, als Dienstmädchen zum Stationsvorsteher gegeben. Dort sei sie drei Jahre geblieben. Der Vorsteher habe einen Bruder gehabt, Telegrafist sei er gewesen. «Wenn Sie sprechen, sind Sie ganz wie er.» Sie ließ ihre hellen Wimpern wieder über die Augen fallen und sagte noch einmal, überzeugt: «Ganz, ganz wie er . . .»

«Und wo ist er?» fragte Pawel.

Sie antwortete nach kurzem Zögern: «Verhaftet.»

In ihren Worten schwang keine Trauer, aber sie machte eine merkwürdige Bewegung mit dem Hals, die Backenknochen traten noch stärker hervor, und ihr Gesicht verzog sich plötzlich wie die Schnauze eines Hundes, der sich zu heulen anschickt.

Pawel fragte sich nicht weiter, ob er ihr glauben dürfe. Er wollte sich darüber keine Gedanken mehr machen.

Unvermittelt sagte sie laut: «Ich bekam ein Kind . . .»

«Von dem Telegrafisten?»

«Ja, aber es lebte nicht.»

«Und der Telegrafist war ein guter Junge?»

Sie lächelte breit. «Ja-a. Er war ein ganz eigenartiger Mensch. Er brauchte nur den Mund aufzumachen, und schon waren alle vergnügt. Deshalb haben sie ihn auch mitgenommen, ihn ganz allein. Und ich wurde davongejagt.»

Im Schornstein heulte der Wind wie ein alter herrenloser Hund.

In Makows Leben war nun die Unehrlichkeit eingezogen, und sie fraß wie Rost an seiner Selbstachtung.

Er liebte seine Frau. Er liebte es, ihren großen, gesunden warmen Körper zu umarmen, und der begehrlich fordernde Blick ihrer dunklen Augen hatte eine unwiderstehliche Macht über ihn.

Manchmal, in einer guten Stunde, sagte sie gepreßt und ein wenig durch die Nase: «Nun, warum kommst du nicht und herzt und küßt deine Frau? Wie kann man nur so launenhaft sein!»

Es gab Tage, ja ganze Wochen, wo Pawel das dunkle, an die Erde geschmiegte Häuschen am Stadtrand fast vergaß. Sowohl dieses einer Erdhütte ähnliche Haus mit den beiden halberblindeten Fenstern und dem moosbewachsenen Dach als auch die düstere, an eine Höhle erinnernde Stube und schließlich auch ihre Bewohnerin, jenes schweigsame, sanfte Nachtschattengewächs – alles verblaßte in seiner Erinnerung und hörte auf, wichtig für ihn zu sein. Und wenn all das wirklich einmal für eine Minute vor ihm erstand, so war es wie ein langweiliger Traum, und Pawel dachte befriedigt: Das ist vorbei!

Zu Anfang hatte er oft das sehnliche Verlangen, seiner Frau alles zu erzählen – so zu erzählen, daß sie sich vor ihm schuldig fühlte und begriff, was für Folgen der Zwiespalt in seiner Seele für ihn wie für sie haben konnte.

Aber das Gespräch darauf zu bringen, war mißlich, die Stunden, in denen sie zärtlich und zugänglich war, vergingen im Fluge, und wenn er auch nur entfernt von etwas zu sprechen begann, das nicht das Haus betraf, fing sie, müde von seinen Liebkosungen, an zu gähnen und unterbrach ihn, schon halb im Schlaf: «Fängst du wieder damit an ...» Und dann bat sie, befahl geradezu: «Du sollst mich ohne diese Geschichten liebhaben!»

Wenn er aber trotzdem fortfuhr, erschien zwischen Darjas Brauen eine finstere Falte, ihre Augen funkelten, und sie begann ihm aufgebracht zuzureden: «Laß das bleiben, sage ich dir. Denke daran, daß du Kinder hast! Du hast nun genug Bücher, das ganze Brett ist schon voll ... Ein verheirateter Mann braucht keine Bücher und keine Genossen ... Du siehst doch, daß keiner von den Verheirateten mehr mit euch mitmacht – alle gehen ruhig ihrer Arbeit nach, sorgen für ihre Frauen und ihre Kinder. Bloß Serdjukow und seine Maschka treiben sich bei euch herum – aber kann der dir vielleicht das Wasser reichen? Vorigen Monat hat er ganze sechsunddreißig Rubel nach Hause gebracht, und zweimal hat man ihn mit einer Strafe belegt.»

Eifersüchtig und emsig trug sie allen Klatsch des Ortes zusammen, wußte viel Schlechtes über die Menschen zu berichten, ohne je für irgendwen ein gutes Wort zu finden, und mit Behagen und wahrer Genugtuung schüttete sie vor ihrem Mann ganze Kübel voll niederträchtigen, oft völlig erlogenen Schmutzes aus.

«Das ist nicht wahr, Darja!» versuchte er sie zum Schweigen zu bringen.

Aber sogleich beklagte sie sich weinerlich: «Natürlich, ich weiß ja, den Genossen glaubst du, deiner Frau nicht!»

Unter der Wucht ihrer Reden wich aus den guten Vorsätzen Pawels gleichsam alles Blut, und entkräftet, zunichte gemacht, gingen sie fruchtlos in seiner Seele zugrunde, die sich immer mehr vor seiner Frau verschloß. Er gab ihr keine Antwort, pfiff leise vor sich hin und dachte bekümmert: Sie versteht mich nicht. Wird sie mich denn niemals verstehen?

Er sehnte sich nach einer Frau, die ihn innig und hingebend liebte, so liebte, daß nicht nur der Körper auf seine Kosten kam, sondern auch die Seele. Dazu aber mußte er sich an den Stadtrand begeben, zu der unansehnlichen Mordwinin Lisa, die es verstand und der es offensichtlich auch Freude machte, seinen Erzählungen über das Leben und seinen Zukunftsträumen zu lauschen. Wie schön war es, einem Menschen gegenüberzusitzen, der jedes Wort wie frische Luft gierig in sich einsog, als wäre er endlich aus tiefer Ohnmacht erwacht.

Aber in ihrer schmalen Brust lebte auch etwas, das Pawel fremd und wenig verständlich war; es schien, als sänge dort hin und wieder ein kleiner grauer Vogel.

«Gehst du in die Kirche?» fragte sie einmal, an ihn geschmiegt.

«Nein. Weißt du . . .» Pawel bemühte sich, ihr lange und überzeugend zu erklären, warum er das nicht könne.

Als er jedoch geendet hatte, bemerkte die Mordwinin leise: «Aber es handelt sich doch um ein und dasselbe: Du sprichst vom Frieden in der Welt, und in der Kirche wird um Frieden auf Erden gebetet . . .»

«Nein, so ist das nicht! Ich spreche von Kampf.»

«Aber man kämpft doch, damit alle in Frieden . . .»

Er widersprach ihr von neuem, ereiferte sich, fuchtelte mit den Armen und schlug mit der Faust auf den Tisch. Er hatte das Gefühl, es gelänge ihm immer besser, seinen Gedanken Ausdruck zu geben. Er freute sich darüber und ließ sich immer mehr hinreißen.

Doch die Mordwinin erwiderte leise, aber eigensinnig: «Nein, es ist doch schön, wenn der Diakon mit seiner tiefen Baßstimme spricht: ‹Und gebe dir Frieden . . .› Mir ist es ganz gleich, wer das sagt; wenn die Menschen nur begreifen möchten, daß Friede not tut!» Sie stand dicht vor ihm, sah ihm in die Augen und fuhr leise und schüchtern fort: «Sieh dich doch um! Alle sind böse, überall schlägt man sich. In den Kneipen, auf dem Markt – wohin man auch blickt! Man beginnt zu spielen und gerät in Streit, man will sich vergnügen, und das Fest artet in eine Prügelei aus. Selbst in den Kirchen giftet man sich an, dort streitet man sich um die Plätze. Man schlägt kleine Kinder, verhaftet Leute und hängt sie auf. Wie viele ermordet man täglich! Und wie wird man auf der Polizei mißhandelt! Und dann bringen sich die Menschen auch selbst noch um, aus Verzweiflung. Ich war ja damals auch soweit, war mir selber nicht mehr gut. Wozu lebe ich denn, fragte ich mich, ich unnützes Ding? – Gute Menschen gibt es überhaupt nicht, und das bedrückt einen. Nur hin und wieder stößt man mal auf einen Guten, doch die gehen in der Masse unter.»

Er lachte sie aus, aber sie hatte das alles so schlicht und unaufdringlich vorgebracht, ohne den Wunsch, ihm ihre Ansichten aufzuzwingen, daß Pawel Nachsicht mit ihr hatte. Ihre Worte spannten zwischen ihrem blinden Glauben und seinem nüchternen Wissen gleichsam einen dünnen Faden, der sie miteinander verband.

Viele Male kam er auf dieses Gespräch zurück; er zog sie damit auf und sprach ernsthaft mit ihr darüber, aber stets stieß er auf sanften Widerstand: Die Mordwinin widersprach ihm nicht, ließ sich von seinen Argumenten jedoch auch nicht überzeugen.

«Du blickst in zu große Ferne, willst zuviel!» sagte er lachend. «Den Frieden werden wir beide nicht erleben, uns bleibt nur der Kampf.»

Nach kurzem Nachdenken meinte sie: «Wenn man aber weiß, daß es morgen besser sein wird, dann schreckt einen das Schlechte heute nicht mehr so, und es scheint auch nicht mehr so übermächtig . . .»

Manchmal dachte Pawel, wenn er bei Lisa saß, an seine Frau. Dann sanken ihm die Arme hinab, in seinem Herzen wallte es heiß und bitter auf, Scham überkam ihn, und voller Zorn machte er sich Vorwürfe: Aufgeklärter Mensch und so weiter ... klagst die Bourgeoisie der Lasterhaftigkeit an, und selber ...

Aber an diese peinigenden Gedanken schlossen sich andere an; sie liefen in verschiedene Richtungen und wollten dem Leben auf den Grund gehen; sie waren verschwommen, und er hatte das Verlangen, mit jemandem darüber zu sprechen. Wieder schüttete er Lisa sein gequältes Herz aus, erzählte von seiner Frau, sagte, daß er sie liebe und doch ohne sie, Lisa, nicht leben könne. «So wie mit dir kann ich mit niemand reden. Es gibt offenbar Dinge, die ein Mann nur einer Frau anvertrauen kann. Meiner Frau kann ich nicht offenbaren, was mich bewegt. Den Genossen auch nicht. Es ist unschicklich, peinlich, über seine eigenen Kümmernisse zu sprechen, und sie in seiner Brust zu verschließen ist auch nicht das Rechte.»

Sie strich ihm mit ihrer harten Hand, mit den langen schmalen Fingern über den Kopf und hörte zu.

«Ich habe versucht, mit ihnen darüber zu reden – ihre Antworten waren unpersönlich, klangen wie aus einem Buch zitiert. Bücher aber kann ich allein lesen! Die Menschen schämen sich, offen über ihre Nöte zu sprechen, und dabei kranken sicher viele an dem gleichen wie ich, an diesem Leiden, das nirgends beschrieben steht, das nur im Herzen existiert, über das es peinlich ist zu reden und über das doch gesprochen werden muß, denn es nagt und frißt an einem.»

Vor ihm strahlten die blauen Augen Lisas auf, und er vergaß, daß diese schmalen Augen schräggestellt waren. Ihre Hand bebte auf seinem Kopf oder auf seiner Schulter, und es schien, als hätte sich seine Erregung auf sie übertragen. Er zog sie auf seine Knie, folgte seiner plötzlich entbrannten verzehrenden Sehnsucht und küßte ihre rauhen, brennendheißen Wangen und Lippen.

«Quäl dich nicht, Liebster», flüsterte sie, und ihre Augen öffneten sich dabei immer mehr. «Laß, auch das vergeht ...»

Manchmal schlief er, den Kopf in ihren Schoß gebettet, fest ein, und das Mädchen saß unbeweglich, bis sie ihn wecken mußte – saß und streichelte sanft sein kurzgeschnittenes Haar, wie eine Kinderfrau.

Hin und wieder brachte Pawel auch eine Zeitung mit, entfaltete das mitteilsame bunte Blatt auf dem Tisch und las ihr, darübergeneigt, mit feierlicher Stimme von den Genossen in Europa und der ganzen Welt vor, von ihrem unablässigen Ringen und ihrer Arbeit; er sprach über die Führer der Partei, über die unermüdlichen Kämpfer, die täglich Schlachten schlugen.

Dann saß sie unbeweglich; nur selten fragte sie leise nach etwas, aber Pawel war überzeugt, daß die Mordwinin alles verstand.

Wenn die Rede auf die Helden und Lehrer kam, bemerkte er, daß ihr Gesicht einen seltsam gespannten Ausdruck annahm und ihre blauen Augen aufleuchteten wie bei einem Kinde, dem ein Märchen erzählt wird. Manchmal war ihm dieser unverwandt auf ihn gerichtete Blick fast unangenehm; er erinnerte an den eines klugen, treuen Hundes, der angestrengt über etwas nachdenkt, das nur seiner stummen Tierseele verständlich ist. In solchen Augenblicken hatte er das Gefühl, daß dieses stille untersetzte Mädchen alles tun würde, alles, ohne Aufhebens davon zu machen.

Oft fragte sie: «Wie war der Name, den du genannt hast?» Und nach einigem Nachdenken wiederholte sie ihn genau und erkundigte sich weiter: «Und wie heißt er auf russisch?»

«Das weiß ich nicht. Solche Namen gibt es bei uns nicht.»

«Haben wir denn nicht auch solche Heiligen gehabt?» fragte sie ungläubig und bekümmert.

Pawel lachte laut auf. «Heilige? Nein, meine Liebe, mit Heiligen haben wir nichts zu schaffen! Wir leben in der Hölle, und da gibt es keine!»

«Dann werden sie noch kommen!» sagte sie daraufhin einmal.

Diese kurze Bemerkung klang seltsam, wie der erste Glokkenschlag um Mitternacht, der in der nächtlichen Finsternis die Geburt des neuen Tages verkündet. Pawel sah dem Mädchen ins Gesicht, las aber nichts Besonderes darin. Er dachte einige Augenblicke nach und erkundigte sich dann: «Warum willst du diese Namen wissen?»

Sie ließ den Kopf sinken und gab keine Antwort.

Da hob er zärtlich ihr Gesicht hoch und fragte sie lachend: «Du willst wohl für sie beten, wie?»

«Was ist dabei», sagte sie, «ja, ich bete für sie. Nur nenne ich ihre Namen nicht, bitte bloß: ‹Hilf, Herr, denen, die Gutes tun für die Menschen!› Lache nur, es macht mir nichts aus.»

«Das ist doch nutzlos, Lisa!»

«Jeder soll den guten Menschen helfen, wie er kann.»

«Hör auf, Lisa! Nein, du mußt lernen, ihnen auf andere Weise zu helfen ...»

«Ich werde lernen, ich werde ihnen anders ...» Sie schmiegte sich an ihn und fügte hinzu: «Aber schaden kann es doch nicht, und kränken wird es auch niemand.»

Pawel umarmte sie und sagte nichts mehr, seine Gedanken schweiften in die Ferne, beschäftigten sich mit etwas Nebelhaftem, Großem ...

Die Kameraden merkten, daß Makow sowohl vor ihnen als auch vor seiner Frau verbarg, wo er einen Teil seiner Zeit verbrachte. Aber sie sagten nichts und taten, als ob sie seinen Erklärungen Glauben schenkten.

Nur der immer zu Späßen aufgelegte Gießer Michailo Serdjukow fragte ihn eines Tages: «Na, Pascha, du hast dir wohl jetzt auch ein Liebchen zugelegt?»

Pawel fühlte sich erkannt und fragte verwirrt: «Wer denn noch?»

Der pockennarbige wuschelhaarige Michailo fuchtelte mit seinen verbrannten Händen herum und brach in lautes Lachen aus. «Jetzt habe ich dich erwischt! Was sagst du nun, mein Lieber? Das will ich doch mal deiner Frau ...»

«Nein, tu das bitte nicht!» bat Pawel inständig.

«Und was kriege ich dafür? Den Nekrassow*? Ja?»

«Nein. Dann sage ich es ihr lieber selbst.»

* Nikolai Alexejewitsch Nekrassow (1821–1878), revolutionär-demokratischer Dichter

Verwundert sah Serdjukow ihn an. «Du? Deiner Frau?»

«Nun, ja.»

«Und weshalb?»

«Es muß wohl sein!»

Michailo runzelte die mit Narben bedeckte Stirn, sah Pawel von der Seite an und holte tief Luft. «Das heißt also – die Sache ist ernst? Nun, das ist eigentlich ganz gut! Jedermann sieht ja, daß sie nicht zu dir paßt. Sie ist eine Kleinbürgerin, und das steckt ihr im Blut. Einen Mohren kann man nicht weiß waschen – es lohnt sich nicht, die Zeit damit zu vergeuden ...»

Er versteht mich nicht, dachte Pawel, und leise sagte er: «Du liebst sie nicht.»

«Das stimmt!» pflichtete Serdjukow spöttisch bei. «Ich liebe eine andere ...»

Nun fragte Pawel: «Du auch?»

«Was heißt auch? Ach so ...» Und mit einem Lächeln fügte der Gießer schlicht hinzu: «Ja, mein Lieber, ich auch.»

Pawel sah ihn erstaunt an und fragte vorsichtig: «Wie kommt denn das? Ihr lebt doch gut miteinander ... wo deine Frau doch Genossin ist ...»

«Das ist es ja eben, daß sie Genossin ist!» rief Serdjukow düster aus. «Darum handelt es sich ja – sie hustet fürchterlich, magert ab, die Genossin ...»

Das Gespräch fand auf dem Fabrikhof statt, in der Nähe einer rußigen Mauer; über ihnen fauchte ununterbrochen Dampf aus einem Rohr: «Fuch, fuch ...»

Die rauchgeschwängerte Luft war von Ächzen, Kreischen und Knirschen erfüllt, vom Sausen des Feuers und vom Dröhnen des Eisens.

«In drei Jahren zwei Schwangerschaften», brummte Serdjukow bekümmert und drehte sich eine Zigarette. «Das kommt unserem Stande nicht zu. Der Doktor sagt – sich enthalten. Nun, ich habe Rücksicht auf sie genommen, sie tat mir ja leid. Eine Tragikomödie, mein Lieber. Ich habe mich enthalten, so lange enthalten, bis ich irgendwohin gelaufen bin ... an einen Ort gelaufen bin, wo ich lieber nicht hätte hinlaufen sollen. Möglich, daß es einen Skandal bei mir geben wird. Aber zurück sind die Wege versperrt ... Was heißt auch: Zurück? Aufs Land müßte meine Frau, anstatt Kinder zu kriegen. Kinder – das ist offenbar nichts für uns, mein Lieber. Überhaupt, was ist hier für uns?» Er warf einen Blick auf die Haufen von altem Eisen ringsum, auf die vom Kohlenstaub schwarze Erde und auf die Dächer der Werkstätten, aus denen Rauch und Dampf aufstieg. «Sie haben uns gründlich übertrumpft. Wir haben nicht einen einzigen mehr in der Hand. Es steht schlecht, Pascha!»

Er schleuderte den Zigarettenstummel über die Schulter und ging zu seiner Arbeitsstätte. Sein Gang war anders als sonst – er ließ den Kopf hängen und blickte sich in einem fort um, als fürchtete er, es könnte sich plötzlich jemand auf ihn werfen. Als er in dem schwarzen Schlund der Gießerei verschwand, erstand vor Pawel der lustige Witzbold, der er einmal war, der nie verzagte Schwätzer, Theaterfreund und Sänger, und er verfiel in tiefes Nachdenken. Es kam ihm vor, als hätte soeben ein anderer mit ihm gesprochen, der ihm näherstand als der frühere Serdjukow. Zum erstenmal hatte er von einem Kameraden einfache Worte über das gehört, was ihn bedrückte.

Jetzt wird er mich verstehen, überlegte Pawel, als er an der Drehbank stand. Ich will seine Freundschaft suchen, und dann wird alles ein Ende nehmen! Es kann so nicht weitergehen, wie ich lebe.

Aber aus dieser Freundschaft wurde nichts. Ein paar Tage später fand man Serdjukow fürchterlich zugerichtet in einem Gebüsch nahe der Ziegelei, und er mußte für längere Zeit ins Krankenhaus gebracht werden.

«So ist das Leben!» sagte Pawel und lief zu Hause in seiner Stube auf und ab. «Er tut mir leid, du kannst dir gar nicht vorstellen, Dascha, wie leid er mir tut. Er ist ein so prächtiger Kerl!» Er setzte sich neben sie und fuhr etwas leiser fort: «Weißt du, neulich hat er mit mir über seine Frau gesprochen ...»

«Der gemeine Kerl sollte lieber schweigen!» fuhr Dascha ihn an. «Ich weiß sehr gut, warum er eins ausgewischt bekommen hat.»

«Höre mal, Dascha!»

«Du nimmst natürlich jeden Strolch in Schutz, wenn es nur einer von deinen Genossen ist...»

Heftig unterbrach er sie: «Darja, unter meinen Genossen sind keine Strolche!»

«Schrei mich nicht so an!»

Trotz der Ellbogenstöße, die seine Frau ihm versetzte, zog er sie an sich und erzählte ihr, was er von Serdjukow wußte. Zuerst hörte sie ihm interessiert zu, aber dann stieß sie ihren Mann empört von sich und begann zu schimpfen: «Aasbande! Hat denn Marja von seinem Techtelmechtel etwas gewußt?»

«Laß dir nicht einfallen, ihr etwas davon zu sagen!» rief Pawel erschrocken aus.

«Natürlich sage ich es ihr. Bei Gott, ich sage es ihr», entgegnete Darja, hämisch grinsend. «Was sich diese gemeinen Kerle, diese Büchergelehrten nicht alles ausdenken! Großartig, seine Frau tut ihm leid, soll keine Kinder kriegen – hat man so etwas schon gehört! Teufel auch!»

Wenn sie wütend war, richtete sie sich immer hoch auf, warf den Kopf zurück, sog die Luft durch die Nase, und ihre Nasenflügel weiteten sich, bebten wie die Nüstern eines Pferdes. All das machte sie noch verführerischer, stieß Pawel aber auch ab und brachte ihn dazu, ihr aus tiefster Seele alles Böse zu wünschen. Er hatte den heißen Wunsch, sie krank zu sehen, vor Angst elend und stumm oder als Bettelweib auf der Straße, in schmutzigen Lumpen, sich demütig vor Serdjukows kluger, feiner Frau verneigend und diese und auch alle jene, die ihrem Herzen, dieser schweren schwarzen Eisenkugel, so fremd waren, um ein Almosen bittend.

Am Samstagabend saß Pawel bei Lisa und sprach mit gedämpfter Stimme: «So weit ist es mit den Menschen gekommen, daß sie sogar das Gute, Menschliche für gemein halten. Eine Schlinge hat sich mir um die Seele gelegt, und ich weiß nicht, wie ich mich davon befreien soll! Ich liebe dieses Weib und auch meine Tochter. Natürlich liebe ich sie, aber – was kann sie meiner Tochter geben? Und ohne dich, Lisa, kann ich auch nicht mehr leben. Ach, du kleine Mordwinin, was hast du für eine gute Seele, wie nah stehst du mir!»

Sie hörte ihm mit gesenktem Kopf zu und erwiderte in ihrer knappen Art leise und ernst: «Ich weiß nicht, wie du da herauskommen willst, wie ich dir helfen könnte.»

Aber schließlich fand sie doch eine Lösung . . .

Eines Abends schritt Pawel, von einem neuen Streit mit seiner Frau und ihrem Vater bis ins Innerste aufgewühlt, müde durch die stillen Straßen der Stadt, vorbei an Zäunen, fest verschlossenen Toren und dunklen Fenstern, hinter denen sich die Frühlingsnacht vor dem kalten Licht des Mondes versteckte.

Einerseits und andererseits! dachte er, einmal ins Licht tretend und dann wieder im Schatten der Bäume und Häuser verschwindend. Nein – mag alles zum Teufel gehen! Ein Leben, wie ich es will, oder eine Liebe, wie sie sie will. Ich bin für das Leben . . . Genug!

Das Gehen fiel ihm schwer; es war, als versänken seine Füße in der Dunkelheit in Flugsand oder zähem Schlamm. Er wechselte auf die andere Straßenseite hinüber, die vom blassen Schein des Mondes schwach erhellt war.

Widerstrebend schien die Stadt in den unruhigen Schlaf der Frühlingsnacht gesunken, aber in den Straßen irrten noch dunkle Gestalten umher, als suchten sie etwas, ohne die Hoffnung zu haben, es zu finden.

Ein schwarzer Reiter kam vorbei. Er hüpfte im Sattel auf und nieder, und die Hufe des Pferdes schlugen zwei blaue Funken aus dem Pflasterstein.

Ein dicker Polizist führte einen Handwerksgesellen ab, der ein Kopfriemchen um die langen Haare trug. Der Bursche schwankte und drohte jemand mit der Faust. Wie eine riesige Hummel brummte er: «W-warte nur, ich w-werde dir zeigen . . .»

Ein Postbeamter mit einem schmächtigen Fräulein am Arm ließ im Vorbeigehen die seltsamen Worte fallen: «Es ist offen, aber nur ganz wenig, so daß niemand hindurch kann . . .»

Verschlafen kläffende Hunde streckten die Schnauze unter den Torflügel durch; ein Kirchenwächter schlug gemächlich die Stunde, und nach jedem Schlag wartete er, bis der Ton in der blauen Luft zergangen war wie eine Träne in einer großen Schale mit kaltem Wasser.

«Zehn», zählte Pawel.

Vor ihm erstand das Mordwinenmädchen in seinem grauen Rock und der gelben spitzenbesetzten Bluse. Sie besaß drei Blusen von verschiedenem Gelb, und alle waren ihr zu kurz. Wenn sie die Arme hob, rutschten sie ihr stets aus dem Gürtel, und wenn sie sich bückte, wurde über ihrer Taille das Hemd aus handgewebter Bauernleinwand sichtbar. Und auch der Rock saß nie gut, immer irgendwie schief.

Hübsches Haar hat sie, fiel ihm ein, da er wohl das Verlangen hatte, an Lisa etwas zu finden, das der Schönheit seiner Frau gleichkäme. Feines, weiches Haar! Und dann so liebe Augen ... Aber irgendeine Stimme in ihm protestierte: Die Knie sind spitz. Und die Schultern auch.

Aus Lisas Fenster starrte ihn Dunkelheit an. Er drückte das Gesicht an die Scheibe und begann, wie er es gewohnt war, mit den Fingern auf dem Blechrohr im Lüftungsfensterchen zu trommeln, aus dem der Ventilator herausgebrochen war. Lange wurde nicht darauf geantwortet; doch schließlich fragte eine fremde schwache Stimme durch das Rohr: «Wen suchen Sie?»

«Ist Lisa zu Hause?»

Dumpf wurde ihm entgegnet: «Die wohnt hier nicht.»

«Wie das?»

«Sie ist fortgezogen.»

«Wann denn?»

«Vor vier Tagen. Gehen Sie, in Gottes Namen, gehen Sie!»

«Erlauben Sie!» rief Pawel und preßte sich mit der Brust gegen die Wand. «Vielleicht hat sie Ihnen aufgetragen, mir etwas auszurichten?»

«Wer sind Sie denn?»

«Makow, Pawel Dmitritsch ...»

«Für Sie ist ein Zettel da; ich werde ihn durch die Luftklappe hinausreichen ...»

Ein Licht flammte auf und erlosch wieder. Danach flammte es von neuem auf, und das Fenster wurde einem großen gelben Gesicht ähnlich, das von zwei dunklen Narben durchkreuzt war.

Aus der Lüftungsklappe wurde ihm mit leisem Rascheln ein weißes Stück Papier herausgereicht. Pawel nahm es, faltete es auseinander und hielt es an die Scheibe, um die mit großen, ungleichmäßigen Buchstaben geschriebenen Zeilen zu entziffern.

«Pawel Mitritsch, mein verehrter guter Mensch, ich habe Sie sehr lieb aber es wird nicht gutgehen genau wie mit Ihrer Frau nicht. Weil ich schon eifersüchtig auf sie bin und sie hasse und das auch für dich schlecht ist darum gehe ich fort unbekannt wohin

Lisaweta»

Er zerknüllte den Zettel in der Faust, strich ihn aber sofort wieder glatt und blickte noch einmal auf die eilig hingeworfenen Worte. Dann zerriß er das Papier in kleine Fetzen, und ein böses Lächeln huschte über sein Gesicht. Hat also doch eine Lösung gefunden, die Hündin . . .

Bedächtig ließ er die Fetzen fallen, und sein Blick schweifte über das Feld – dort war es totenstill und leer, wie in seiner Seele, die plötzlich von Angst gepackt wurde.

Du Dummchen . . .

Dann ging er langsam, mit der Schulter die Zäune streifend, nach Hause zurück, die stumme Klage auf den Lippen: Ach, Lisa, wohin bist du gegangen?

1911

Die Mutter und Tamerlan

Preis sei dem Weibe, der Mutter, dem unerschöpflichen Born des sieghaften Lebens.

Wir wollen vom eisernen Timur-Lenk, dem lahmen Panther, von Sahib-i-Kiran erzählen, von dem glücklichen Eroberer, von Tamerlan, wie ihn die Ungläubigen nannten, von dem Manne, der die ganze Welt zerstören wollte.

Fünfzig Jahre schritt er über die Erde, sein eiserner Fuß zertrat Städte und Staaten wie der Fuß eines Elefanten wimmelnde Ameisenhaufen; wo er vorüberkam, da flossen Ströme von Blut; er schichtete die Gebeine der besiegten Völker zu hohen Türmen; er zerstörte das Leben, stritt mit dem Tode um die Macht, er rächte sich an ihm, weil er ihm seinen Sohn Dschihangir geraubt hatte; ein furchtbarer Mensch – er wollte dem Tod alle Opfer entreißen, auf daß jener vor Hunger und Gram verrecke!

Seit dem Tag, da sein Sohn Dschihangir starb und das Volk von Samarkand den Bezwingern der bösen Dschets, in schwarze und blaue Gewänder gehüllt, mit Staub und Asche auf dem Haupt, erblickt hatte, von jenem Tag an bis zu der Stunde, da der Tod ihn in Otrara bezwang, hat Timur dreißig Jahre lang kein einziges Mal gelächelt. So hat er sein Leben verbracht – mit zusammengepreßten Lippen, ohne vor jemand sein Haupt zu neigen, und sein Herz war gewappnet gegen jegliches Mitleid – dreißig Jahre lang!

Preis sei dem Weib, der Mutter, der einzigen Macht, vor der sich der Tod demutsvoll beugt. Hier soll die wahre Geschichte einer Mutter erzählt werden, vor der sich der Knecht und Sklave des Todes, der eherne Tamerlan, die blutige Geißel der Welt, neigte.

Und das geschah so:

Einst hielt Timur-Beg ein Festmahl in dem herrlichen, von Rosen- und Jasminwolken bedeckten Tal Kanigula, in jenem Tal, das von den Dichtern Samarkands «Die Liebe der Blumen» genannt wurde und von wo aus man die Minarette der gewaltigen Stadt und die blauen Kuppeln der Moscheen sieht.

Fünfzehntausend runde Zelte bedecken die Ebene wie ein großer Fächer, sie gleichen Tulpen, und jedes ist mit Hunderten von Seidenflaggen wie mit lebenden Blumen geschmückt.

Zwischen ihnen erhebt sich das Zelt Timur-Gurugans wie eine Königin unter den Gespielinnen. Es ist viereckig, hundert Schritt lang, ebensoviel Schritt breit und so hoch wie drei Speere, es wird von einer blauen Kuppel überspannt und in der Mitte von zwölf mannsdicken goldenen Säulen gestützt; es ist aus schwarzen, gelben und blauen Seidenstreifen genäht und mit fünfhundert roten Schnüren am Erdboden befestigt, damit es nicht zum Himmel emporsteige; an den Ecken prangen vier silberne Adler, und in der Mitte des Zeltes, unter der Kuppel, auf einer Erhöhung, ruht ein fünfter – der unbesiegbare Timur-Gurugan, der Beherrscher der Welt.

Er ist in ein weites Gewand aus himmelblauer Seide gehüllt, das übersät ist von Perlen, wohl an die fünftausend großen Perlen! Auf dem schrecklichen grauen Haupt trägt er eine hohe weiße Mütze, deren Spitze ein funkelnder Rubin schmückt, und dieses blutige Auge, das die ganze Welt erfaßt, schwankt unablässig hin und her.

Das Antlitz des Lahmen ähnelt einem breiten Dolch, der rostig ist vom Blut, in das er *Tausende Male* getaucht wurde; seine Augen sind schmal, aber sie sehen alles, und ihr Glanz gleicht dem kalten Gefunkel des Zaramuts, des Lieblingssteins der Araber, den die Ungläubigen Smaragd nennen und der die Fallsucht heilt. In den Ohren des Herrschers aber blitzen Ringe aus Rubinen von Ceylon, herrlich wie die frischen Lippen eines schönen Mädchens.

Auf dem Fußboden, auf Teppichen, wie sie größer nicht sein können, stehen dreihundert goldene Gefäße mit Wein und allem, was zu einem königlichen Festmahl gehört; hinter Timur sitzen die Musikanten, niemand sitzt an seiner Seite, zu seinen Füßen aber lagern die blutsverwandten Könige und Fürsten und die Heerführer, ihm zunächst jedoch – der trunkene Dichter Kermani, derselbe, der einst auf die Frage des Weltzerstörers: «Kermani! Wieviel gäbest du für mich, wenn man mich dir feilböte?» dem Herrn des Todes und der Schrecken zur Antwort gab: «Fünfundzwanzig Askeri!»

«Soviel kostet ja allein mein Gürtel, Kermani!» rief Timur erstaunt aus.

«Ich dachte ja auch nur an diesen Gürtel, nur an den Gürtel, o Herr, denn du selbst bist keinen Groschen wert!»

So sprach der Dichter Kermani zu dem König der Könige, dem furchtbaren, entsetzlichen Mann. Gepriesen sei der Name des Dichters, des Freundes der Wahrheit, sein Ruhm gelte uns für alle Zeiten höher als der des Timur.

Gepriesen seien die Dichter, die nur einen Gott kennen – das schön gesprochene, furchtlose Wort der Wahrheit, das ist ihr Gott, den sie ewig verehren!

In solch einer Stunde ausgelassener Fröhlichkeit, beim Gelage, da die stolzen Erinnerungen an Schlachten und Siege wachgerufen wurden, unter dem Lärmen der Musik und der Volksspiele, als vor dem Königszelt zahlreiche bunte Gaukler umhersprangen, Athleten Ringkämpfe veranstalteten, Seiltänzer, als wären sie knochenlos, ihren Körper verrenkten, kühne Fechter in der Kunst des tödlichen Zweikampfes wetteiferten und eine Vorführung mit rot und grün bemalten Elefanten stattfand, die schreckenerregend oder lächerlich aussahen – in solch einer Stunde, da die Leute Timurs, berauscht von Furcht, von Stolz über seinen Ruhm, vom Siegestaumel, von Wein und Stutenmilch, sich ungezügelter Lust hingaben – in solch einer tollen Stunde drang plötzlich, wie ein Blitz durch die Wolken, an das Ohr des Besiegers von Sultan Bajazet der Schrei einer Frau, der stolze Schrei des Adlerweibchens, der seiner vom Tode beleidigten und daher zu den Menschen und zum Leben grausamen Seele bekannt und vertraut war.

Er befahl, man solle feststellen, wer da so voller Kummer geschrien habe, und man berichtete ihm, ein in Lumpen gehülltes, mit Staub bedecktes Weib sei da. Das Weib mache den Eindruck einer Wahnsinnigen, es spreche arabisch und verlange – es verlange! – ihn, den Beherrscher dreier Weltteile, zu sehen.

«Führt sie herein!» sagte der große König.

Und nun stand sie vor ihm, barfüßig, in sonnengebleichte Lumpen gehüllt. Sie hatte ihr schwarzes Haar gelöst, um die nackte Brust zu verhüllen, ihr Antlitz schien wie aus Bronze gegossen, das Auge blickte gebieterisch, und die dem Lahmen hingestreckte dunkle Hand zitterte nicht.

«Warst du es, der Sultan Bajazet besiegt hat?» fragte sie.

«Ja, ich war es. Ich habe viele Könige besiegt und auch ihn, und ich bin der Siege noch nicht müde. Was aber hast du von dir zu sagen, Weib?»

«Hör mich an!» sprach sie. «Soviel du auch vollbracht haben magst, du bist doch nur ein Mensch, ich aber bin eine Mutter! Du dienst dem Tode, ich aber dem Leben. Du hast dich schuldig gemacht vor mir, und so bin ich zu dir gekommen, damit du deine Schuld tilgst. Man hat mir gesagt, deine Losung sei: Gerechtigkeit ist Macht! Ich glaube nicht daran, gegen mich aber mußt du gerecht sein, denn ich bin eine Mutter.»

Der König war weise genug, um die Kraft zu ahnen, die sich hinter der Kühnheit dieser Worte verbarg – er sagte: «Setz dich nieder und sprich, ich will dich anhören!»

Sie ließ sich – so schien es ihr am bequemsten – im engen Kreis der Könige auf dem Teppich nieder und begann: «Ich komme von weit her; aus Salerno, in Italien, du kennst das Land nicht! Mein Vater war Fischer, mein Mann ebenfalls; er war sehr schön, wie es eben ein glücklicher Mensch ist, und ich war die Quelle seines Glückes! Auch einen Sohn hatte ich, den schönsten Jungen auf der Welt ...»

«Wie mein Dschihangir», sagte der alte Krieger leise.

«Den schönsten und klügsten Jungen! Er war sechs Jahre alt, als sarazenische Seeräuber an unserer Küste landeten. Sie erschlugen meinen Vater, meinen Mann und noch viele Leute und raubten mir meinen Jungen, den ich nun schon vier Jahre an allen Enden der Welt suche. Jetzt weilt er bei dir, ich weiß es, denn Bajazets Soldaten ergriffen und fingen die Seeräuber, du aber hast Bajazet besiegt und ihm alles genommen, was er besaß. Du mußt also wissen, wo mein Sohn ist; du mußt ihn mir wiedergeben!»

Alle Anwesenden brachen in Gelächter aus, und die Könige, die sich immer für sehr weise halten, sprachen: «Sie ist wahnsinnig!»

So sprachen die Könige und Timurs Freunde, die Fürsten und Feldherren, und sie lachten alle.

Nur Kermani blickte ernst auf das Weib, und Tamerlan sah sie mit großer Verwunderung an.

«Sie ist wahnsinnig, wie es nur eine Mutter sein kann!» flüsterte der trunkene Dichter Kermani. Und der König, der Feind aller Welt, sagte: «Weib! Wie konntest du aus jenem mir unbekannten Land hierhergelangen, über Meere und Flüsse, durch Gebirge und Wälder? Haben denn die wilden Tiere und die Menschen, die oft noch schlimmer sind als die wildesten Tiere, dir nichts getan? Du hattest ja nicht einmal eine Waffe, diesen einzigen Freund der Schutzlosen, der sie nicht verrät, solange noch Kraft in ihren Händen ist! Ich muß alles wissen, damit ich dir glauben kann und damit mein Erstaunen es mir nicht unmöglich macht, dich zu verstehen!»

Preis sei dem Weibe, Preis sei der Mutter, deren Liebe grenzenlos ist und deren Brüste die Welt genährt haben! Alles Schöne im Menschen kommt von den Strahlen der Sonne und von der Milch der Mutter – das ist es, was uns mit Liebe zum Leben erfüllt.

Sie aber sprach zu Timur-Lenk: «Ich kam nur an ein einziges Meer; da gab es viele Inseln und Fischerkähne, und wenn man etwas sucht, was einem lieb ist, weht immer ein günstiger Wind. Die Flüsse sind leicht durchschwommen, ist man an der Küste geboren und groß geworden. Und die Berge? Ich habe keine bemerkt.»

Hier unterbrach sie der trunkene Kermani mit heiterer Stimme: «Wenn man liebt, wird der Berg zum Tale!»

«Ich kam durch Wälder, gewiß! Ich begegnete Ebern, Bären, Luchsen und wilden Stieren mit gesenkten Hörnern, und zweimal stieß ich auf einen Panther, der mich ebenso anblickte wie du, aber jedes Tier hat ein Herz; ich sprach mit ihnen wie mit dir, und sie glaubten mir, daß ich eine Mutter bin, und zogen seufzend weiter – sie hatten Mitleid mit mir! Weißt du denn nicht, daß die Tiere auch ihre Kinder lieben und nicht weniger für ihr Leben und ihre Freiheit kämpfen als wir Menschen?»

«Du hast recht, Weib!» sprach Timur. «Und oft – ich weiß das – lieben sie stärker und kämpfen hartnäckiger als der Mensch!»

«Die Menschen», fuhr sie fort wie ein Kind, denn jede Mutter ist in ihrem Innern hundertfältig ein Kind, «die Menschen sind doch immer Kinder ihrer Mutter. Es hat doch ein jeder eine Mutter, ein jeder ist irgend jemandes Sohn, und selbst dich, Mann – du weißt es –, hat ein Weib geboren! Du kannst Gott verleugnen, aber deine Mutter kannst auch du nicht verleugnen.»

«Du hast recht, Weib!» rief der furchtlose Dichter Kermani. «Eine Herde von Stieren bringt keine Kälber, ohne Sonne blühen keine Blumen, ohne Liebe gibt es kein Glück, ohne Weib keine Liebe und ohne die Mutter keine Dichter und Helden.»

Und das Weib sprach: «Gib mir mein Kind wieder, denn ich bin eine Mutter, und ich liebe mein Kind!»

Verneigen wir uns vor dem Weibe – es hat einen Moses, einen Mohammed und den großen Propheten Jesus geboren, der von den bösen Menschen getötet wurde; aber – wie Scherif-ed-Din sagt – er wird wieder auferstehen und Gericht halten über die Lebenden und die Toten, in Damaskus wird das sein, in Damaskus!

Verneigen wir uns vor jener, die uns unermüdlich die Großen der Menschheit zur Welt bringt: Aristoteles ist ihr Sohn und Firdaussi und der honigsüße Sa'di, Omar Chajjâm, der dem Weine gleicht, in den Gift geträufelt wurde, Iskander und der blinde Homer – sie alle sind ihre Kinder, sie alle haben ihre Milch gesogen, sie alle hat sie an ihrer Hand in die Welt geführt, als sie noch nicht größer waren als eine Tulpe – der höchste Stolz dieser Welt ist das Werk der Mütter!

Und der grauhaarige Zerstörer der Städte, der lahme Tiger

Timur-Gurugan, wurde nachdenklich. Lange schwieg er, dann aber sprach er, an alle gewandt: «Men tangri kuli Timur! Ich, der Knecht Gottes, Timur, sage euch folgendes! Seht, ich habe schon viele Jahre gelebt, die Erde ächzt unter meinen Tritten, und seit dreißig Jahren vernichte ich mit dieser Hand die Ernte des Todes, und ich vernichte sie, um Rache zu nehmen an ihm, weil er meinen Sohn Dschihangir, die Sonne meines Herzens, dahingerafft hat. Man hat mit mir um Königreiche und Städte gekämpft, nie aber um einen Menschen, und der Mensch hat in meinen Augen keinen Wert gehabt, und ich habe nicht gewußt, wer er ist und was er mir auf meinem Weg bedeutet. Ich, Timur, habe nach meinem Sieg über Bajazet gesagt: ‹O Bajazet, Gott schätzt die Staaten und Menschen offenbar sehr gering ein; sieh, welchen Leuten er die Macht über sie anvertraut: du bist krumm, und ich bin lahm!› So sprach ich damals zu ihm, als man ihn gefesselt zu mir brachte und als er unter der Last der Ketten zusammenbrach, so sprach ich zu ihm, als ich ihn im Unglück sah, und ich fühlte, daß das Leben bitter ist wie der Wermut, der in den Ruinen wächst.

Ich, der Knecht Gottes, Timur, ich sage euch folgendes! Seht, hier vor mir sitzt ein Weib, wie es ihrer unzählige gibt, sie aber hat in meiner Seele Gefühle entfacht, die mir unbekannt waren. Sie spricht zu mir wie zu ihresgleichen, und sie bittet nicht – sie fordert. Und ich sehe nun, ich habe nun begriffen, weshalb dieses Weib so mächtig ist: Sie liebt, und sie erfuhr durch die Liebe, daß ihr Kind der Funke des Lebens ist, der zur Flamme für viele Jahrhunderte werden kann. Sind nicht alle Propheten Kinder gewesen, und waren nicht alle Helden hilflos und schwach? O Dschihangir, Licht meiner Augen, vielleicht warst du dazu bestimmt, der Erde Wärme zu spenden, Glück zu säen – ich habe es reichlich mit Blut getränkt, und sie ist schwer geworden!»

Und wieder dachte Timur, die Geißel der Völker, lange nach, und schließlich sprach er: «Ich, der Knecht Gottes, Timur, sage euch folgendes! Dreihundert Reiter sollen sich sofort nach allen Enden meines Reiches begeben und den Sohn dieser Frau suchen. Sie aber soll hierbleiben, und ich will zusammen mit ihr warten. Und wer mir das Kind auf seinem Sattel herbringt, der wird sein Glück machen – so spricht Timur! Bist du zufrieden, Weib?»

Sie strich das schwarze Haar aus dem Gesicht, lächelte ihm zu und neigte ihr Haupt. «Ich bin es, o Herr!»

Da erhob sich der furchtbare Greis und verneigte sich stumm vor dem Weibe. Der heitere Dichter Kermani jedoch sprach wie ein Kind, voller Freude:

«Was ist schöner als ein Lied
Von Blumen und Sternen?
Ein jeder wird gleich sagen:
Ein Lied von der Liebe.
Was ist schöner als die Sonne
Am klaren Mittag im Maien?
Und der Verliebte wird sagen:
Sie, die ich liebe.

Oh, wie schön sind die Sterne
Am Mitternachtshimmel – ich weiß es!
Auch die Sonne ist schön
Am klaren Sommertag – ich weiß es!
Aber die Augen meines Liebchens
Sind schöner als alle Blumen – ich weiß es!
Und ihr Lächeln ist lieblicher
Als die Sonne – ich weiß es!

Aber nicht gesungen ward
Das Lied der Lieder
Von dem Ursprung dessen,
Was hier lebt auf Erden.
Nicht besungen ward
Das Herz des Weltalls,
Das wir Menschen
Unsre Mutter nennen.»

Und da sprach Timur-Lenk zu seinem Dichter: «So ist es, Kermani! Gott hat sich nicht geirrt, als er deinen Mund dazu ausersah, seine Weisheit zu künden!»

«Ach, Gott ist selbst ein guter Dichter!» sprach der trunkene Dichter Kermani.

Und das Weib lächelte, und es lächelten alle Könige und Fürsten, die Feldherren und alle Kinder, alle schauten sie an – die Mutter!

Das alles ist wahr, jedes Wort davon ist die Wahrheit; unsere Mütter wissen es, fragt sie nur, und sie werden euch sagen: Ja, alles das ist ewige Wahrheit, wir sind stärker als der Tod, wir, die wir der Welt unablässig Dichter, Weise und Helden schenken, wir, die wir all das säen, dessen die Welt sich rühmt.

1911

Ein Mensch wird geboren

Es war im Hungerjahr 92, zwischen Suchum und Otschemtschiry, am Ufer des Flusses Kodor, unweit des Meeres.

Durch das fröhliche Lärmen des hellen Gebirgswassers hindurch hört man deutlich das dumpfe Rauschen der Meereswogen. Es ist Herbst. Im weißen Schaum des Kodor wirbeln gelbe Lorbeerblätter, die wie bebende kleine Salme blitzen. Ich sitze auf einem Felsen über dem Fluß und sage mir, daß vermutlich auch die Möwen und Kormorane die Blätter für Fische halten und darum wohl auch so enttäuscht schreien, dort rechts hinter den Bäumen, wo das Meer brandet.

Die Kastanien über mir prangen in Gold, zu meinen Füßen – viele Blätter, die wie abgehackte Hände aussehen. Die Hagebuchenzweige drüben am anderen Ufer sind schon kahl und hängen wie ein zerrissenes Netz in der Luft; ein gelbroter Bergspecht springt wie ein Gefangener darin umher, hämmert mit seinem schwarzen Schnabel gegen die Rinde und scheucht Insekten darunter hervor, die flinke Meisen und graue Spechtmeisen – Gäste aus dem fernen Norden – sofort fressen.

Linker Hand hängen regendrohend schwere Schleierwolken über den Gipfeln; ihre Schatten kriechen über die grünen Hänge, auf denen der leblos starre Buchsbaum wächst, in den Höhlen der alten Buchen und Linden aber wird ein Honig gefunden, der schon im Altertum den Soldaten des großen Pompejus durch seine berauschende Süße beinahe zum Verhängnis geworden wäre, als er eine ganze Legion eiserner Römer umwarf. Die Bienen gewinnen ihn aus den Blüten des Lorbeers und der Azalee, und «Vorübergehende» holen ihn aus den Baumhöhlen und essen ihn als Aufstrich zu Lawasch, einem dünnen Gebäck aus Weizenmehl.

Das war es auch, womit ich mich beschäftigte, während ich, arg zerstochen von einer wütenden Biene, auf den Steinen unter den Kastanien saß – ich tauchte Brotstücke in ein mit Honig gefülltes Kochgeschirr und aß, wobei ich mich am trägen Geflimmer der müden Herbstsonne ergötzte.

Im Herbst ist es im Kaukasus wie in einer prächtigen Kathedrale, die von großen Weisen erbaut wurde. Große Weise sind immer zugleich auch große Sünder. Um die eigene Vergangenheit vor dem scharfen Auge des Gewissens zu verbergen, bauten sie diese gewaltige Kathedrale aus Gold, Türkisen und Smaragden, behängten die Berge mit den schönsten, bei den Turkmenen in Samarkand oder Schemacha geknüpften Seidenteppichen; sie plünderten die ganze Welt aus und trugen alles hier, vor der Sonne Angesicht, zusammen, als hätten sie zu ihr sagen wollen: Es ist dein, von den Deinen, für dich.

Ich sehe, wie langbärtige graue Riesen mit großen heiteren Kinderaugen von den Bergen heruntersteigen und die Erde schmücken, überall ihre bunten Schätze ausstreuen, die Gipfel der Berge mit einer dicken Schicht Silber und die Hänge mit dem Gewirke vielgestaltiger Bäume bedecken; und dieses Stück gesegneter Erde verwandelt sich unter ihren Händen in verschwenderische Schönheit.

Es ist eine vorzügliche Beschäftigung – ein Mensch auf Erden zu sein: Wieviel Wunderbares sieht man, wie qualvoll süß klopft das Herz in stillem Entzücken über soviel Schönheit.

Nun ja, manchmal wird einem auch schwer zumute, die Brust erfüllt sich mit brennendem Haß, und der Kummer saugt gierig das Herzblut. Doch das bleibt ja nicht immer so, und schließlich ist es auch für die Sonne oft traurig genug, auf die Menschen hinunterzusehen: Was hat sie nicht alles für sie getan, und doch sind die Leutchen nicht recht nach ihrem Geschmack geraten.

Gewiß, es gibt auch viele Gute unter ihnen, nur müßten sie alle einmal überholt oder – besser – auf neu gearbeitet werden.

Links über den Büschen schaukeln dunkle Köpfe auf und nieder; durch das Rauschen der Meereswellen und das Murmeln des Flusses klingen kaum hörbar menschliche Stimmen.

Es sind «Hungernde», die von Suchum, wo sie eine Chaussee gebaut haben, nach Otschemtschiry gehen, um dort Arbeit zu suchen.

Ich kenne sie – es sind Leute aus dem Orjoler Gouvernement; wir haben zusammen gearbeitet und sind gestern zusammen ausgezahlt worden; ich bin vor ihnen in der Nacht aufgebrochen, um den Sonnenaufgang am Meer zu erleben.

Es sind vier Bauern und ein junges Weib mit stark hervortretenden Backenknochen, schwanger, mit mächtigem, nach vorn gewölbtem Leib und erschrocken aufgerissenen Augen von blaugrauer Farbe. Ich sehe ihren Kopf mit dem gelben Tuch über den Büschen, er wiegt sich wie eine Sonnenrose im Wind. In Suchum war ihr der Mann gestorben, er hatte sich an Obst übergessen. Ich lebte mit diesen Leuten in einer Baracke. Nach guter russischer Gewohnheit besprachen sie ihre Leiden so ausgiebig und so laut, daß ihre Klagereden wahrscheinlich noch fünf Werst im Umkreis zu hören waren.

Es waren traurige, bedrückte Menschen, die durch eine Mißernte aus der erschöpften Heimaterde gerissen und wie trockenes Laub vom Wind hierher geweht worden waren, wo sie die Pracht einer unbekannten Natur in Staunen versetzte und blendete, während die schweren Arbeitsbedingungen sie endgültig niederdrückten. Sie betrachteten alles mit einem verwirrten Zwinkern ihrer farblosen traurigen Augen, lächelten einander wehmütig zu und sagten leise: «O-oh, ist das ein Boden!» – «Wie alles sprießt und gedeiht!» – «Ja-a ... aber – die Steine ...» – «Ein unbequemer Boden, muß man schon sagen.» Und sie dachten zurück an Kobylij Loshok, an Suchoi Gon, an Mokrenkoje – an all die heimatlichen Gefilde, wo jede Handbreit Erde Staub ihrer Ahnen und alles beziehungsvoll, vertraut und teuer, von ihrem Schweiß getränkt war.

Es war noch ein Weib bei ihnen gewesen – groß, gerade, flach wie ein Brett, mit einem Pferdegebiß und trübe blickenden kohlschwarzen Schielaugen.

Abends pflegte sie zusammen mit der anderen, der Frau mit dem gelben Kopftuch, hinter die Baracke zu gehen und, auf einem Schotterhaufen sitzend, die Wange aufgestützt und den

Kopf zur Seite geneigt, mit hoher und ärgerlicher Stimme zu singen:

«Hinterm Friedhof,
In den dichten grünen Büschen,
Auf dem Sande,
Breit ich aus mein weißes Tuch
Und erwarte
Meinen herzgeliebten Freund.
Kommt er zu mir,
Will ich mich vor ihm verneigen.»

Die Gelbe schwieg meist, neigte den Kopf vor und betrachtete ihren Bauch, fiel aber manchmal plötzlich und unerwartet, träge, mit satter männlicher, ein wenig heiserer Stimme, die Worte herausschluchzend, ein:

«Ach, mein Liebster,
Du mein herzgeliebter Freund,
Nimmer werd ich
Dich noch einmal wiedersehn!»

In der schwarzen schwülen Finsternis der südlichen Nacht erinnerten diese klagenden Stimmen an den Norden, an öde Schneeflächen, an das Pfeifen des Schneesturms und das ferne Geheul der Wölfe.

Später erkrankte die Schieläugige am Fieber und wurde auf einer Trage aus Zelttuch in die Stadt gebracht. Das Fieber schüttelte sie, während man sie forttrug, und sie stöhnte und klagte, als sänge sie ihr Lied vom Friedhof und dem Fleckchen Sand weiter.

Auf und nieder tauchend, war der gelbe Kopf meinen Blikken inzwischen entschwunden.

Ich beendete mein Frühstück, deckte den Honig im Kochgeschirr mit Blättern zu, schnürte meinen Quersack und folgte ohne Hast den anderen, wobei ich von Zeit zu Zeit mit meinem Kirschholzstock den festen Boden des Pfades berührte.

Endlich bin ich auf dem schmalen grauen Wegstreifen;

rechts wogt das tiefblaue Meer. Es ist, als würde es von unsichtbaren Tischlern mit Tausenden von Hobeln gehobelt – das weiße Gelock der Hobelspäne strebt knisternd und rauschend dem Ufer zu, vom Winde getrieben, der feucht, warm und würzig ist wie der Atem eines gesunden Weibes. Eine türkische Feluke gleitet, nach Backbord geneigt, auf Suchum zu, die Segel prall aufgeblasen, wie die dicken Backen jenes vornehmen Suchumer Ingenieurs, eines höchst seriösen Mannes, der aus irgendeinem Grund statt «ruhig» – «ruhisch» und statt «wenn» – «wann» zu sagen pflegte.

«Ruhisch! Wann du auch flink bist, ich übergebe dich ohne Federlesen der Polizei!»

Er liebte es, die Leute der Polizei zu übergeben, und es ist ein beruhigender Gedanke, daß er jetzt in seinem Grab vermutlich schon längst von den Würmern bis auf die Knochen aufgenagt ist.

Es geht sich leicht – als schwömme man durch die Luft. Angenehme Gedanken, Erinnerungen in buntem Gewande verschlingen sich im Gedächtnis zu einem stillen Reigen. Dieser Reigen im Innern ist wie die weißen Schaumkämme auf dem Meer; sie sind oben, während es unten in der Tiefe ruhig ist – dort schwimmen still die glänzenden, geschmeidigen Jugendhoffnungen umher, wie in der Meerestiefe die silbrigen Fische.

Das Meer zieht den Weg an; er kommt in vielen Windungen dem Streifen Sand näher, auf den die Wellen auflaufen. Auch die Büsche wollen dem Gewoge ins Angesicht blicken, sie neigen sich über das Band des Weges, als nickten sie der weiten blauen Wasserwüste zu.

Der Wind bläst jetzt von den Bergen, das bedeutet Regen.

Ein schwaches Stöhnen im Busch, ein menschliches Stöhnen, wie es immer und immer wieder die mitfühlende Seele aufwühlt.

Ich biege die Zweige auseinander und sehe, wie, mit dem Rücken gegen den Stamm eines Nußbaumes gelehnt, das Weib mit dem gelben Kopftuch sitzt, den Kopf auf die Schulter geneigt, den Mund häßlich verzogen, die stieren Augen weit aufgerissen. Sie hält die Hände auf ihrem ungeheuren Bauch und atmet so unnatürlich und furchterregend, daß der ganze Leib krampfhaft auf und nieder zuckt, während das Weib, die Hände gegen ihn pressend, dumpf stöhnt und ihre gelben Wolfszähne entblößt.

«Was ist? Hat man dich geschlagen?» frage ich und beuge mich über sie.

Sie zappelt mit den nackten Beinen im aschgrauen Staub wie eine Fliege und röchelt, den schweren Kopf hin und her schlenkernd: «Fort ... Schamloser ... geh!»

Ich begriff, worum es sich handelte – ich hatte das schon gesehen. Ich war natürlich erschrocken, prallte zurück, während das Weib in ein langgezogenes Geheul ausbrach und aus ihren Augen, die schier platzen wollten, trübe Tränen stürzten und über das angespannt aufgeplusterte, rotviolette Gesicht rannen.

Das ließ mich zu ihr zurückkehren. Ich warf den Ranzen, den Teekessel, das Kochgeschirr auf die Erde, legte sie auf den Rücken und wollte ihr die Beine in den Knien beugen.

Sie stieß mich zurück, indem sie mir mit den Händen gegen die Brust und ins Gesicht schlug, drehte sich um und kroch, brummend und schnaufend wie eine Bärin, auf allen vieren tiefer ins Gebüsch. «Bandit! Satan!»

Die Arme versagten ihr, sie fiel hin, schlug mit dem Gesicht auf die Erde und begann wieder zu heulen, wobei sie krampfhaft die Beine von sich streckte.

In fieberhafter Erregung drehte ich sie, nachdem ich schnell alles rekapituliert hatte, was ich von der Sache wußte, auf den Rücken und beugte ihr die Beine.

«Lieg still, es ist gleich soweit!»

Ich lief schnell zum Meer, krempelte mir die Ärmel hoch, wusch mir die Hände, kam zurück und wurde Geburtshelfer.

Das Weib bog sich wie Birkenrinde im Feuer, hämmerte mit den Händen auf die Erde, riß das fahle Gras aus und versuchte immerzu, es sich in den Mund zu stopfen; sie bewarf sich das furchtbare, nicht mehr menschenähnliche Gesicht mit den wilden, blutunterlaufenen Augen mit Erde, während die Fruchtblase platzte und das Köpfchen zum Vorschein kam. Ich mußte ihre krampfhaft zuckenden Beine festhalten, dem Kind helfen und darauf achten, daß sie sich kein Gras in ihren entstellten, stöhnenden Mund steckte.

Wir schalten ein wenig aufeinander, sie mit zusammengebissenen Zähnen, ich ebenfalls nicht sehr laut, sie vor Schmerzen und auch wohl aus Scham, ich aus Verwirrung und qualvollem Erbarmen mit ihr.

«Herrgott!» krächzt sie, die blauen Lippen zerbissen und schaumbedeckt, während aus ihren Augen, die plötzlich wie von der Sonne ausgeblichen scheinen, haltlos die Tränen einer unerträglich leidenden Mutter fließen und der ganze Körper sich windet, als würde er in zwei Teile gerissen. «Scher dich fort, du Teufel!»

Mit ihren schwachen, wie ausgekugelten Armen versucht sie immer wieder, mich zurückzustoßen, während ich auf sie einrede: «Närrin, streng dich an, mach, beeil dich!» Ich fühle quälendes Mitleid mit ihr, und ihre Tränen stürzen wohl auch in meine Augen; ihr Schmerz preßt mir das Herz zusammen, ich möchte schreien, und ich schreie: «Nun, beeil dich doch!»

Und schließlich halte ich einen Menschen in meinen Händen. Rot ist er. Ich sehe, wenn auch durch einen Tränenschleier, daß er von Kopf bis Fuß rot ist und bereits unzufrieden mit dieser Welt; er strampelt, rebelliert und brüllt kräftig, obwohl er noch mit der Mutter verbunden ist. Er hat blaue Augen, die Nase spitz spaßig platt in dem faltigen roten Gesichtchen, die Lippen bewegen sich und bringen hervor: «Ja-a! Ja-a!»

Wie glitschig er ist – man muß auf der Hut sein, daß er einem nicht aus den Händen rutscht. Ich knie, blicke ihn an, lache – ich bin sehr erfreut, ihn zu sehen! – und vergesse, was alles zu tun ist.

«Schneid durch ...», flüstert die Mutter. Ihre Augen sind geschlossen, das Gesicht eingefallen und erdig wie bei einer Toten, die blauen Lippen bewegen sich kaum. «Mit dem Taschenmesser ... schneid durch ...»

Mein Taschenmesser ist mir in der Baracke gestohlen worden. Ich beiße die Nabelschnur durch, das Kind brüllt im schönsten Orjoler Baß, und die Mutter lächelt. Ich sehe, wie ihre abgrundtiefen Augen wunderbar aufblühen, wie sie in leuchtendem Blau zu strahlen beginnen. Ihre dunkle Hand tastet über den Rock, sucht die Tasche, und die blutenden, zerbissenen Lippen flüstern: «Ich . . . kann nicht . . . das Bändchen ist in der Tasche . . . den Nabel abbinden . . .»

Ich bringe das Band zum Vorschein, binde ab. Sie lächelt immer strahlender, so schön und strahlend, daß ich von diesem Lächeln fast erblinde.

«Erhole dich, ich gehe ihn waschen . . .»

Besorgt murmelt sie: «Sieh dich vor . . . langsam . . . Sieh dich ja vor . . .»

Dieses rote Menschlein verlangt gar nicht soviel Vorsicht. Es ballt die Fäustchen und brüllt, brüllt, als forderte es die ganze Welt in die Schranken: «Ja-a! Ja-a!»

«Recht so, mein Freund, behaupte dich, damit dir die lieben Nächsten nicht gleich den Kopf abreißen!»

Besonders nachdrücklich und laut schrie er, als ihn die erste schäumende Meereswelle erreichte, die fröhlich an uns beiden heraufschlug; als ich ihm dann auf Brust und Rücken zu klatschen begann, kniff er die Augen zu, schlug um sich und kreischte durchdringend, während sich Welle um Welle über ihn ergoß.

«Zeig, was du kannst, Mann aus dem Orjolschen! Schrei, was du schreien kannst!»

Als wir zur Mutter zurückkehrten, lag sie, die Augen wieder geschlossen und sich auf die Lippen beißend, in den Wehen der Nachgeburt. Doch zwischen Stöhnen und Seufzen hörte ich sie mit versagender Stimme flüstern: «Gib her . . . gib ihn mir!»

«Hat Zeit.»

«Gib schon . . .»

Und mit zitternden, unsicheren Fingern begann sie sich die Jacke über der Brust aufzuknöpfen. Ich half ihr, die von der Natur für zwanzig Kinder berechnete Brust frei zu machen, und legte ihr den ungestümen kleinen Orjoler an den warmen Körper, wo er sogleich alles begriff und still war.

«Hochheilige Jungfrau!» seufzte zusammenzuckend die Mutter und warf den zerzausten Kopf auf dem Quersack hin und her.

Und plötzlich schrie sie leise auf und verstummte, dann öffnete sie wieder die über alle Maßen schönen Augen, die heiligen Augen der Gebärerin, blau, zum blauen Himmel aufblikkend, ein dankbares, freudiges Lächeln in ihnen. Die schwere Hand hebend, bekreuzigte die Mutter langsam sich und das Kind. «Gelobt seist du, heilige Muttergottes . . . ach . . . sei gelobt!» Ihre Augen verloschen, fielen ein, sie schwieg lange, beinahe ohne zu atmen, und sagte plötzlich sachlich und mit fester Stimme: «Schnür doch mal meinen Sack auf, Bursche!»

Wir machten ihn auf; sie sah mich aufmerksam an und lächelte schwach, es war, als überzöge kaum wahrnehmbar eine Röte die eingefallenen Wangen und die schweißbedeckte Stirn.

«Geh mal beiseite . . .»

«Mute dir nur nicht zuviel zu!»

«Nun, nun, geh schon!»

Ich ging ein kleines Stück in die Büsche. Das Herz schien müde, doch in der Brust war ein stiller Gesang wie von lieblichen Vögeln, und es klang so schön zusammen mit dem ohne Unterlaß rauschenden Meer, daß man ein ganzes Jahr hätte zuhören mögen.

Nicht weit von uns entfernt murmelte ein Bach, als erzählte ein Mädchen der Freundin von ihrem Liebsten.

Über den Büschen erschien der Kopf mit dem gelben Tuch, das schon wieder geknüpft war, wie sich's gehörte.

«Ho, ho, wirtschaftest du nicht zu früh?»

Sie hielt sich mit der Hand an einem Zweig des Buschwerks fest, saß da wie ausgesogen, keinen Tropfen Blut im grauen Gesicht, riesige blaue Teiche anstelle der Augen, und flüsterte gerührt: «Sieh, wie er schläft!»

Gewiß, er schlief schön, nach meiner Ansicht jedoch keineswegs schöner als andere Kinder, und wenn es einen Unterschied gab, so war es dies: Er lag auf einem Haufen bunten Herbstlaubes, unter einem Strauch, wie es im Orjoler Gouvernement keine gibt.

«Du solltest dich hinlegen, Mutter.»

«Nein», sagte sie und schüttelte kraftlos den Kopf, «ich muß mich fertigmachen und nach ... nach ...»

«Nach Otschemtschiry?»

«Ja, richtig! Die Unsern sind sicherlich schon ein paar Werst voraus ...»

«Kannst du denn laufen?»

«Und die Muttergottes? Sie wird mir schon helfen!»

Ja, freilich, wenn die Muttergottes mit ihr war – was sollte ich da noch sagen!

Sie betrachtet das kleine, unzufrieden aufgeplusterte Gesicht unter dem Busch; in ihre Augen tritt ein warmes, freundliches Leuchten; sie leckt sich die Lippen und streichelt mit langsamer Bewegung ihre Brust.

Ich mache ein Feuer an und baue Steine zusammen, um den Teekessel aufzusetzen.

«Ich will dir schnell einen Tee machen.»

«Ja? Tu das! Ich fühl mich wie ausgetrocknet.»

«Wie kommt es, daß deine Landsleute dich verlassen haben?»

«Sie haben mich nicht verlassen. Warum denn! Ich bin selbst zurückgeblieben; sie waren ein bißchen betrunken, nun ... und das war auch gut so, wie hätte ich denn in ihrer Gegenwart niederkommen sollen ...» Sie sah mich an, bedeckte das Gesicht mit dem Ellbogen, spie etwas Blut und lächelte schamhaft.

«Ist wohl dein erstes Kind?»

«Ja ... Und wer bist du?»

«Ein Mensch, wie du siehst ...»

«Natürlich, ein Mensch! Bist du verheiratet?»

«Nein, ich habe nicht die Ehre.»

«Schwindelst wohl?»

«Warum denn?»

Sie senkte den Blick und überlegte. «Wie kommt es, daß du mit Weibersachen Bescheid weißt?»

Jetzt mußte ich schwindeln. Ich sagte: «Ich hab das gelernt. Weißt du, was ein Student ist?»

«Natürlich! Der älteste Sohn unseres Popen ist auch Student, er will Pope werden.»

«Siehst du, so einer bin ich auch. Nun, ich gehe jetzt Wasser holen.»

Das Weib neigte den Kopf über den Sohn, horchte – ob er wohl atmete? – und blickte in Richtung des Meeres. «Ich müßte mich waschen, aber ich kenne das Wasser hier nicht ... Was ist das nur für ein Wasser! Salzig und bitter.»

«Wasch dich nur damit – es ist ein gesundes Wasser!»

«Wirklich?»

«Bestimmt. Und wärmer als im Bach, die Bäche hier sind wie Eis.»

«Du mußt es ja wissen.»

Dösend, den Kopf vornübergebeugt, ritt im Schritt ein Abchasier an uns vorüber. Das sehnige Pferdchen spitzte die Ohren, schielte mit runden schwarzen Augen nach uns und schnaubte; der Reiter riß wachsam den Kopf mit der zottigen Pelzmütze hoch, blickte gleichfalls zu uns herüber und ließ den Kopf wieder auf die Brust fallen.

«Was das hier für ein häßlicher, grausliger Menschenschlag ist», sagte die Orjolerin leise.

Ich gehe zum Bach. Über die Steine hüpft singend ein helles Wasser, lebendig wie Quecksilber, und lustig wirbelt Herbstlaub darin umher – wunderbar! Ich wasche mir die Hände, das Gesicht, schöpfe den Teekessel voll Wasser, gehe zurück und sehe durch die Sträucher, wie das Weib, unruhig nach allen Seiten blickend, auf allen vieren über die Erde, über die Steine kriecht.

«Was willst du?»

Sie erschrak, wurde grau im Gesicht und versuchte, etwas unter sich zu verbergen.

Ich verstand. «Gib her, ich vergrabe es.»

«Ach, Freund! Was tun? Man müßte es doch eigentlich im Vorraum zum Badehaus, unter den Fußbodenbrettern ...»

«Willst du vielleicht warten, bis man hier ein Badehaus für dich baut? Überleg doch!»

«Du scherzt, aber ich fürchte mich! Wenn's ein Tier frißt ...

Der Mutterkuchen muß doch der Erde übergeben werden . . .» Sie wandte sich ab und bat schamhaft, während sie mir ein feuchtes, ziemlich schweres Bündelchen hinhielt: «Du – gib dir ein wenig Mühe, vergrab es recht tief, um Christi willen . . . Hab Erbarmen mit meinem Söhnchen, mach es gut!»

Als ich zurückkehrte, sah ich, wie sie, wankend und mit vorgestrecktem Arm, vom Meer heraufkam; der Rock war naß bis an die Hüfte, das Gesicht ein wenig gerötet und wie von innen her leuchtend. Ich half ihr zurück ans Feuer und dachte erstaunt: Kräfte wie ein Tier!

Dann tranken wir Tee mit Honig, wobei sie mich vorsichtig ausfragte: «Du hast es wohl aufgegeben, das Lernen?»

«Das habe ich.»

«Hast wohl alles vertrunken, wie?»

«Restlos, Teuerste!»

«Siehst du, was du für einer bist! Ich kenne dich übrigens, bist mir schon in Suchum aufgefallen, als du wegen des Essens mit dem Chef schimpftest. Ich habe mir damals gleich gedacht: Ist sicherlich ein Säufer, dem ist alles egal.»

Und während sie sich genießerisch den Honig von den geschwollenen Lippen leckte, schielte sie mit den blauen Augen immer wieder unter den Busch, wo ruhig der jüngste Bürger des Gouvernements Orjol schlief.

«Was ihm wohl für ein Leben beschieden sein wird?» sagte sie seufzend und betrachtete mich. «Du hast mir geholfen – ich danke dir auch. Ob das aber für ihn gut ist, ich weiß wirklich nicht . . .»

Sie trank ihren Tee aus, aß zu Ende, bekreuzigte sich, döste vor sich hin, während ich meine Wirtschaft zusammensuchte, wiegte sich schläfrig hin und her und grübelte, die wieder glanzlos gewordenen Augen zur Erde gerichtet. Dann raffte sie sich plötzlich auf.

«Willst du wirklich gehen?»

«Ja.»

«Ach, Mutter, sieh dich vor!»

«Und die Muttergottes? Gib ihn mir schon her!»

«Ich werde ihn tragen.»

Wir stritten uns eine Weile; sie gab nach, und wir gingen gemeinsam, Seite an Seite, davon.

«Wenn ich nur nicht umfalle», sagte sie, schuldbewußt lächelnd, und legte mir die Hand auf die Schulter.

Der neue Bürger der russischen Erde, der Mann eines ungewissen Schicksals, lag inzwischen auf meinen Armen und schnaufte, wie es sich gehört. Das Meer, voller Schaumgelock, wie in weiße Spitze gekleidet, brandete und rauschte; die Büsche flüsterten miteinander; die Sonne strahlte – Mittag war überschritten.

Wir gingen, ohne zu hasten. Die junge Mutter blieb manchmal stehen, warf, tief seufzend, den Kopf zurück, sah sich nach rechts und links um, zum Meer, zum Wald, nach den Bergen und blickte dann in das Gesicht ihres Sohnes – ihre Augen, reingewaschen von den Tränen des Leidens, waren wieder wunderbar klar, aus ihrer blauen Tiefe brach und leuchtete wieder das Feuer der unerschöpflichen Liebe.

Einmal blieb sie stehen und sagte: «Herr du mein Gott! Wie schön es ist, wie schön! Am liebsten ginge ich so weiter bis ans Ende der Welt, und du, Söhnchen, müßtest wachsen und wachsen in Freiheit, an deiner Mutter Brust, mein Liebling du!»

Das Meer rauschte und rauschte.

1912

Nachwort

> Die Frau hat ein sehr begründetes Recht,
> Dichtung für Lüge zu halten ...
>
> *M. Gorki, Klim Samgin*

> Wir haben die russische Frau als die beste
> gerühmt und hinterher einen Schreck bekommen.
> Wenn sie nun wirklich besser ist als wir?
>
> *M. Gorki, Porträt über S. A. Tolstaja*

Den paradoxen Widerspruch zwischen dem Ausschluß der realen Frau aus der Geschichte und ihrer ständigen idealen Anwesenheit – von Feministinnen bis in die jüngste Gegenwart beklagt – hat Gorki vor Augen, als er 1934 fordert, es sei nun an der Zeit, die Geschichte der Frau zu schreiben. Er empfahl der jungen sowjetischen Wissenschaft die «Überprüfung und allseitige kritische Analyse aller Daten der Kulturgeschichte», um mit der von der Kirche erfundenen und der bürgerlichen Gesellschaft genährten Lüge von der Minderwertigkeit der Frau aufzuräumen. Das sei notwendig, da die Frau in der bürgerlichen Geschichte zwar als Muse fungiere, als Persönlichkeit aber zum Schweigen gebracht worden sei.

Der Romantiker Gorki hat seine Frauenverehrung nie verhehlt: «Das Klügste, was ein Mann erreicht hat, ist seine Kunst, eine Frau zu lieben und ihre Schönheit zu bewundern», bekennt sein Held der autobiographischen Erzählung «Die erste Liebe» (1923). Stets auf den idealen, den schönen, starken und stolzen Menschen orientiert, kann sich Gorki mit der Unterdrückung und Verunglimpfung der Frau nicht abfinden. Der Realist Gorki hingegen läßt keinen Zweifel daran, daß die bisherigen Lebensumstände der Frau kaum Spielraum boten, ihre vollen Kräfte zu entfalten. Die Geschichte der Frau wäre vor allem als die Geschichte ihrer Unterdrückung zu schreiben: «Man muß zeigen, daß der Mann im Prozeß des Klassenkampfes und im Kampf um das tägliche Brot sich manchmal zur Frau wie zu seinem nächsten Konkurrenten und Feind verhielt», heißt es im Aufsatz «Über die Frau» von 1934.

Besonders hart war das Los der russischen Frau. Die strenge patriarchalische Domostroi-Ordnung, die seit dem 16. Jahrhundert im Zarenreich herrschte, hatte sie zum geringsten unter den Sklaven degradiert. Sie galt nichts, wurde nicht einmal bei den Leibeigenenzählungen einer eigenen Stimme für würdig befunden. Gorki schreibt: «In die Geschichte ging die Frau ein als Sklavin ihres Vaters, ihres Mannes, ihres Schwiegervaters, des ältesten Bruders und Sohnes.» In einer seiner frühesten Erzählungen, «Die ‹Ausfahrt›», zeigt er am Fall der öffentlich gezüchtigten Ehebrecherin, was alles «unter ungebildeten, gewissenlosen, durch ein wölfisches Leben in Neid und Gier verwilderten Menschen möglich ist». Die Wirklichkeit war noch brutaler. Was Gorki verschweigt – bei dem Versuch, der gepeinigten Frau zu helfen, wäre er fast zu Tode geprügelt worden. Ähnliches widerfuhr ihm beim Zusammenstoß mit den hungernden Weggenossen einer hochschwangeren Frau, die die Gebärende allein am Wegrand zurückließen. Als er ihr half, war er kaum seiner Sinne mächtig. Dennoch hat sich dieses Ereignis in seinem Gedächtnis verbunden mit der Hoffnung auf die Unverwüstlichkeit des Lebens und ihn zu einer seiner berühmtesten Erzählungen angeregt: «Ein Mensch wird geboren». Die schrecklichen Erlebnisse seiner Kindheit und seiner Wanderungen durch Rußland konnte er bestehen, weil er an das «erhabene Bild des Menschen», das er sich als Ideal aufbaute, fest glaubte. Es bot ihm nicht nur Wirklichkeitsflucht, sondern war auch Impuls zum aktiven Widerspruch. Der Widerspruch des jungen Gorki richtete sich auf das «normale» Leben der Domostroi-Ordnung, in der alle Beziehungen sklavisch waren, ob im patriarchalischen Dorf oder in den bürgerlichen Lebensformen der Handwerker und Kaufleute. Gorkis erstem Roman «Foma Gordejew» (1899) liegt der Gedanke zugrunde, daß selbst der Unterdrücker, der Kaufmann nicht frei sei, sondern Sklave seines Unternehmens. Geschildert wird der Ausbruchsversuch des Kaufmannssohnes Foma Gordejew aus seiner Rolle und Klasse. Der katastrophale Ausgang – sein Ende im Wahnsinn – ändert nichts an der Aussage: Der Ausgestoßene oder Ausgebrochene wird zum Künder der Freiheit. Wenn der Kaufmannssohn einen Einzelfall darstellte, so waren die den untersten Schichten entstammenden Außenseiter, die als Landstreicher durch Rußland zogen, die «Barfüßler», in den neunziger Jahren des vorigen Jahrhunderts zu einer Massenerscheinung geworden. Die Verarmung trieb vor allem die Bauern auf Arbeitssuche in die Städte. Die Konflikte, die aus dieser Entwurzelung resultierten, haben in zahlreichen Werken Gorkis Niederschlag gefunden. Er selbst hat dieses Außenseiterdasein durchlitten – weder konnte er sich in das Arbeitermilieu eingliedern, noch fand er Zugang zu den Studenten, die in ihm nur einen «Sohn des Volkes», ein Anschauungsobjekt, nicht aber einen gleichberechtigten Partner sahen. Seinen Selbstmordversuch 1887 führt sein Biograph Ilja Grusdjew vor allem darauf zurück.

Die Entwurzelung bot jedoch auch eine Chance – die Befreiung aus den Zwängen und Abhängigkeiten, wie es die alte Isergil in ihrer «Erzählung über ein aufrührerisches Leben» schildert. Eingerahmt in zwei Legenden, gibt sich diese Erzählung selbst als Legende zu erkennen. Auch wenn es sich um einen Wunschtraum der alten, vom Leben ausgezehrten Frau handeln sollte, erhält das Ideal von der stolzen, schönen, unabhängigen Frau, die nie jemandes Sklavin war, in Gorkis Menschenbild einen festen Platz. Die Steppenlegenden von Larra und Danko erzählen von diesem Freiheitsstreben, aber auch von seinem Preis. Mit der alten Isergil läßt Gorki einen exotischen Frauentyp wieder aufleben, der in Puschkins Südlichen Poemen entworfen worden war, jedoch bereits bei Lermontow, in der Erzählung «Bela», wieder zum Handelsobjekt für Männer herabsank. Semfira aus Puschkins Poem «Die Zigeuner» handelte im Rahmen ihrer Lebensordnung, in der die Freiheit der Liebe Gesetz war. Gorki führt seine Isergil hingegen in verschiedenartige Kulturkreise, wo sie stets nur ihrem eigenen Willen untertan ist. Sie ist es, die sich ihre Liebhaber wählt und verläßt – eine Provokation gegen die «normale», von Männern regierte Welt. Den Preis, den sie zahlt, ahnt man nur, er wird nicht so deutlich genannt wie in den flankierenden Legenden ihrer männlichen Protagonisten: Sie hat vor allem die Liebe geliebt, die Männer waren ihrer häufig nicht wert. Larras Einsamkeit war auch ihr Schicksal, und ihre mutige Befreiungstat für den Geliebten fand ebensowenig Anerkennung wie Dankos Opfer. Dennoch – so lautet Gorkis Appell – ist der Aufbruch in die Freiheit zu wagen, zunächst als individueller Protest, der sich später, im Roman «Die Mutter», zur gesellschaftlichen Aktion erweitern wird.

In zahlreichen frühen Erzählungen greift Gorki die pervertierteste Form der Versklavung der Frau an – die Prostitution. Von den braven Bürgern, den Vertretern des «normalen» Lebens, benutzt und zugleich verachtet, verkörpern die Prostituierten für Gorki die die Doppelmoral der Gesellschaft am krassesten entlarvende Randgruppe. Die Prostituierten seiner Erzählungen sind häufig stolze, unabhängige Frauen, die, wie Isergil, ihre Freiheit nicht gegen das Joch der rechtlosen Ehefrau eintauschen wollen. Einen solchen Typ stellt Gorki in «Malwa» vor. Die tatsächliche soziale Abhängigkeit der Prostituierten wird jedoch nicht verschwiegen. Besonders tragisch ist der Fall des elfjährigen Kindes aus der Erzählung «Das Mädchen», dem die Prostitution die einzige Überlebenschance bietet. Der individuelle Freiraum Malwas, selbst zu entscheiden, ob und an wen man sich verkauft, steht dem Mädchen nicht zur Verfügung. Es muß sich Straßenpassanten anbieten, obwohl es lieber mit Puppen spielt. Welche unausgesprochenen seelischen Kämpfe sich in den «gefallenen Mädchen» abspielen, welche Sehnsüchte und Glücksansprüche brachliegen, lassen die Erzählungen «Einst im Herbst», «Boles», «Aus Langerweile», «Die Frau mit den blauen Augen» ahnen. Den Gegensatz von sozialer Deklassiertheit und moralischer Größe, von Dostojewski zu einer Weltanschauung erhoben, stellt auch Gorki dar. Jedoch geht es ihm nicht um Idealisierung des Leidens, solche Ideologien sind Gorki fremd, er hat sie ein Leben lang bekämpft. Die Frau mit den blauen Augen erringt die Achtung des Polizeibeamten (und des Lesers) nicht durch Demut, sondern durch die stolze Haltung, mit der sie den bitteren Weg auf die Straße geht.

Gegen die Unterdrückung der Frau protestiert Gorki nicht nur aus einem allgemeinen Freiheits- und Gerechtigkeitssinn heraus. Er hält die geistige Verkrüppelung der Frau, die die einseitige Fesselung an den heimischen Herd bewirkt hatte, für die gesamte Kulturentwicklung für verhängnisvoll. Makarow, eine Figur aus dem Roman «Klim Samgin», läßt er seine eigenen Gedanken hinsichtlich der Rolle der Frau bei der Schaffung der Kultur aussprechen: «Das seßhafte und damit das kultivierte Leben begann die Frau . . . Sie war es, die haltmachen, sich und ihr Kind vor den Tieren und dem Unwetter schützen mußte. Sie entdeckte die eßbaren Grasarten, die Heilkräuter, sie zähmte Tiere. Dem noch halb tierischen und herumvagabundierenden Mann wurde sie allmählich ein immer geheimnisvolleres und weiseres Wesen. Das Staunen vor der Frau und die Furcht vor ihr sind bis auf unsere Zeit in dem Tabu der wilden Stämme erhalten geblieben. Sie beängstigte den Mann durch ihre Kenntnisse, Hellseherei und besonders durch den geheimnisvollen Akt des Gebärens – der jagende Mann konnte nicht beobachten, wie die Tiere gebären. Sie war Priesterin, schuf Gesetze, die Kultur ist aus dem Matriarchat entstanden . . .»

Die Kultur, wie Gorki sie versteht, als Schaffung materieller Lebensbedingungen, die eine menschenwürdige Existenz erst einmal ermöglichten, betrachtet er als Errungenschaft der Frau, als den Bereich, wo sie ihre vielfältigen Talente entfalten kann. Gorki macht sich nicht anheischig, der Frau ihren künftigen Platz in der Gesellschaft vorzuschreiben. Da stimmt er wohl mit Olga Forsch überein, die an ihn schrieb, daß sich «die Frauenfrage nicht auf juristischem Wege, sondern nur durch eine komplizierte und mühevolle Selbstbefreiung lösen ließe». Dennoch, ein Wunschbild zeichnet sich ab, und das ist am Ideal der Mutter, der Herrscherin im Matriarchat, orientiert.

Skepsis hegt er gegenüber einem Emanzipationsbestreben, das die Frau veranlaßt, auf Familie und Mutterschaft zu verzichten. Makarow läßt er fragen: «Was ist denn die Frau unserer Zeit, die Frau bei Ibsen, die vor der Liebe, vor der Familie flieht? Spürt sie die Notwendigkeit und die Kraft, sich ihre einstige Bedeutung als Mutter der Menschheit, als Erweckerin der Kultur zurückzuerobern? Einer neuen Kultur?» Gorki versagt dem Streben nach Unabhängigkeit, das die frühen Erzählungen priesen, auch in den späteren Jahren nicht seinen Respekt. In der Erzählung «Eine unerwiderte Liebe» (1923) steht eine Schauspielerin im Mittelpunkt, die ihren Mann, einen gutsituierten Adligen, verläßt und hartnäckig um Selbstverwirklichung ringt. Beharrlich wehrt sie sich gegen die männlichen Nachstellungen, die Anbeter ihrer Schönheit treibt sie bis zum Selbstmord. Sie verzichtet auf die Liebe – ein Weg, den Gorki als tragisch, weil unnatürlich schildert. Nicht «Nora» und die bürgerliche Frauenrechtsbewegung, sondern die Muttergestalten der Folklore stimulieren Gorkis Frauenideal. An Olga Forsch schreibt er 1926: «Meine mir von Jugend an eigene Verehrung und Bewunderung für die Kraft der Frau – ich spreche natürlich nicht nur vom sexuellen Reiz und von einem gewissen Wesenszug, der mir unverständlich ist und dem ich als Mann oft feindlich gegenüberstehe –, mein Gefühl den Frauen gegenüber also hat mich schon längst auf den Gedanken gebracht, daß die Herrschaft des Mannes über die Frau zu Ende geht und daß die Macht über die Welt auf die Frau und Mutter der Erde übergehen muß. Nach dem scheußlichen Krieg von 1914 bis 1918 wurde das meine innerste Überzeugung, und ich weiß, daß die letzte Revolution die Frauen machen werden . . .»

Die Umkehrung der Machtverhältnisse als Lösung? Gorki sieht wohl mehr einen anderen Aspekt – die Hoffnung auf den Sieg der lebensbewahrenden Kräfte über die der Zerstörung, eine aktuell gebliebene Hoffnung. In den «Italienischen Märchen» (1912–1913), zu denen auch «Die Mutter und Tamerlan» gehört, nimmt diese Thematik breiten Raum ein. Die biologische Funktion der Frau als der Gebärerin von Leben erhebt

Gorki zum Prinzip des Kreativen, das dem von Männern betriebenen Destruktionswerk gegenübergestellt wird. Daß dies in der äußersten Zuspitzung den Kampf der Mütter gegen die Söhne bedeuten kann, stellt er in der Legende «Die Mutter des Verräters» dar. Eine Mutter tötet ihren Sohn, der Unheil und Schande über seine Stadt gebracht hat und das Leben seiner Mitbürger aufs Spiel setzt. Im Kampf zwischen der Liebe zum Sohn und der Verantwortung vor dem Leben siegt in der Mutter letztere. Nicht zufällig verlegt Gorki sein Idealbild von der Frau in die Legende. Es gehört zu der romantischen Gegenwelt, die er sich zur Ermutigung aufbaute. Es sollte auch andere ermutigen. Der Roman «Die Mutter», der Elemente dieses legendären Mutterbildes enthält, war gedacht als Anleitung zum Handeln. Gorki reinigte die Figur der Mutter bewußt vom Schmutz des Lebens, um an die verborgenen Kräfte der «Erniedrigten und Beleidigten» zu appellieren, er setzte auf die aktivierende Wirkung des schönen Beispiels. Die Emotionalität der Pelageja Wlassowa ergänzt den rationalen, asketischen Geist ihres Sohnes Pawel. Die Synthese von Wissen und Gefühl, auf die es Gorki ankommt, hat noch nicht stattgefunden. Die Mutter erscheint als nur Empfindende, ihr Impuls bleibt Mutterliebe, der Sohn hingegen verbietet sich Gefühle, sie stören ihn auf seinem revolutionären Weg. Die Sorge der Mutter, ihr Sohn, der Revolutionär, könnte zu wenig Mensch sein, liegt Gorki am Herzen. Die Mutter hat im Roman keine eigenständige Funktion, sie reagiert nur auf ihren Sohn und durch ihn. Seine «Wahrheit» versteht sie nicht, fühlt sie nur aus einem religiösen Instinkt. Für sich genommen ist sie eine romantisierte Mutterfigur, keine emanzipierte Frau – was die zeitgenössische Kritik Gorki bereits vorwarf.

Auffällig ist, daß Gorki, der die Liebe stets als höchste Tugend preist, das Zusammenleben von Mann und Frau nicht einmal in der Legende zur Erfüllung gelangen läßt. Alle Zweierbeziehungen, die er beschreibt, scheitern. Auf die diffizilen psychologischen Abgründe der Liebe geht Gorki nicht ein. Die Unterwerfungs- und Abhängigkeitsmomente, die für ihn unbezweifelt zur Liebe gehören, erscheinen dem Huldiger der Freiheit der Persönlichkeit eher bedrohlich als beglückend. Die reine, ideale Liebe, die Turgenjew besingt, wird von Gorki immer nur als Sehnsucht und Hoffnung gestaltet. In einem Brief an Michail Prischwin bekennt er, daß sein Thema nicht die Liebe in ihrem Alltag sei, sondern «als Weg zur Kreativität».

In den zwei Erzählungen unserer Auswahl, die Eheschicksale behandeln («Die Eheleute Orlow» und «Die Mordwinin»), wird deutlich, daß Gorki das private Liebesglück vor allem als ein soziales Problem betrachtet, wenn auch ohne Schematisierung. Weder die Erfüllung in der Arbeit noch das gestiegene Selbstwertgefühl der Eheleute Orlow, noch das politische Bewußtsein des Schlossers Pawel Makow in «Die Mordwinin» verhindern die Verwirrung der Gefühle. Die Ehe des Revolutionärs ist unglücklich, weil seine Frau Dascha nicht aus dem kleinbürgerlichen Milieu auszubrechen vermag. Dascha wird mit kräftigen Farben als wahrer Hausdrache gemalt, so als müsse der Autor den Fehltritt seines ansonsten integren Helden gründlich rechtfertigen. Das Mädchen, zu dem er flüchtet, die Mordwinin, ist nicht nur weniger attraktiv als seine Frau, sie ist auch nicht sehr klug. Bei ihr kann er sich jedoch von der Seele reden, was ihn bedrückt und wofür er weder zu Hause noch bei den Genossen ein offenes Ohr findet. Lisa ist hinsichtlich des Emanzipationsgedankens ein höchst problematisches Wesen. Sie versteht Pawel ebensowenig wie Pelageja Wlassowa ihren Sohn, empfindet nur die Richtigkeit seiner Gedanken aus einem elementaren religiösen Gefühl heraus. Erst die Liebe befähigt sie zu einer eigenen Entscheidung, die allerdings wiederum nur im Opfer besteht: Sie verläßt Pawel, um ihn aus dem ausweglosen Dreieckskonflikt zu erlösen. Gorki kompliziert die Konstellation zusätzlich durch eine Episode, die offenkundig vor übertriebenen Hoffnungen warnen soll, daß der soziale Fortschritt auch die Lösung der Liebeskonflikte bringen würde. Von einem Genossen erfährt Pawel, daß dieser sich von seiner Frau trennen will, weil er eine andere liebt. Pawels Erstaunen: «Wie kommt denn das? Ihr lebt doch gut miteinander ... wo deine Frau doch Genossin ist ...», kommentiert der Freund: «Das ist es ja eben, daß sie Genossin ist! ... Darum handelt es sich ja – sie hustet fürchterlich, magert ab, die Genossin ...»

«Die Eheleute Orlow» ist die einzige Erzählung unserer Auswahl, die die Emanzipation einer vom Ehemann tyrannisierten Frau beschreibt. Zunächst scheint alles auf eine mustergültige Entwicklung hinauszulaufen, gemeinsame erfüllte Arbeit vermenschlicht das Zusammenleben. Bald offenbart sich jedoch, daß weder der Wille noch die Umweltbedingungen die kranke Seele Orlows zu heilen vermögen. Seine Frau, die zuvor seine Prügel geduldet hatte wie ein unabwendbares Schicksal, trennt sich von ihm. Doch wie findet sie der Erzähler am Ende vor: Nicht nur, daß die Befreiung der Frau zu spät kam, ihre schwermütigen Augen deuten die unerfüllte Glückssehnsucht an.

In seinen Erzählungen teilt Gorki zumeist eigene Erlebnisse und Empfindungen mit, auch seine Frauengestalten sind aus der Sicht des Mannes geschildert. Sie reagieren auf Männer, erschließen nur so viel von sich, wie der jeweilige Erzähler oder eine Mittlerfigur von ihnen wahrnimmt. Gorki hielt nicht viel von Männern, die die Seele einer Frau zu ergründen suchten. Er glaubte von sich, Frauen nicht gestalten zu können: «... sie würden wohl bei mir dem Porträt des römischen Papstes ähneln, das ein chinesischer Katholik gemalt hat ...» Das war die sympathische Scheu vor der Anmaßung. Die Frauen, wie er sie in ihrer Mehrzahl in Rußland vorfand, verkörperten kaum jenen selbstbewußten, westeuropäisch geprägten, aufgeklärten Frauentyp. Auch in den zwanziger Jahren, als Autoren wie Sergej Tretjakow und Alexandra Kollontai ihre aufrührerischen Vorschläge zur Selbstbefreiung der Frauen machten, stellte Gorki sie als Opfer dar, die nicht nur die Hauptlast des schweren Alltagslebens, sondern auch der Demütigungen zu tragen hatten. Ihnen verleiht er eine erhabene Würde, die Ausdruck seiner Verehrung für die Frau ist. Gorki war sich dabei bewußt, wie sehr sie noch als Kultwesen Opfer des Mannes war. Bereits in der Erzählung «Sechsundzwanzig und eine» schilderte er eindrucksvoll, wie ein Idol von Männern errichtet und dann wieder gestürzt wird. Die stolze Haltung, die das Mädchen Tanja am Ende bewahrt, kompromittiert nicht die Frau, sondern die Männer, die sie zum Spielball ihres Kultbedürfnisses gemacht hatten.

Wenn wir es in Gorkis Erzählungen mit Emanzipation zu tun haben, dann wohl vor allem mit der des Mannes. Gorki greift Vorurteile und Klischees vom Bild der Frau an, fordert zum genaueren Hinsehen und Nachdenken auf.

Die Geschichte der Frau ist noch immer nicht geschrieben, ein Stück davon machen uns Gorkis Erzählungen jedoch lebendig.

Berlin, September 1985 Christa Ebert

Inhalt

ISBN 3-373-00032-7

2. Auflage 1989
Verlag der Nation Berlin
Der Abdruck erfolgt mit freundlicher Genehmigung
des Aufbau-Verlages Berlin und Weimar
Lizenz-Nr. 400/45/89
LSV 7201
Einband: Gerhard Medoch
Typographie: Kerstin Vorwerk
Satz: (52) Nationales Druckhaus Berlin, Betrieb der VOB National
Druck und buchbinderische Verarbeitung:
Buchkunst Leipzig, Betrieb der VOB National
Best.-Nr. 696 834 0
01180